新时代版

上下五千年

总 主 编　张海鹏
执行主编　王育济　于化民

5

隋唐五代

少年儿童出版社

［唐］吴道子《送子天王图》（局部）

出版工作委员会

主　任
冯　杰

副主任
洪星范 林　斌

编辑组成员
孙浩伟 马淑艳 曹　燕 王浩浩 王奔惑

美术总监
赵晓音

整体设计
施喆菁

技术编辑
吴轶伟 许　辉 陈钦春

责任校对
石玲凤 沈丽蓉 陶立新 黄亚承 黄　岚

特约编审
沈　岩

出版工作组

《新时代版上下五千年·隋唐五代》

责任编辑 曹　燕
美术编辑 施喆菁
装帧设计 施喆菁
插图绘制 陈汉煜
排　　版 上海商务数码图像技术有限公司

编撰委员会

序　言

中国是世界文明古国之一，有五千多年的发展史。中华文明是世界上唯一不曾中断的文明史，有着自己独特的文明特质。“上下五千年”代指整个中国历史。作为中国人，应该了解自己民族的历史，树立起文化自信、民族自尊。

“四十年阅读魅力，五千年璀璨文明。”《上下五千年》是我国第一部贯通中华五千年文明的少儿历史通俗读物，由林汉达先生开创了“以故事讲历史”的形式，自从二十世纪七八十年代问世以来，一直受到读者的热烈欢迎，在海内外产生了广泛而深远的影响，由此成为少年儿童出版社的经典品牌图书。从第一版到现在，《上下五千年》已经完成了几次重大的内容更新与增补，给几代读者留下了美好的阅读记忆。

党的十八大以来，中国进入社会主义的新时代，学习和把握上下五千年的中华历史，重构对中华文明的尊重与思考，发扬中华优秀传统文化的特质，建立更深沉、更持久的文化自信，已经成为中国文化发展的一个崭新标识。在这样一种宏大的社会背景中，少年儿童出版社认真总结了过去四十余年的出版经验，对《上下五千年》从内容到形式进行了全面改造，推出了符合新时代需求的全新版本。

这次推出的《上下五千年》（新时代版），以“弘扬正气，积极向上；当代意识，现实观照；以事带史，小中见大；故事性强，文辞优美；言之有物，力避空泛”为宗旨，对全书的规模、版块、内容、艺术表现和包装等，重新进行了整体设计。从中国上下五千年的历史长河中，精选数百个条目，按照习近平总书记“讲好中国故事”的要求，以图文并茂的形式把中国历史呈现给小读者。

在近三年的编纂过程中，二十余位史学界权威专家教授组成了编委会，七十余位中青年史学家组成作者团队，大家本着严谨求实的态度，在新时代史学观念的指引下，重新拟定条目、遴选素材，充分吸收新的研究成果，不仅按照时间顺序勾勒出中国历史发展的主线，还增加了许多专题史内容，生动展现出中华民族一路走来的曲折历程和创造的灿烂文化。作者们撰写各篇目时，延续了林汉达先生开创的“以故事讲历史”的形式，在保证专业性的同时，也注重故事性、可读性，并且搭配了许多插图、历史照片、小贴士、名人名言等，以期更符合当代小读者的阅读习惯、审美趣味和认知能力。

少年儿童是祖国的未来，是中华民族的希望。为少年儿童服务，就是为祖国的未来服务。现在这一代少年儿童，在中华人民共和国成立百年，即中华民族伟大复兴完成的时候，他们当成长为国家的栋梁之材。帮助他们了解中华民族五千年文明发展史，就是帮助他们系好人生的第一粒纽扣，不仅能让更多小读者从历史中看到华夏文明的璀璨、民族精神的可贵，还能激发他们的民族自豪感和为中华民族伟大复兴事业献身的爱国主义热情。少年儿童出版社及时推出了符合时代需求的《上下五千年》全新版本，相信可以在普及国民历史教育，尤其是在普及少年儿童的历史教育、构筑国家文化战略的根基方面，发挥应有的作用。

目 录

天 下 长 安

002 · 杨坚代周称帝
005 · 隋炀帝开通大运河
008 · 隋朝经营流求
011 · 隋朝灭亡
014 · 赵州桥
018 · 李渊起兵
022 · 玄武门之变
028 · 贞观之治
032 · “天可汗”唐太宗
036 · 治世贤臣魏征与马周
040 · 玄奘西行取经
044 · 孔颖达编撰《五经正义》
048 · 唐代修撰的八部史书
052 · 文成公主远嫁吐蕃
056 · 《唐律疏议》
060 · 女皇武则天
066 · 开元之治
069 · 名相姚崇与宋璟
074 · 世界的长安
078 · 从中亚来华的昭武九姓
082 · 东市和西市
088 · “诗仙”李白
092 · “诗圣”杜甫
096 · 六祖慧能与禅宗

盛 衰 变 幻

102 · 安史之乱
108 · 颜真卿与“鲁公三稿”
112 · 陶器精华唐三彩
116 · 杜佑编纂《通典》
119 · “茶圣”陆羽
122 · “二王八司马”事件
125 · 元和中兴
128 · 李吉甫与《元和郡县图志》
130 · 韩愈和古文运动
134 · 白居易与《长恨歌》
138 · 女诗人薛涛
140 · 牛李党争
144 · 唐代的科举制度
148 · 李商隐与杜牧
154 · 黄巢大起义
158 · 唐代的县令
161 · 敦煌石窟和敦煌文书
168 · 曲辕犁和筒车
172 · 皇帝轮流做的五代十国
178 · 南唐后主李煜
184 · “海龙王”钱镠
188 · 壮志未酬的周世宗

唐代漆金彩绘陶天王像

天下长安

《上下五千年·隋唐五代》是丛书的第五册，分为《天下长安》《盛衰变幻》两个篇章。其中《天下长安》讲述的是隋朝（581—618）和唐朝前期（618—755）的故事。

隋文帝结束了长期分裂的局面，重新实现了大一统，他在中央确立三省六部制，地方实行州县两级制，创行科举取士制度。隋炀帝时期，对外频繁用兵和大运河工程的繁重徭役，导致了大规模反隋起义。晋阳起兵反隋的李渊最终战胜了其他政治力量，建立唐朝。

通常以“安史之乱”作为分界线，把唐朝历史划分为前后两个时期。

唐朝前期，实行均田制、租庸调制和府兵制，发展科举制度，法律量刑宽简，先后出现了唐太宗时期的“贞观之治”和唐玄宗时期的“开元之治”，是历史上著名的盛世。其间，女皇武则天统治的十几年，也未减盛世气象。

僧一行的恒星位移说、孙思邈的《千金方》，以及长安城的建筑技术，是盛唐在科学史上的丰碑。“诗”在唐代登峰造极，李白和杜甫相约洛阳，在诗歌史上被称为“太阳与月亮的相会”。

唐太宗被西北各民族共尊为“天可汗”，丝绸之路更加通畅。大唐敞开胸襟，迎接世界。唐都长安繁盛壮丽，为各国所向往，是天下的长安，世界的长安。

杨坚代周称帝

杨坚继承父祖基业，取代北周宇文氏，建立隋朝。隋朝结束了东晋十六国及南北朝以来几百年的分裂，又一次统一了全国。作为隋朝的开国皇帝，隋文帝杨坚有远见、有作为，实施了许多开创性的举措。

隋文帝画像

子承父业建功勋

杨坚是将门之子，祖辈世代都在朝廷做官。祖父杨祯在北魏时带兵打仗荣立军功，被授予“建远将军”的称号。他的父亲杨忠身材魁梧，样貌俊秀，尤其是胡须非常有型，号称“美髭（zī）髯”，且武艺高强，有将帅之才。杨忠跟随大将独孤信四处征战，很受丞相宇文泰的赏识。他在西魏战功赫赫，不久升任大将军。北周取代西魏后，杨忠入朝担任小宗伯，随后被封为随国公。

西魏大统七年（541年）六月，杨坚在冯翊（píng yì，治今陕西大荔）般若寺出生。据说当时紫气弥漫整个厅堂，恰巧有个从河东来的尼姑，对他母亲说：“这个孩子很特别，不能在俗世中抚养。”因此，杨坚的母亲将他安置在寺院别馆，并由这名尼姑亲自抚养长大。杨忠病逝后，杨坚承袭了随国公的爵位，并娶了大将军独孤信的女儿为妻。北周武帝将他的长女杨丽华聘为太子妃，对他更加礼重。

杨坚出身世家，自己也很有本事。北周建德四年（575年），杨坚率领三万水军攻破北齐军队。次年，他跟随北周武帝平定北齐，立下大功。后来他又与宇文宪打败北齐任城王高湝，因功被授为定州总管。北周武帝病死后，太子宇文赟（yūn）即位，就是北周宣帝。杨坚的长女被封为皇后，杨坚以皇后之父的身份晋升为上柱国、大司马，走上了北周朝廷的权力顶峰。

辅佐少主揽大权

杨坚的权势越来越盛，北周宣帝对他十分忌惮。北周宣帝有四个宠爱的姬妾，先后被立为皇后，再加上杨皇后，五位皇后并立，也是绝无仅有的。北周宣帝每次愤怒时都对杨皇后说：“一定要将你全家都杀掉！”一天，北周宣帝突然召见杨坚，并事先叮嘱侍卫，如果看到杨坚脸色稍微有变就杀掉他。杨坚是个城府极深的人，他觐见皇帝时神色自若，滴水不漏，北周宣帝只好作罢。

大象二年（580年）五月，北周宣帝因为纵欲过度病死。他在死前一年便已将皇位传给了年仅七岁的儿子宇文阐，就是北周静帝，自己则自称“天元皇帝”，在后宫寻欢作乐。北周宣帝死后，御正下大夫刘昉、内史上大夫郑译两人假托君命，发布诏书，称北周宣帝遗命，由杨坚辅政。杨坚假装推辞，刘昉早就知道他的心思，便说：“您若想做就赶快做，您若不想做就由我来做！”于是杨坚答应辅政，都督内外政事，掌握了军政大权。

杨坚辅政后，担心北周诸王造反，便将赵王宇文招、陈王宇文纯等有实力的藩王征召入朝。但是，相州（治今河北临漳西南邺镇）总管尉迟迥对杨坚辅政愤愤不平，举兵反抗，得到北方各地的响应，短短十余天就聚集了十余万兵马。郧州（治今湖北安陆）总管司马消难、益州（治今四川成都）总管王谦也相继起兵响应。杨坚派兵打败反叛联军，尉迟迥和王谦被杀，司马消难逃往南方的陈朝。杨坚又以谋反的罪名将赵王等人杀死，清除了北周的贵族势力，扫清了自己称帝的障碍。

代周自立建隋朝

杨坚消灭北周贵族势力之后，为了巩固大权，开始着手建立自己的统治核心。他重用李德林、高颎（jiǒng）等人，又拉拢元谐、宇文忻等部分鲜卑贵族，取得了他们的支持。此外，他在政治上也大力改革，精简法令，废除北周宣帝时期的严刑峻法，实行许多有利于民生的政策，同时带头节俭，深得人心。

当时，北周静帝只是一个不满十岁的小孩，在杨坚及其同党的操纵下，篡夺大权的计划“顺理成章”地进行着。

大象二年十二月，北周静帝下诏封杨坚为隋王，授相国，位列各诸侯王之上，并分二十郡给隋国管理，隋国可以设置丞相以下的官员。杨坚假装再三推辞，最后只接受了爵位和十郡的封地。次年二月，北周静帝又下诏说：“文武百官都去隋王那里朝拜，所有奏表也不用通报到我这里了。”杨坚一开始也推辞，但文武百官都去王府门前请愿，他才“勉强”接受。没过几天，北周静帝下诏说杨坚众望所归，自己要将皇位“禅让”给他。

［隋］展子虔《游春图》

杨坚又故技重施，再三推辞，文武百官奉着玉玺和皇袍再三劝进，他才接受。杨坚称帝后，改国号为“隋”，改元“开皇”，他就是隋文帝。北周静帝失去利用价值，不久之后便被杀死了。

开皇之治创规制

杨坚称帝后，在政治、军事、经济等方面采取了一系列积极的改革措施。政治上，他先是废除了北周的六官制，基本确立了三省六部制，并将州、郡、县三级制度改为州、县两级，进一步加强了中央集权。经济上，整顿了均田制，废除了苛征暴敛，轻徭薄赋，减轻了农民的负担。经过这一系列改革，隋朝人口大大增加，经济也得到了较快发展，为隋文帝南下灭陈做好了准备。

开皇九年（589年），隋军攻破陈朝国都建康（今江苏南京），俘获了陈后主陈叔宝，陈朝灭亡。

隋代五铢钱（正面、背面）

> **泊秦淮**
>
> ［唐］杜牧
>
> 烟笼寒水月笼沙，夜泊秦淮近酒家。
> 商女不知亡国恨，隔江犹唱后庭花。
>
> 这首诗与陈朝最后一个皇帝陈后主有关。陈叔宝是南朝陈的最后一个皇帝，史称“陈后主”。他在位时荒淫无度，不理朝政，日夜与妃嫔、大臣宴会饮酒，作有《玉树后庭花》流传于世。隋文帝派兵攻打陈朝时，他自恃有长江天险，根本不以为意。最终隋军攻破都城建康，陈朝灭亡，隋文帝统一了全国。

隋文帝统一南北，结束了南北分裂的局面。同时，他继续进行政治、经济、军事等方面的改革，推行府兵制，隋朝很快昌盛、强大起来。隋文帝本人倡导节俭，励精图治，他在位的二十多年里，社会安定，经济富庶，文化繁荣，创造了历史上著名的“开皇之治”。

虽然隋朝存在的时间并不长，但由隋朝两代皇帝开创的一系列政治、经济、军事制度，都为后来唐朝的繁荣、强盛奠定了坚实的基础。其中，隋文帝起到了不可磨灭的作用。（章　广）

陈后主画像

陈后主即陈叔宝，他是南朝最后一个皇帝。陈朝的灭亡，为南北朝历史画上了句号。此图出自唐代画家阎立本《古帝王图》。

隋炀帝开通大运河

隋文帝去世后，他的儿子杨广继承了帝位，他就是隋炀帝。隋炀帝是历史上有名的残暴而又奢侈的皇帝，他通过阴谋继位后，为了各种目的，开通了一条沟通南北的大运河。隋朝大运河以洛阳为中心，北至北京，南至杭州，它的修建，加速了隋朝的灭亡，但客观上也极大地促进了南北之间的交流与社会经济的发展。

隋炀帝与大运河的开通

中国的河流大部分是东西走向的，且大江大河主要集中在南方。南方地区地理条件优越，经过两晋、南朝的开发之后，逐渐发展起来。尤其是江南地区，渔业、盐业、矿业等都很发达，鱼米丰富，丝绵优良，十分富庶和繁华。而北方地区，战乱连年，朝代更替频繁，经济衰退严重，物产不丰。有时遇到灾年，隋文帝都不得不率领文武百官去洛阳“要饭”。隋炀帝继位后，营建东京洛阳（大业五年改为东都），为了把江南丰富的物资快速运送过来，便下令开凿大运河。

大运河的开凿还与当时的军事需要有关。位于今中国东北地区和朝鲜半岛北部的高句丽（gōu lí），在隋朝时扩张到了辽东地区，国王虽然接受了隋朝的册封，但仍不时侵扰隋朝边境。高句丽婴阳王高元继位后，暗中勾结靺鞨（mò hé）、突厥等少数民族，于开皇十八年（598年）率兵进攻辽西地区。隋文帝大怒，派三十万大军前往讨伐，但大军因粮草不济等原因溃败。婴阳王权衡利弊后，主动上表谢罪，自称“辽东粪土臣元”，以极其谦卑的姿态求取隋文帝的谅解。隋文帝损兵折将，也只好罢兵。隋炀帝继位后，婴阳王又私下勾结突厥，肆意妄为。隋炀帝一直想恢复辽东故地，遂以高句丽勾结突厥、靺鞨，不肯入朝为由，下令东征。鉴于隋文帝失败的教训，隋炀帝便下令开凿一条运河来保障军队的物资供应。

隋代青釉四系罐

此外，隋炀帝本人穷奢极欲，追求享乐。他曾任扬州总管，对江南一带的美景与繁华念念不忘。他在位期间曾数度南下，若大运河修通，他四处巡游将会更加便利。于是，开凿运河便顺理成章地开始了。

南北贯通的大运河

隋朝运河的开凿最早始于隋文帝时期。为转运关中物资，隋文帝下令在大兴（今陕西西安）与潼关之间开凿了一条长约三百里的运河，称为广通渠。隋炀帝在位时，利用天然河道和旧有渠道，开通了一条以东都为中心，北达涿郡，南至余杭的大运河。这条大运河共分为四段：北段永济渠，中段通济渠和山阳渎，南段江南运河。

最早开通的是中段的通济渠和山阳渎。大业元年（605年），隋炀帝刚继位就下令开凿通济渠。通济渠自东都的西苑引谷水（今河南渑池南涧河，是洛河的支流）、洛水（今河南洛河），向东沿着原来东汉的阳渠故道经洛口注入黄河；在板渚（今河南荥阳北）则引黄河水走汴水故道往南，又利用古蕲水（古水名，久湮）河道，至今盱眙县对岸，注入淮河。

通济渠全长约一千三百里，但是仅用半年时间就完成了。这么巨大的工程能在这么短时间内完成，是因为运河的不少河道利用了原有的天然河道或人工渠道。为了尽快完成这一工程，隋炀帝抽调了河南、淮北等地民工一百多万人，监工的人也非常残暴。据说隋炀帝命大将麻叔谋监管开河，麻叔谋为了赶工，虐待、鞭打民工，导致大量民工死亡。男丁不足就抽调妇女。他还接受贿赂，擅改河道。传说这个麻叔谋甚至会“吃小孩”，此事流传很广，安徽等地现在还会用“麻胡”来吓唬不听话的小孩。这也从侧面证明了当初修建运河时隋炀帝的残暴。

隋炀帝画像

此图出自唐代画家阎立本《古帝王图》。

与通济渠差不多同时开凿的是山阳渎。这里原来是春秋时期吴王夫差开凿的邗（hán）沟，沟通了淮河和长江；东汉时，官员陈登又开凿了邗沟直道，山阳渎就利用了这条直道。山阳渎自山阳（今江苏淮安市淮安区）引淮河水，经江都（今江苏扬州）入长江。这段运河主要是利用旧有水道，因此开凿难度较小，当年秋天就完成了。

通济渠和山阳渎的开凿主要是为了转运物资，供隋炀帝游玩所用。运河水面宽阔，可以通行龙舟。河两岸修筑有宽阔的大道，岸边种植柳树，绿树成荫，运河风光美不胜收。此外，运河沿途还修建有豪华的离宫，供隋炀帝游玩时居住。

运河开通后，隋炀帝便带着后宫妃嫔、大臣等人分乘上千艘船只，浩浩荡荡地下江南游玩了。民间传说，隋炀帝为了增加游玩的兴致，下令挑选一千余名美女，让她们穿着白色的衣服来当纤夫，拉他乘坐的龙舟。他看着这些美女拉船，心花怒放。其中一位拉纤的美女吴绛仙被隋炀帝看中，他当即要纳为嫔妃，还兴奋地

高句丽壁画

对身边的大臣说："古人说秀色可餐，像绛仙这样的，真可以让人忘记饥饿了！"

大业四年，为了征伐高句丽，隋炀帝征调河北诸郡民工一百多万人开凿永济渠。永济渠南边疏通沁河下游，将之引入黄河；又从洛口引黄河水，利用沁水、清水河道至今河南卫辉，向北则由沁水、清水接淇水（即淇河）到达涿郡。

永济渠长两千余里，虽然利用了原有的许多水道，但是工程量仍然巨大。官吏催促民工日夜赶工，导致大量民工死亡，尸体堆积如山，情形十分悲惨。永济渠开通后，成为河北平原上主要的航运河道。其后隋炀帝屡次征召天下兵马集中到涿郡，大军的粮草、辎重等都是通过水路运到涿郡去的。

大业六年，隋炀帝又下令开凿江南运河。江南运河是在以前各朝修建的水利工程和运河古道的基础上疏浚、改造而成的。从京口（今江苏镇江）引长江水，经毗陵（治今江苏常州）、吴郡（治今江苏苏州）等地直达余杭，也称"江南河"。江南经济发达，江南运河成为大运河中最忙碌、最繁华的一段，留下了许多动人的传说和才子佳人故事。像后世流传的民间神话故事白娘子"水漫金山"，就发生在江南运河边的金山寺；而"姑苏城外寒山寺，夜半钟声到客船"，是唐代诗人张继科举落榜返回家乡，途经苏州时写下的，寒山寺也在江南运河边。

为害一时而泽被后世

开通大运河耗费了巨大的人力、物力，运河沿线的百姓年年服役，向朝廷缴纳苛捐杂税，承受了沉重的负担。大运河开通后，隋炀帝好大喜功，三征高句丽均无功而返；又极尽奢靡浪费，百姓生活雪上加霜。他在船上纵情享乐，而船队经过的地方，方圆五百里的百姓都要进献美食，水陆珍奇无所不有，不少人因此家破人亡。最终百姓不堪困苦，各地燃起了农民起义的熊熊烈火。

大运河的开凿虽然打开了"潘多拉的盒子"，加速了隋朝的灭亡，但是它沟通了钱塘江、长江、淮河、黄河、海河五大水系，成为历史上经济发展的大动脉。通过运河，大量物资从南方转运至北方，对保障北方民生、维护社会稳定发挥了极大作用。同时，运河也促进了沿线城市的发展，许多著名的繁华城市兴起，如苏州、扬州等。运河的开通可谓泽被后世，功盖千秋。随着时间的推移，隋朝大运河部分河段失去了通航的功能，后来被京杭大运河取代。（章　广）

汴河怀古二首（其一）

［唐］皮日休

尽道隋亡为此河，至今千里赖通波。
若无水殿龙舟事，共禹论功不较多。

隋朝经营流求

隋朝时期，台湾被称为流求。关于隋代流求的方位、航程、风土、气候、物产、习俗、经济生活以及社会组织等，《隋书·流求国》里有比较详细的记载。

海上明珠流求岛

流求，也称“琉求”“琉球”等，是宝岛台湾的旧称。东汉、三国时期称台湾为“夷洲”，到隋朝时改称“流求”，这一称呼一直沿用到宋元时期。

大陆与台湾的联系由来已久。早在东汉时期，福建一带的人民就与岛上的居民有往来。当时从闽中东冶港（今福建福州）有船舶到达夷洲，与当地百姓进行贸易。三国吴黄龙二年（230年），孙权曾派遣将军卫温、诸葛直率甲士万人，航海到达夷洲。这是大陆以国家和政府名义与台湾建立联系的最早记录。

大业年间（605—618），隋炀帝先后三次派遣军队前往流求，其规模之大、影响之深均超越了前代。

莫高窟第423窟隋代壁画《弥勒上生经变》（局部）

初探流求岛

大业三年（607年），隋炀帝命令羽骑尉朱宽“入海求访异俗”。

当时，朱宽带了海师何蛮一同前往流求。海师，就是福建沿海一带人们俗称的船老大。何蛮说自己曾在春、秋两季天气晴朗的时候，向东眺望大海，看到远处云雾缭绕，他猜测海中有小岛，

隋代双佛铜像

岛上有人居住。于是，朱宽请何蛮当向导，他们一路向东，经过五天的海上航行，最终到达了流求。

朱宽等人到达流求之后，因为语言不通，无法与岛上的居民交流，只好掳掠了一个流求人返回大陆。

这次行动可以看作是隋炀帝经营流求的一次尝试，虽然没有成功，但极大地增强了隋炀帝经营流求的信心和决心。

招抚不成终发兵

第二年，隋炀帝再次派朱宽率领军队登上流求，对流求国进行招抚，想要让流求臣服于中央政府。但是，流求人拒绝了朱宽的要求。朱宽等人只好带了一些流求人使用的布甲等物品回去复命。这次行动也没有达到预期的目的。

隋炀帝见安抚、怀柔的政策行不通，便于大业六年，派遣武贲郎将陈稜（léng）、朝请大夫张镇州率东阳兵万余人，攻打流求。陈稜、张镇州率领隋军先从今浙江海域沿海岸线南下，到达粤东的义安郡（治今广东潮州），然后再从义安郡出发，经高华屿、澎湖的鼊鼊（qú bì）屿，最后到达流求。

流求人刚开始看到隋军船队靠岸，还以为是从大陆来的贸易商船，不少当地百姓争着上船，要求进行贸易。

当时，陈稜的军队中有昆仑（今中南半岛南部及南洋诸岛）人通晓流求国语言，陈稜就派他们先去告谕流求人，传达了隋炀帝的招抚之意，结果再次遭到流求人的拒绝。于是，陈稜率军登岸，派张镇州为先锋，向流求发起进攻。

隋代青釉双龙尊

大厦将颠，非一木所支也。

——［隋］王通

大败流求全胜归

流求国王，用今天的话说，也许只是个部落酋长，不知道统治了流求多少代。大家都称国王为“可老羊”，国王的妻子为“多拔荼”，国王居住的山洞则被称作波罗檀洞。

此时在位的流求国王姓欢斯，名叫渴剌兜。隋军发兵攻打流求，他派兵进行了顽强的抵抗，却屡战屡败，隋军频频获胜。

关于台湾的文字记载

三国时期吴人沈莹撰写的《临海水土志》中，对当时被称作“夷洲”的台湾，曾有过专门记载。但遗憾的是，这本书如今已经散佚失传，书中部分内容被保留在宋代修撰的《太平御览》中。此外，《三国志·吴书·孙权传》中也提到，孙权曾经派人率兵到达夷洲。因此，《三国志》中的记载，可视为现存最早的关于台湾的文字记载。

隋代石雕一佛二菩萨造像碑

当陈稜率领的隋军前进至低没檀洞时，居住于此的流求小王欢斯老模率兵抵抗，结果战败，被隋军斩杀。当天，天空中飘着小雨，岛上烟雨蒙蒙，昏暗阴沉，隋军将士们感到非常恐惧，不敢再往前走。

陈稜看到军心不稳，略一沉思，一把抽出随身佩剑，一剑斩杀了身旁的白马，并对周围的将士高呼：“杀白马以祭海神！”伴随着白马的嘶鸣声，不久，阴霾散去，天空放晴，将士们欢呼起来。

于是陈稜兵分五路，向流求国都城发起进攻。流求王欢斯渴剌兜率领数千部众进行了顽强抵抗。陈稜派张镇州为先锋，再次击败了流求兵。隋军乘胜向北追击，进至渴剌兜的王宫附近。渴剌兜背靠栅栏为阵。这栅栏是围在波罗檀洞外的防卫工事，共有三道，每道栅栏之间布有壕沟，沟中有水，栅栏上布满荆棘，用来抵御外敌入侵。陈稜派遣精锐士兵发起猛攻，从辰时（7—9时）一直战到未时（13—15时），双方鏖战不息。

流求兵久战疲惫，渐渐抵挡不住隋军的攻势，渴剌兜便率领部下退入栅栏内，凭借天然地势继续与隋军对抗。

陈稜见状，立即下令士兵一边进攻，一边填埋堑壕。壕沟被一一填平，隋军一举攻破栅栏，冲入波罗檀洞，斩杀了渴剌兜，并俘获了他的儿子岛槌。至此，隋军大获全胜，陈稜和部下带着俘获的数万名流求人满载而归。

两岸血脉一家亲

隋炀帝为何要派兵攻打流求呢？除了“入海求访异俗”外，更重要的原因在于，他要向周边各族显示天朝国威。出于好大喜功的秉性，除了流求，隋炀帝在位期间，还曾对西部和北方边境的突厥、吐谷（yù）浑等发动进攻，并多次发动对高句丽的战争。

隋朝征服流求国的最大战利品，无疑是掳掠来的数万名流求国男女。这批流求人是如何安置的呢？根据文献记载，共有两种途径处置：一是将流求人赏赐给官员；二是将他们就地安置到乡里，补充当地人口。明代何乔远的《闽书》记载说，福清县福庐山的化南、化北二里，当时就安置了五千户流求人。

据《闽书》所记，这五千户流求人相当于当时建安郡（治今福建福州）总人口的三分之一，对当地经济及人口结构产生了极大影响。现代福建人口中，有相当一部分人拥有台湾血统。（戴显群）

隋朝灭亡

隋炀帝杨广继位后，大兴土木，穷兵黩武，导致民变四起，隋朝因此迅速土崩瓦解，走向灭亡。

弑父弑兄，阴谋上台

隋文帝杨坚一共有五个儿子，其中二儿子杨广最能干。他聪明英俊，能文能武，看相的都说他贵不可言。这当然是迷信，但他却因此深得母亲独孤皇后的偏爱。他的哥哥太子杨勇性格宽厚，为人率直，不矫揉造作。杨勇曾给自己的一件铠甲装饰了漂亮的花纹，隋文帝看到后很不高兴，认为他太奢侈。杨勇有一名姓云的侍妾，很得他的宠爱，这又让他的母亲独孤皇后非常不高兴。独孤皇后最看不惯男人三妻四妾，自然对杨勇的行为很不满意。

杨广本是一个纨绔子弟，喜欢享乐，他见哥哥因奢侈享乐、宠爱姬妾受到父母的厌恶，便伪装自己，在父母面前装得很节俭、不近女色，因此得到了他们的欢心。杨广趁机加紧争夺太子之位，他与右庶子张衡、宰相杨素，甚至独孤皇后等人一起设计陷害杨勇，最终隋文帝在开皇二十年（600年）废除了杨勇的太子之位，改立杨广为太子。

杨素画像

仁寿四年（604年），隋文帝病重，杨广写信给杨素，询问隋文帝去世后的一些准备措施。杨素的回信被阴差阳错地送到了隋文帝手里，隋文帝看后大怒。与此同时，杨广在宫中非礼隋文帝的姬妾陈夫人，此事被隋文帝得知，他更为愤怒，想要重新立杨勇为太子。杨素知道了这个消息，立即通知杨广，杨广迅速派兵包围了隋文帝的寝宫。他将寝宫里所有照顾隋文帝的人都调走，并让自己的亲信张衡去侍候隋文帝。隋文帝不久就死了，宫外的人大惊失色，传言是张衡害死了隋文帝，可谁也不敢说什么。就这样，杨广登上了皇位，他就是隋炀帝。

透支民力，穷兵黩武

隋炀帝继位后假传隋文帝遗旨，杀了废太子杨勇。而他也逐渐露出了真面目，过起了荒淫奢侈的生活，追求享乐，大兴土木。

大业元年（605年），隋炀帝下令营建东京。这一浩大的工程由著名建筑家宇文恺负责规划、设计，宰相杨素主持，每月役使民工达二百万人次。为满足隋炀帝奢侈享乐的心理，宇文恺设计的东京规模宏大，宫殿都建得十分高大壮观。建造宫殿所用的大柱子是从江西采伐运过来的。这些巨大的木料运输起来十分困难，民工们在每根大柱子下面安上了用生铁做的轮毂，来滑动搬运，

《李密牛角挂书》

此图出自清代马骀《仙佛图像画谱》。

牛角挂书

李密出身关陇世家，他的曾祖父李弼是西魏八柱国之一，祖父、父亲也都曾是北周、隋朝的公爵。李密志向远大，谋略过人，文武双全，并酷爱读书。一天，他骑着牛去拜访史学名家包恺。李密骑在牛背上，把一本《汉书》挂在牛角上，一手牵着牛绳，一手翻书阅读。“牛角挂书”的故事就是这样得来的。

后来，越国公杨素正好经过，看到李密如此勤奋，十分欣赏他。杨素回家后让自己的儿子杨玄感与李密交好，后来李密果然与杨玄感结为好友，并跟随杨玄感起兵反隋。

据说要两千人才能拉动一根柱子。即使是用这种铁轮毂，也滑不了几里路就会损坏，因此又有数百人在旁边跟着修理轮毂。这样运输，一天只能走二三十里，仅运输一根柱子就要耗费数十万钱，整个工程的费用可想而知。

宫殿建造完成后，宇文恺还命人进行了华丽奢靡的装饰。隋炀帝下令征发江南和岭南的异材奇石、珍禽异兽、嘉木芳草等充实园林。宇文恺在宫城西面又建造了西苑，作为隋炀帝的游乐花园。西苑里面建了一个大湖，并按照传说，在湖中建造了蓬莱、方丈、瀛洲三座假山。山高出水面数十米，山上亭台楼阁星罗棋布，极尽华丽，宛若仙境。

东京建造的规模虽然很大，但是工期很短，仅仅用了十个月就建成了。宇文恺善于揣摩隋炀帝的心思，把东京建设得极其壮观，他还不断催赶工期，希望早日完工来取悦隋炀帝。因此，监工的官吏十分严厉、残暴，参加修筑的民工十之四五都死了，装载尸体的车子从河南荥阳一直绵延到孟县（今河南孟州），接连不断，情形十分凄惨。

东京修建完成后，隋炀帝又征调民工开掘大运河，带着后宫嫔妃和文武百官乘坐龙舟去江南游玩，耗费了大量人力物力。

大业三年，隋炀帝又下诏修筑长城，仍由宇文恺负责，征调一百余万民工。由于工期短，劳动繁重，仅二十天时间就导致五六十万民工死亡。

隋炀帝好大喜功，频繁发动战争，他在位期间曾三征高句丽，但均以失败告终。大量士兵、民工死于战争或劳役，造成“天下死于役”的惨象。农村大量土地荒芜，社会经济遭到严重破坏，隋朝国力耗竭，终于，农民起义在全国爆发了。

农民起义，摧枯拉朽

大业七年，山东、河北大水成灾，但隋炀帝仍然下令征调大量民夫征讨辽东，还令各地仓库严格把守，不允许开仓赈济灾民。天灾人祸使百姓苦不堪言，灾民王薄率众在长白山（今山东邹平南）发动起义，他自称“知世郎”，唱出著名的《无向辽东浪死歌》，号召百姓抵制徭役，不要去辽东白白送死。

王薄起义点燃了百姓反抗隋炀帝残暴统治的星星之火，各地农民起义迅速爆发，之后逐渐形成了翟让和李密领导的瓦岗军、窦建德领导的河北义军、杜伏威领导的江淮义军三支主要力量。

瓦岗军最初只是袭击往来官兵，抢劫运河上的船只，没有什么远大的政治目标。李密曾在隋朝做过官，很有才干，在他的领导下，瓦岗军一举击败隋将张须陀、刘长恭。大业十三年，瓦岗军逼围东都洛阳，并向各郡县发布檄文讨伐隋炀帝。檄文列举了隋炀帝的十大罪状，指出隋炀帝的罪恶“罄南山之竹，书罪无穷；决东海之波，流恶难尽”。意思是，隋炀帝的罪恶，把南山上的竹子都做成竹简也书写不完，决开东海用海水洗也洗刷不清。他们号召天下人一起来推翻隋朝统治。瓦岗军不断发展壮大，在各路起义军中确立了盟主地位。以瓦岗军为中坚力量，以窦建德、杜伏威为两翼的农民起义军，对隋朝的统治造成了摧毁性的打击。

在各地农民起义战争轰轰烈烈之时，官僚地主也纷纷起兵，割据地方。大业九年，开国元勋杨素的儿子杨玄感联络了一批贵族子弟，趁隋炀帝进攻高句丽之机起兵，围攻东都。隋炀帝连忙从高句丽撤兵，派宇文述率军击败杨玄感，因此受株连被杀的有三万余人。

大业十三年七月，太原留守李渊起兵。李渊是杨广的表哥，独孤皇后的亲外甥。他见天下大乱，便打着“废昏立明，拥立代王，匡复隋室”的旗号，起兵直驱关中。农民起义动摇了隋朝的统治，但起义的胜利果实却落到了李渊的手中。

短命王朝，二世而亡

大业十二年七月，正当各地起义如火如荼之际，隋炀帝再次南下江都巡幸。他觉得江淮地区农民起义军较少，决定去江都享乐。李渊在太原起兵后，隋炀帝见大势已去，心灰意冷，在江都愈加荒淫无道。他大肆修建宫殿，命大将王世充在江淮挑选美女充实后宫，夜夜笙歌，醉生梦死。也许是预感到自己末日将临，隋炀帝坐卧难安，有一次，他看着镜子里的自己，说：“好头颈，不知是谁来砍下它？”

隋炀帝滞留江都，无意返回，可他手下的卫兵大部分是关中人，他们思念家乡，希望能返回故土，一些卫兵因此密谋逃亡。卫兵将领司马德戡（kān）得知后，打算利用他们发动叛乱。宇文述之子宇文智及向来不务正业，得知此事后很兴奋，拉着司马德戡商量好之后，推宇文智及的哥哥右屯卫将军宇文化及为首。

大业十四年三月的一天，司马德戡率领卫兵从玄武门突入宫中搜捕隋炀帝。隋炀帝闻变惊慌失措，逃入西阁，不久就被抓获。他本想喝毒酒自杀，但慌乱中一时之间没找到毒酒，最后被校尉令狐行达绞死。就这样，隋朝只经历了二世便短命而亡。（章　广）

隋代琵琶弹奏陶俑

图中的曲项琵琶原产于波斯，这一隋代陶俑手里拿着琵琶弹奏，展现了隋代中国和世界各国的密切交流。

赵州桥

中国古代的工程技术曾经长期领先于世界，赵州桥就是其中的佼佼者。它横跨在洨河之上，从隋代一直挺立到今天，是现存最古老的石拱桥之一，向世人展示着中国古代卓越的桥梁建造技术。

赵州桥的由来

赵州桥位于今河北赵县境内，修建于隋代，距今已有1400多年的历史。赵州桥最早叫赵郡河石桥，得名于当时的地名和水名。赵县当时称赵州，当地人为区别于附近另一座形体较小的永通桥，将赵州桥俗称为“赵州大石桥”，称永通桥为“赵州小石桥”。后来，“赵州大石桥”逐渐简称为“赵州桥”。

北宋元祐年间（1086—1094），宋哲宗为嘉奖这座古老的桥梁帮助人们安全渡河，辅助民生的功劳，给它赐名“安济桥”。1991年，美国土木工程师学会还将赵州桥推选为第十二个“国际土木工程里程碑”标志建筑，并在桥头建造了“国际土木工程历史古迹”的铜牌纪念碑。这标志着赵州桥与埃及金字塔、巴拿马运河、巴黎埃菲尔铁塔等世界著名历史古迹齐名，在世界桥梁建筑史上拥有重要的地位。

赵州桥之所以举世闻名，不仅仅因为它是世界上现存最古老的敞肩石拱

赵州桥今景

桥，更在于它精妙的设计。卓越的技艺使得赵州桥抵挡住了上千年来洪水、地震、战争等自然与人为的破坏，至今屹立不倒。

千年不倒的秘密

赵州桥经历了1400多年的岁月依然横跨在洨（xiáo）河之上，这与它特殊的建造工艺密切相关。赵州桥桥身结构最大的特点，是采用了28个紧密并置在一起的拱券结构，就像是28张弓合并在一起，形成了一个完整的拱形桥洞。它的优点在于，每一个拱券结构都能分担整体拱洞上部的压力，但彼此又相互独立，当一个拱券损坏后，并不会影响其他拱券，工匠只要将损坏的部分替换即可。这也是赵州桥历史上经历多次修补，至今仍能发挥功用的重要原因。赵州桥的桥身在设计上还呈现出两边宽中间窄的造型，这样向中心收窄的设计，可以使外部的拱券在重力的作用下向内倾斜，加强拱券彼此之间的横向联系，在相互依靠中减少拱石外倾松动的风险。

赵州桥拱形跨度大，弧形较平。桥的圆弧拱跨度为37.02米，高度为7.23米，近似于一座1/4圆弧拱桥。在同等跨度的情况下，1/4圆弧拱桥的弧长要比半圆形拱桥的弧长更短。这样的造型不但使赵州桥大大节省了石料，减轻了桥身的自重，更使得桥面坡度较为平缓，有利于桥上行人、车辆的通行。而

桥梁的种类

桥梁的种类有很多，按照形式和构造来分，可分为梁桥、拱桥、刚架桥、斜张桥、悬索桥等。其中，拱桥是以拱作为主要承重结构的桥。右图为北京的卢沟桥，也是拱桥。

卢沟桥位于今北京丰台区永定河上，于金明昌三年（1192年）建成。两侧石雕护栏上有数百只石狮，形态各异。“卢沟晓月”为“燕京八景”之一。

卢沟桥

且，赵州桥的跨度长，圆弧拱也足够高，水上船只往来通过非常方便。

除了这个大拱，赵州桥还采用了敞肩拱的构造，即在拱桥两端各有两个小型拱洞，这也是赵州桥的创举。这样不仅节约了石料，减小了拱桥自身重量，更重要的是，在河水泛滥的时候，水流能够从拱肩上的四个小拱洞流过，起到分洪的作用，降低水流对拱桥的冲击和破坏。

赵州桥在设计上的独具匠心使它能够历经千余年依然屹立不倒，而建造者们对桥址的选择更为桥身的稳固提供了保障。赵州桥的桥台基础直接建在河两岸的粗砂岩层之上，建造者准确评估了河床岩层的承载力，将桥台基础深入土层两米多，直接建在天然砂石岩层之上，之后在这个基础上建造了多达五层的桥台。这些措施都保障了桥身的稳定性。

赵州桥的建造者

赵州桥是古代劳动人民智慧的结晶，它的设计师和主持修造者是隋代工匠李春。今天，我们只能通过零星的文献记载了解这位赵州桥的建造者，这不能不说是一种遗憾。中国古代的工程建造技术闻名于世，它们的实践者都是广大民众，这些能工巧匠往往被传统的知识分子所忽视，导致许多辉煌灿烂的文物古迹的修造者湮没在历史的长河之中。如今，宏伟的赵州桥横跨洨河，默默

福建泉州洛阳桥

中国古代四大名桥

中国自古以来就是桥梁的国度，有许多桥梁是世界桥梁史上的创举。其中最负盛名的四座桥，被称为中国古代四大名桥，它们分别是赵州桥、洛阳桥、卢沟桥、广济桥。左图为中国古代四大名桥之一的福建泉州洛阳桥。

传颂着古代劳动人民的丰功伟绩。

赵州桥建成后，为洨河两岸人们的交通往来提供了极大的便利，人们就用美好的传说来赞颂它的建造者。民间传说，赵州桥是建筑祖师爷鲁班一夜之间建成的。传说鲁班造好赵州桥之后，惊动了天上的神仙，仙人张果老和柴王爷想试验一下桥梁的稳固性。于是张果老骑着毛驴，在褡裢里分别装着太阳和月亮上桥检测，而柴王爷则推着载有五岳的独轮推车上桥。鲁班眼看桥身晃动起来，情急之下，纵身跳入河中，用手牢牢地撑着桥拱。最终，两位仙人顺利地通过了赵州桥，而桥身安然无恙，只在桥面上留下了张果老骑着毛驴通过的蹄印和柴王爷推车的车辙印。这些印迹不仅提升了赵州桥的知名度，更使人们津津乐道于这些美好的传说。其实，根据史料记载，这些“仙迹”并不是神仙留下的，而是人们在对赵州桥进行修缮时，为防止损坏石桥而特意精心设计打凿出来的。（王　钊）

望之如初月出云，长虹饮涧。

——［唐］张鷟《朝野佥载》

赵州桥景区内的李春雕像

李渊起兵

隋朝末年，隋炀帝的残暴统治激起了各地农民起义军的反抗，起义军迅速遍及山东、河北、河南、江淮等地，盛极一时的隋王朝已是风雨飘摇。在此形势下，坐镇晋阳的太原留守李渊也走上了起兵反隋的道路。

贵公子的忧虑

李渊出身于关陇贵族集团，祖父李虎是西魏声名显赫的“八柱国”之一，北周时被追封为“唐国公”。父亲李昞（bǐng）在北周时官至柱国大将军，娶了同为八柱国之一的大将独孤信的第四女。独孤信的长女是北周明帝宇文毓的皇后，第四女为李昞的妻子，即李渊的母亲，第七女则是隋文帝杨坚的皇后。因此，李渊与隋炀帝杨广是姨表兄弟的关系。李渊既是名门之后，又是隋朝的皇亲国戚。凭借这种身份和关系，父亲李昞去世后，李渊便承袭了父亲的唐国公爵位，并历任各种要职，官运亨通。然而，李渊的人生轨迹在大业末年发生了转折。

由于隋炀帝穷兵黩武、统治残暴，大业七年（611年）以后，农民起义遍地开花。与此同时，

隋朝统治集团内部也开始离心离德。大业九年，礼部尚书杨玄感在黎阳（治今河南浚县东）起兵叛乱，统治集团的内部矛盾公开化。杨玄感起兵失败后，隋炀帝开始注意防范朝廷重臣。恰逢此时，“桃李子歌”“李氏当为天子”等谶（chèn）语在社会上广为流传，说杨隋王朝就要灭亡了，会由一个姓李的人取而代之。这显然是有人故意传播的，这些谶语加深了隋炀帝对李姓大臣的猜忌。大业十一年，宇文述诬告郕（chéng）国公李浑谋反，李浑家族三十多人含冤受戮。甚至有大臣建议隋炀帝杀尽海内姓李者，情势变得十分危险。

李渊虽然是隋炀帝的表哥，但因为他姓李，也没能逃过被隋炀帝猜忌的命运。有一次，隋炀帝召见李渊，李渊因病没有及时赶到。当时，隋炀帝的侍妾、李渊的外甥女王氏正在后宫，隋炀帝便问她：“你舅舅为何迟迟未到呢？”王氏回答说舅舅生病了。隋炀帝很恼火地反问道：“他病得要死了吗？”李渊听说此事后，更加惶恐不安。为求自保，他开始沉湎于酒色，贪财纳贿，伪装成一副胸无大志的模样。

为镇压当地农民起义军并防备北方突厥政权的入侵，隋炀帝命李渊出任太原留守，坐镇晋阳（今山西太原南），掌管一方军政大权。不过，对李渊委以重任的同时，隋炀帝还派自己的亲信王威、高君雅担任副留守，让他们二人监视李渊。

李渊的抉择

担任太原留守后，李渊悄悄地对次子李世民说："我们家世世代代封爵'唐国公'，太原自古又被称为'唐'。如今我出任太原留守，坐镇晋阳，这是上天要把这块土地赐给我啊！"从这句话不难看出，面对风雨飘摇的隋王朝，李渊此时已经萌生了取而代之的想法。

由于李渊的长子李建成和四子李元吉当时还在河东（治今山西永济西南蒲州镇），李渊的力量分散，他仍有所顾忌，于是，一向沉稳谨慎的他选择韬光养晦，没有在众人面前表露出明确的反隋意图。但是，李渊的亲信刘文静、裴寂和李世民等人却已经按捺不住，鼓动他早日起兵。

就在此时，太原副留守高君雅和马邑（治今山西朔州）太守王仁恭率领的部队被突厥打败，隋炀帝怪罪李渊，认为他和王仁恭镇守边关不力，派使者前往太原，准备拘捕李渊，并处死王仁恭。李世民和裴寂劝说李渊道："如今皇帝昏庸，国家动荡不安，再对朝廷尽忠已经毫无益处。您的部下战败，却要您来承担罪责。形势已经很危急了，您要赶快做出决断。现在太原兵强马壮，粮草丰厚，以此举兵反隋，何愁大事不成！"与其坐以待毙，不如放手一搏，已经陷于险境的李渊终于下定决心，起兵反叛。然而，就在李渊集结部队准备起兵时，隋炀帝却又下令赦免了他，李渊的起兵计划也随之暂缓。

但是，这次事件以后，李渊加紧了起兵反隋的谋划。他命长子李建成、四子李元吉在河东，次子李世民在太原，女婿柴绍在大兴等地广交豪杰，培植势力，等待起兵的时机。

顺势而为，正式起兵

大业十三年二月，太原治下的马邑校尉刘武周发动叛乱，杀了太守王仁恭，勾结突厥，迅速占领了汾阳宫，并直接威胁到太原的安全。李渊召集部属商量对策，王威等人害怕承担罪责，又无计可施，于是对李渊说："当务之急在于平定叛乱，眼下一切军政事务，您都可以自行决断。"

李渊抓住这个机会，以平定叛乱为由，派李世民、刘文静、长孙顺德、刘弘基等亲信四处募兵，很快招募到了近万名士卒。同时，他秘密派出使者，召李建成、李元吉和柴绍赶赴太原。

李渊的招募行动引起了王威、高君雅的警惕，他们怀疑李渊图谋不轨，于是谋划除掉他。恰逢太原地区干旱，李渊作为地方最高长官，要到晋祠祈雨。王威和高君雅命晋阳一个叫刘世龙的乡长带领士兵提前埋伏在晋祠，打算趁机除去李渊。刘世龙知道了他们的阴谋，向李渊告密。李渊明白，形势已危在旦夕，于是决定先发制人。

李渊让李世民在晋阳宫城之外埋伏好人手。第二天清晨，他召集王威、高君雅一起商讨政事。这时，太原鹰扬府司马刘政会称有密状上报，有

历史上的"关陇集团"

"关陇集团"这一概念，是由著名历史学家陈寅恪提出的，泛指自西魏至隋唐时期，出身于陕西关中地区、甘肃陇山地区的政治统治集团，其集团成员多具有民族融合、文武兼备的特点。"关陇集团"的渊源，可追溯至北魏时期镇守武川地区（北魏六镇之一，今内蒙古武川西）的军事贵族，绵延二百余年，北周、隋、唐的建立者及上层统治者均出自这一集团。

人要造反。李渊示意王威把密状拿上来，刘政会却不给，说："密状正是告发两位副留守的，只能给您一人过目。"李渊佯装惊讶地说："怎么会有这种事呢！"看过密状后，他对众人说："王威、高君雅狼子野心，居然私下引突厥军队入侵。"高君雅一听，知道这是李渊设计陷害自己，于是拂袖大骂道："不过是谋反的人想找借口杀我们罢了！"但此时已由不得他辩解，刘文静、刘弘基和长孙顺德等人协力将王威、高君雅擒下。巧合的是，两天之后，果然有数万突厥军队进犯太原，"坐实"了王、高二人的"狼子野心"，李渊便借此机会将王威、高君雅斩首示众，正式起兵反隋。

> **瓦岗军**
>
> 瓦岗军是隋朝末年一支重要的农民起义军。大业七年，翟让与同郡人徐世勣（即李勣）、单雄信在瓦岗（今河南滑县东南）起兵，后来人们就称他们为"瓦岗军"。大业十二年，李密等人也加入了瓦岗军。瓦岗军数次大败隋军，队伍不断发展壮大。后因起义军内部产生矛盾，大业十四年，瓦岗军被王世充打败，这支队伍随之瓦解。

攻克大兴，建立唐朝

当时中原地区已成为农民起义军与隋朝军队较量的主战场，隋炀帝滞留在江都，关中地区的防备力量相对薄弱。通过对局势的分析，李渊决定直捣大兴，夺取关中地区，再以关中为基地，进而实现统一全国的大业。

不过，进入关中以前，李渊尚需解除后顾之忧。当时，突厥雄踞北方草原，实力强劲。李渊听取了刘文静的建议，决定与突厥结盟。他亲自写信给突厥的始毕可汗，信中不但言辞谦卑，还承诺会给突厥大量金银珠宝。为商讨结盟事宜，李渊派刘文静出使突厥，并叮嘱他："此次出使的主要目的是请求突厥多给予战马援助，而不要他们多派士兵来。"刘文静不辱使命，成功与始毕可汗结盟。突厥给李渊援助了两千匹战马，仅派出五百名士兵前来。

李渊还主动向占据河南之地的瓦岗军领袖李密示弱，写信对李密大加恭维，并表示自己没有称王称帝的想法。他通过"卑辞推奖，以骄其志"的手段，成功麻痹了李密，利用李密将隋军主力牵制在中原地区，为自己进取关中创造了有利的外部条件。

大业十三年七月，李渊让李元吉留守太原，自己与李建成、李世民率三万士兵打着"尊隋"的旗号，开始向关中地区进发。李渊大军一路势如破竹，十一月便攻克大兴城。入城以后，李渊模仿汉高祖刘邦入关"约法三章"的故事，与百姓"约法十二条"，废除了隋朝所有的严苛禁令，受到了城内百姓的拥戴。

李渊立代王杨侑（yòu）为皇帝，改元义宁，杨侑就是隋恭帝。他遥尊隋炀帝为"太上皇"，自己则担任大丞相，爵位为"唐王"，掌管一切军政大权。义宁二年（618年）三月，宇文化及等人在江都将隋炀帝缢（yì）死，隋朝名存实亡。在这种形势下，隋恭帝被迫举行"禅让"礼，让位于李渊。

这一年的五月二十日，在群臣的劝进下，李渊在大兴城太极殿即皇位，定国号为"唐"，改年号为"武德"。李渊就是唐高祖，唐朝正式建立。

（张　琰）

玄武门之变

唐朝建立后，在统一全国的过程中，秦王李世民率军出征，屡建功勋，直接威胁到太子李建成的地位，兄弟二人之间的明争暗斗随之展开。唐高祖武德九年六月初四，李世民在太极宫北门——玄武门外发动兵变，射杀了太子李建成和齐王李元吉，并迫使唐高祖李渊传位于自己，成功夺取了皇位。

秦王府势力膨胀

武德元年（618年），李渊称帝，改大兴为长安，定都于此，唐朝建立。李渊册立长子李建成为太子，次子李世民为秦王，四子李元吉为齐王。由于太子是储君，需要在皇帝身边协助处理日常政务，所以率军完成统一全国的任务就落在了秦王李世民肩上。

武德元年，李世民率军击溃薛举、薛仁果（一作杲）父子，平定陇西之地，将西北地区纳入唐朝版图。武德三年，李世民率军大败刘武周、宋金刚，重新收复晋阳和河东之地。武德四年五月，李世民又生擒河北窦建德，俘获王世充，基本完成了对黄河中下游地区的统一。

同年六月，李世民身穿黄金铠甲，带领大军凯旋。当他进入长安城时，受到隆重迎接，风光无限。此时的李世民已获封秦王，官拜太尉、尚书令，唐高祖认为，现有的官爵都不足以表彰李世民的功勋，于是册封他为“天策上将”，地位在三公之上，并且允许他自己招募人才作为天策府中的官员，也就是所谓的“许自置官属”。

李世民十分注意网罗人才，在多年征战中组建了一支全面的人才队伍。其中既有房玄龄、杜如晦、长孙无忌等能谋善断的文臣，也有尉迟敬德、程知节、秦琼等能征惯战的将领，还有陆德明、颜师古、孔颖达等饱学之士，自此形成了以“天策府”为核心的军事顾问机构和以“十八学士”为核心的政治顾问机构。

随着李世民实力的不断膨胀，他争夺皇位继承权的意图也越发强烈了。

兄弟阋墙

面对实力迅速膨胀的秦王李世民，以太子李建成为首的东宫集团感受到了严重威胁。齐王李元吉在权衡利弊后，加入了东宫阵营，形成了太子李建成和齐王李元吉联合抗衡秦王李世民的局面。

武德五年，窦建德的手下将领刘黑闼（tà）在河北起兵反叛。太子幕僚魏征、王珪劝说李建成："秦王功高盖世，深得人心；殿下却只是因为年长而被立为太子，并没有让天下人心服口服的功绩。如今，刘黑闼收罗的散兵游勇不足万人，而且粮草匮乏，如果朝廷派大军征讨，必定势如破竹。殿下您应当主动请缨，在建功立业的同时，趁机结交山东地区的英雄豪杰，这样就可以巩固您的太子之位了。"李建成接受了他们的建议，向唐高祖请求出征。他不但成功镇压了刘黑闼的叛军，还结交了庐江王李瑗和燕王李艺，在河北地区培

植起自己的力量。为了加强东宫在京城的军事实力，李建成私下招募了两千多名勇士，驻扎在东宫左右的长林门，号称“长林兵”。

在巩固太子地位的同时，李建成还想方设法打压李世民的势力。李建成和李元吉知道李世民的爱将尉迟敬德骁勇善战，就想收买拉拢他。他们私下里给尉迟敬德送去了一整车的金银财宝，却被断然回绝。收买拉拢不成，李元吉便派刺客在夜间去刺杀他。尉迟敬德知道后，打开卧室的大门，自己安然卧睡。刺客虽多次潜入尉迟敬德府中，但始终不敢进入卧室行刺。后来，李元吉又向唐高祖诬告尉迟敬德，幸亏李世民苦苦求情，尉迟敬德才逃过一劫。李建成则耍弄阴谋诡计，把李世民的重要僚属房玄龄、杜如晦、程知节等人调离秦王府，以此来削弱李世民的实力。

兄弟间的明争暗斗也延伸到了后宫。李建成积极笼络唐高祖的两名宠妃张婕妤（jié yú）、尹德妃，她们正好与李世民有矛盾，于是便在唐高祖面前诋毁李世民：“陛下千秋万岁后，如果秦王继承了皇位，我们恐怕都活不成了。太子仁慈博爱，一定能保全我们。”李世民则让自己的妻子长孙氏在后宫多方活动，努力修补与唐高祖后宫的关系。

兄弟间的争斗越来越白热化。武德九年的一天晚上，李建成邀请李世民到东宫饮酒。李建成事先在酒中下了毒药，李世民喝下后吐血数升，在淮安王李神通的护佑下才得以返回秦王府。争斗双方的幕僚们也在推波助澜，长孙无忌、尉迟敬德等人纷纷劝说李世民抢先下手，时任太子洗（xiǎn）马的魏征也常劝李建成早日下决心除掉李世民。

长孙无忌画像

长孙无忌（?—659），字辅机，河南洛阳人。他是李世民妻子长孙氏的哥哥，也是李世民最为信赖的谋士之一，在“玄武门之变”中为李世民出谋划策。

秦王府“十八学士”

武德四年十月，被册封为“天策上将”后，李世民开始注重文教，在宫苑西侧建起“文学馆”，延揽四方文学之士，被选入馆者有“登瀛洲”之美称。其中杜如晦、房玄龄、于志宁、苏世长、姚思廉、薛收、褚亮、陆德明、孔颖达、李玄道、李守素、虞世南、蔡允恭、颜相时、许敬宗、薛元敬、盖文达、苏勖（xù）等十八人，号称“十八学士”。他们中的不少人都在“玄武门之变”及李世民登基后为其出谋划策，是李世民麾下重要的参谋集团。

唐三彩牛角形杯

宫门喋血

武德九年，数万突厥骑兵进犯边境。为阻止李世民再次率军出征，巩固军权，李建成和李元吉密谋，奏请唐高祖，由李元吉率军御敌。李元吉则借机请求调拨李世民的爱将程知节、秦琼、尉迟敬德、段志玄等人一同出征，以削弱李世民的实力。李建成对李元吉说：“如今秦王府的精兵强将都归你管辖，你还统领数万兵马。等你出征前，我和秦王在昆明池为你饯行，席间安排壮士把秦王拉到帐幕之下杀掉，我们再向皇上报告说秦王是突然去世的，皇上不会不信。”

李世民安插在东宫的眼线王晊（zhì）向他透

露了太子和齐王的密谋。李世民立刻召集房玄龄、杜如晦、长孙无忌、尉迟敬德等心腹商议对策。众人认为，形势已经万分危急了，必须先发制人。经过周密安排，李世民决定六月初四清晨在玄武门设伏，除掉李建成和李元吉。

玄武门位于太极宫北面偏西处，地处龙首原高坡，前俯宫城，是控制太极宫的制高点。李世民早已收买了玄武门的守将常何，因此得以率领长孙无忌、尉迟敬德等人提前在玄武门设下埋伏，率先控制了这一连接宫城内外的要害之地。

六月初四清晨，奉诏入宫的李建成和李元吉骑马走到临湖殿附近时，发觉情况不对，准备返回东宫。但为时已晚，暗中埋伏的李世民跃马上前。李元吉看到李世民后，立刻取下弓箭。可能因为过于紧张，平时自认为武艺高强的李元吉，此刻竟然连弓都拉不开。他连发三箭，都没能射中李世民。李世民却毫不手软，对准李建成射出一箭，李建成中箭摔下马来，一命呜呼。随后，尉迟敬德带领七十名骑兵赶到，把李元吉射落马下，李元吉趁乱逃入附近的树林中。然而，李世民的马也因为受惊窜入林中，李世民被树枝绊住，一时动弹不得。李元吉快步上前，夺下了李世民的弓箭，企图用弓弦勒死李世民。千钧一发之际，尉迟敬德快马上前，李元吉知道自己不是尉迟敬德的对手，落荒而逃。尉迟敬德张弓搭箭，将李元吉射杀。

兵变发生之时，唐高祖正与裴寂、萧瑀、陈叔达等大臣泛舟海池。李世民命尉迟敬德入宫警卫。唐高祖见到手持兵刃、全副武装的尉迟敬德闯入宫殿，大为惊恐，忙问："今天是谁发动叛乱？你来这里想干什么？"尉迟敬德回答："太子、齐王叛乱，已被秦王诛灭，秦王害怕陛下受到惊扰，因此派臣来护卫陛下。"萧瑀、陈叔达见此情形，随即附和道："秦王功高盖世，万众归心，如果陛下册立秦王为太子，把国家大事交付秦王，那陛下就可以高枕无忧了！"唐高祖知道大局已定，只好说："好！这正是我平素的心愿。"尉迟敬德连忙说："外面还没有完全平静，请陛下降旨，令各路军队都听从秦王的指挥。"唐高祖立即传令下去，结束了这场政变。

"玄武门之变"以秦王李世民的胜利而告终。六月初七，唐高祖立李世民为皇太子，并颁下诏书："从今往后，一切军国大事都交给太子处理，然后再向我汇报。"到八月初八，唐高祖又宣布传位于太子，自己当太上皇。第二天，李世民即位于东宫显德殿，是为唐太宗。（张　琰）

门神画像

尉迟敬德（585—658），朔州善阳（今山西朔州）人，名恭，字敬德，以字行于世。他早年跟随刘武周，后被李世民招入麾下，屡立战功。在参与"玄武门之变"的秦王幕僚中，尉迟敬德与长孙无忌被定为头功。贞观十七年（643年），唐太宗命画家阎立本在凌烟阁图绘二十四位功臣，尉迟敬德名列第七。尉迟敬德武艺超群，赤胆忠心，与秦琼一起被民间尊奉为"门神"。

[唐] 张萱《捣练图》(宋人摹本，局部)

贞观之治

唐太宗在位的贞观年间，君臣共议国政，励精图治，出现了政治清明、经济发展、社会安定的良好局面。同时，边疆稳固，民族关系缓和，友好往来增多，史称“贞观之治”。“贞观之治”不仅是中国古代社会的盛世典范，也为后世王朝治国理政提供了宝贵经验。

唐太宗画像

君臣讨论议定国策

唐太宗即位后，隋末大乱给社会造成的严重创伤依然存在，满目疮痍，民生凋敝，百废待兴。唐太宗深知“马上得天下”，但不能“马上治天下”，需要认真学习如何治国理政。他知人善用，虚心纳谏，经常与大臣们讨论政事，集思广益，寻找治国良策。

一天，即位不久的唐太宗和大臣们就“自古以来的施政得失”问题展开了讨论。唐太宗首先说：“隋炀帝残暴施政，造成天下大乱。目前恐怕不能在短期内完成由乱到治，实现天下太平。”面对隋末大乱以来的残破景象，唐太宗表现得信心不足。谏议大夫魏征听后回答说：“恐怕不是这样，人们在危难的时候就会担忧死亡，担忧死亡就会盼望天下太平，盼望天下太平就容易施行教化。大乱之后，容易实行教化，就像饥饿的人容易对食物满足一样。”唐太宗接着说：“贤明的君主治

《贞观政要》

唐代史学家吴兢撰写的《贞观政要》一书，约成书于开元年间，是一部旨在总结唐太宗“贞观之治”精髓的政论性史书。该书详细记载了唐太宗与大臣们关于施政问题的对话，以及一些大臣的劝谏等内容。

唐代红陶胡人俑

籍田礼

古代帝王在春耕前举行的亲耕农田的典礼。在春耕之前，皇帝率领诸侯、百官象征性地在籍田亲自耕种，以示对农业的重视。籍田礼是“祈年”（祈求丰收）的礼俗之一，又称“亲耕”，是中国古代社会“农为邦本”政策的直接体现。

理国家，尚需要历经百年才能实现天下太平。大乱之后，又怎么能够在短时间内实现太平呢？”魏征坚定地说：“如果由圣明的君主实行教化，君臣一体，上下同心，百姓响应，一年就能初见成效，三年就能成功。”唐太宗听后，非常赞赏魏征提出的“兴教化”的“王道”施政路线。

但大臣封德彝持有不同的看法，他反驳魏征说：“夏、商、周三代以后，人心日渐轻浮虚伪，所以秦朝用严厉的刑罚治国，汉朝兼用王、霸之道，但都没有能够成功教化百姓。如果听信魏征的话，施行王道，国家恐怕就要遭殃了。”魏征详细列举了五帝（黄帝、颛顼、帝喾、唐尧、虞舜）、三王（夏禹、商汤、周文王）时期通过实行王道，实现天下太平的事例回击封德彝，封德彝无言以对。

经过这次大讨论，唐太宗确立了以“施仁政、兴教化”为核心的国策，这也成为贞观时期奉行的基本国策。

全面呈现盛世景象

确立基本国策后，在唐太宗和众大臣的努力下，唐朝很快就出现了天下太平的局面。

经济上，唐太宗重视农业生产，劝课农桑。贞观三年（629年），唐太宗恢复了废弃数百年之

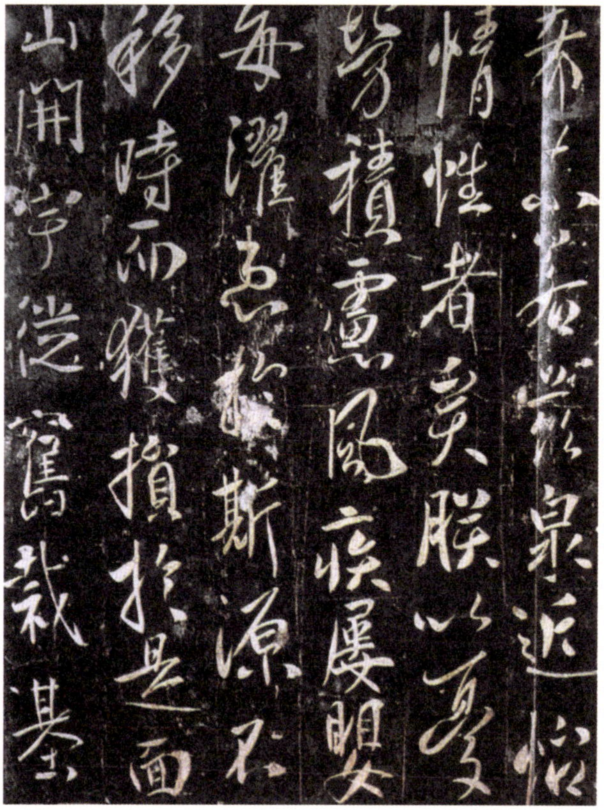

唐太宗手书《温泉铭》拓本

《温泉铭》由唐太宗撰文并书，刻于贞观二十一年，原石已佚。

久的皇帝“籍田之礼”。这年的正月二十一日，唐太宗来到田间，手持犁柄，亲自耕作。“籍田之礼”虽然只是仪式活动，但体现了唐太宗对农业生产的高度重视，百姓大受鼓舞，举国上下迅速出现了尽力农耕的生产热潮。

唐太宗还经常派遣使臣到各地巡察，督促百姓进行农业生产。他对使臣们说：“百姓是国家的根本，粮食是百姓的命根子，如果庄稼没有丰收，百姓生活艰难，那都是因为我的不关心所导致的。”他要求使臣们务必尽职尽责，切实督促农业生产。唐太宗还经常给百姓减免租税，希望藏富于民。在唐太宗施行的一系列政策推动下，贞观四年之后，唐朝出现了粮食丰收、牛马遍野、百姓“路不拾遗、夜不闭户”的繁荣景象。

唐太宗纳谏

关于罢免吴王李恪，留下了一段唐太宗纳谏的佳话。侍御史柳范弹劾李恪，唐太宗刚开始偏袒自己的儿子，他对大臣说："权万纪辅佐我的儿子，他不能纠正（李恪的）错误，罪当处死。"柳范进谏说："房玄龄辅佐陛下，都不能阻止您游猎，怎么能只怪罪权万纪呢？"唐太宗听了这话非常生气，拂袖走进内殿。后来，他又单独把柳范叫进去说："你为什么要违逆我的意思指责我？"柳范答道："我听人说，人主圣明的话，臣子就正直。陛下是个仁德、圣明的君主，我不敢不尽我愚钝的正直。"唐太宗听后打消了怒气，接受了柳范的进谏，罢免了李恪的官职，并削减了他的封户，以示惩戒。

唐代玛瑙臼
这是唐代道教徒用来捣药的工具。

政治上，唐太宗广开言路，从谏如流。贞观二年的一天，唐太宗问魏征："怎么做才能成为明君，而怎么做就会成为昏君呢？"魏征回答说："兼听则明，偏信则暗。"他主张君主要虚怀若谷，正确对待并听取不同的政见，这样才能成为圣明的君主。唐太宗对此深表赞同。

贞观四年，唐太宗征发士卒重新修缮东都的宫殿，以备巡狩之用。大臣张玄素认为，修缮东都的宫殿并不是当前要紧的事务，批评唐太宗这种滥用民力的行为还不如隋炀帝。唐太宗听后大怒，说："你说我还不如隋炀帝，那我和夏桀（jié）、商纣比，又如何呢？"张玄素坦然回答道："您如果不停止这项修缮工程，也会像夏桀、商纣一样，因滥用民力而导致天下大乱！"张玄素的坦然和义正词严，使唐太宗认识到自己的错误，他立刻下诏停止修缮工程，还奖赏了张玄素。

唐太宗虚心纳谏的例子不胜枚举，成为贞观时期一道亮丽的风景，有力地促成了贞观时期政治的清明。

唐太宗奉行以人为本、依法治国。贞观初年，他确立了以"宽厚仁爱"为核心的立法主张，一口气取消了五十多种死刑，还通过一系列严格的限制手段，尽量减少死刑的判罚和执行。为了减少刑罚给人造成的伤害，唐太宗还取消了斩断右脚等严酷的"肉刑"。有一次，唐太宗看了一本名为《明堂孔穴图》的医书，书中画有人体结构图，他感慨地说："人的五脏六腑都紧邻后背，现在还保留着击打后背的杖刑，对人的身体伤害太重了。"于是他下令取消杖刑后背，改为打大腿。

同时，唐太宗能够秉公执法，不徇私情。贞观十一年，唐太宗的儿子吴王李恪任职安州（治今湖北安陆）都督时，多次外出打猎，踩踏当地百姓的田地庄稼。侍御史柳范上表弹劾李恪，唐太宗并没有袒护李恪，果断罢免了李恪的官职。贞观十二年，唐太宗的堂兄弟江夏王李道宗因贪污罪被捕坐牢。李道宗是皇亲国戚，又屡立战功，但唐太宗也没有网开一面，而是严厉批评道："李道宗的俸禄非常高，我对他的赏赐也很多，他有足够多的财富，却如此贪婪，难道不是非常鄙陋吗！"由于唐太宗以身作则，贞观时期的大臣们也都能做到奉公守法，严格按律法办事，营造了良好的法治氛围。

太宗文武之才，高出前古。盖三代以还，中国之盛未之有也。

——［宋］司马光

贞观遗产泽被后世

“贞观之治”不仅成就了唐太宗一朝的盛世，为唐朝的繁荣兴盛奠定了基础，也为后世王朝治国理政留下了宝贵遗产。

唐太宗目睹了隋朝的灭亡，对隋炀帝滥用民力，导致百姓揭竿而起的历史教训有着深刻的认识。他多次引用《荀子》里的话，反复强调：“君主就是舟船，百姓就是承载舟船的水。水能够承载舟船，也能够翻覆舟船。”唐太宗还通过形象生动的比喻，向群臣阐述国家、君主和人民的关系，他说：“君主依附于国家，国家依附于人民。若残酷剥削人民来满足君主的欲望，就像割下身上的肉来充饥，等吃饱了，人也就死亡了；君主富有了，国家也将会灭亡。”唐太宗的治国理念启示后世，治理国家一定要以民为本，关怀民生，体恤百姓。

唐太宗还把隋炀帝的穷奢极欲当作前车之鉴，和长孙皇后带头躬行节俭，杜绝骄纵。史书上说，唐太宗在位的二十多年里，生活简朴，不穿华丽的服饰，但是国家富足，百姓生活安宁。唐太宗以身示范，告诉后世统治者要严谨自律，爱惜民力，不能荒淫无度，对百姓竭泽而渔。

> 舟所以比人君，水所以比黎庶，水能载舟，亦能覆舟。
>
> ——唐太宗

唐代“黑石号”沉船出水花卉纹金方盘

贞观初年，唐太宗与大臣们讨论周朝国运长久而秦朝二世而亡的原因。听完大臣们的发言，唐太宗说：“周朝坚持施行仁政，积累功德，使国运绵延八百年之久。秦朝荒淫奢侈，用刑罚治理国家，结果二世而亡。”他意在告诫后世君主，只有行仁义、施仁政，才能维持国家的长治久安。

唐太宗君臣总结的经验教训还有：以史为鉴，注意吸取历史上君主治理得失的经验教训；兼收并蓄，尊重不同政见，鼓励思想上的百家争鸣；自信开放，以仁和宽厚的胸怀处理民族关系和对外关系；等等。这些都是“贞观之治”留给后世的宝贵遗产。（刘玉峰　张　琰）

清代绢本彩画《孙真人坐虎针龙图》

唐代医学家孙思邈被尊称为“药王”“孙真人”，他曾拒绝唐太宗的征召，专心在民间行医，深受百姓崇敬。经过数十年临床实践，孙思邈撰成《千金要方》《千金翼方》各三十卷，合称《千金方》，是中国最早的临床百科全书。民间流传着许多孙思邈行医的故事，此图描绘的是他因为给老虎治病，而得老虎为坐骑；因为给龙王针灸，而得龙王所赐奇方，以普济众生。

“天可汗”唐太宗

唐太宗即位后，积极经营西域，被西北少数民族共同推戴为“天可汗”。在处理民族关系时，唐太宗奉行“四海一家”的民族观，实行开明的民族政策，不但使唐王朝成为一个多元、开放的世界强国，而且促进了中国统一的多民族国家进一步发展。

平定东突厥

隋末唐初，雄踞北方草原的东突厥日益强大。武德三年（620年），东突厥颉（xié）利可汗即位。颉利可汗贪得无厌，经常派兵侵扰唐朝边境，掠夺人口和财富。

武德九年八月，颉利可汗趁“玄武门之变”后唐朝最高权力发生变更之际，率领大军南下。八月二十八日，突厥大军抵达渭水（今渭河）北岸便桥，直逼长安。刚刚即位的唐太宗决定亲自率军御敌。为威慑和迷惑敌人，唐太宗仅与高士廉、房玄龄等六人轻装来到渭水岸边。隔着渭水，他厉声斥责颉利可汗：“我与你订立盟约，你为何违背盟约，发动战争？”颉利可汗理亏，哑口无言。他见唐太宗轻骑简从，身先士卒，怀疑是疑兵之计，不敢轻举妄动。不久，唐朝大军相继赶到，旗帜与战甲遮天蔽日。颉利可汗看到唐军军容整肃，怕真打起来自己吃亏，便与唐太宗在渭水便桥结盟修好，领兵而退。这就是历史上著名的“便桥之盟”。

此后，唐朝与东突厥进入了一段较为和平的时期。在这期间，唐太宗加紧训练士兵，甚至亲自带领将士在殿前舞枪射箭，成绩优异的还给予奖励。没几年，唐太宗就训练出一支精锐部队。在唐太宗的治理下，唐朝蒸蒸日上，而突厥在内乱和自然灾害的双重打击下，日渐衰落。贞观三年（629年），唐太宗认为讨伐东突厥的时机已经成熟，于是派李靖、李勣（jì）、柴绍、薛万彻等将领统率十余万大军，兵分四路进攻突厥。

次年正月，颉利可汗打了败仗，仓皇北撤。为了取得喘息的机会，他派人假意向唐太宗求和。唐太宗看出了颉利可汗的意图，就派人出使突厥。李靖与李勣决定出其不意，突袭颉利可汗。李靖派苏定方率两百名骑兵为先锋，在大雾的掩护下秘密行军，直到距离突厥牙帐（颉利可汗的寝帐）只有七里地时，突厥兵才发现唐军的踪迹。李靖率大军随后杀到，一举击败东突厥，俘虏十余万人，缴获牲畜数十万头。颉利可汗走投无路，只好向唐军投降。

贞观四年三月，颉利可汗被押送至长安。四月初三，唐太宗登上城楼，历数颉利可汗骄奢残

突厥的历史

突厥是古代的民族名称，6世纪时游牧于金山（今阿尔泰山脉）以南。因金山形似古代战盔兜鍪（móu），而他们将兜鍪俗称为“突厥”，族名即由此而来。西魏废帝元年（552年），部落首领土门建立了以游牧为主的部落联盟国家——突厥汗国。隋开皇三年（583年），在隋朝的分化瓦解下，突厥分裂为东突厥（一作北突厥）和西突厥。

暴、背盟好战等罪过。颉利可汗羞愧难当，无地自容。太上皇李渊听说俘虏了颉利可汗，感叹道：“当年汉高祖遭遇白登之围，一直没能报仇雪耻。如今我的儿子剿灭了突厥，证明我托付的人是对的，我还有什么可忧虑的！”李渊在凌烟阁大摆宴席，宴请唐太宗与十几位王公大臣。喝到兴起，他亲自弹奏起琵琶，唐太宗也随着音乐翩翩起舞，公卿大臣纷纷向太上皇和唐太宗进酒祝贺，酒会一直持续到深夜。

东突厥灭亡后，西北各少数民族的首领齐聚长安，请求唐太宗做“天可汗”。唐太宗自豪地说：“我既要做大唐的天子，又要做诸部族的可汗吗？”文武大臣与各族首领向唐太宗齐呼万岁。此后，唐太宗给西北各族首领的信函、文书中，均署名“天可汗”。

经营西域

东突厥灭亡后，唐太宗将眼光投向了西域。

吐谷浑是鲜卑慕容部的一支，西晋末年，首领慕容吐谷浑率部西迁至今甘肃、青海一带建国，后来就以吐谷浑为姓氏、族名。贞观年间，吐谷浑多次入侵河西走廊，严重阻碍了唐朝与西域的交通。

贞观八年十二月，唐太宗再次让李靖挂帅，统领侯君集、李道宗、李大亮诸将进攻吐谷浑。吐谷浑先后吃了几次败仗。次年四月，吐谷浑可汗伏允又一次战败。他见唐朝大军势不可挡，便烧光野草，率领轻骑兵逃入沙漠之中。唐军多位将领认为，此时马匹缺少粮草，不能孤军深入。侯君集却力排众议，说道：“吐谷浑刚刚打了败仗，内外交困，不堪一击，攻取他们比拾取草芥还容易。此时若不乘胜追击，日后必定后悔。”李靖听从了侯君集的意见，兵分两路，继续攻打吐谷浑。

在唐军的巨大压力下，吐谷浑统治集团内部发生了内讧。伏允众叛亲离，在逃亡途中被手下杀害；伏允的嫡子大宁王慕容顺杀死太子天柱王，被拥立为新可汗，主动请求投降。贞观九年五月十八日，李靖向唐太宗报喜，宣布平定吐谷浑。

消灭东突厥、平定吐谷浑后，唐太宗进而将统一西域作为主要目标。

高昌国位于今新疆吐鲁番地区，是通向天山南路、北路的出口，也是陆地“丝绸之路”的必经之地。高昌自建国后，历经四个独立王国，隋末唐初为麹（qū）氏高昌。贞观年间，高昌王麹文泰经常派兵侵扰伊吾（治今新疆哈密伊州区），阻绝了唐朝与西域各国的商贸往来。贞观十三年十二月，唐太宗派侯君集率领数万大军，征讨高昌。听说唐朝派兵攻打，高昌王麹文泰乐观地认为：“唐朝与我相距七千多里，其中有两千里是沙漠地带。一路上缺乏水草，寒风如刀割一般，热风像火烧一样，唐朝怎么能派大军呢？”他自信地对大臣们说：“只要我们以逸待劳，不超过二十天，唐军就会因为粮草匮乏而撤退。到时候我们就可以追击、俘虏他们了。”但是，当得知侯君集已经率领大军越过沙漠，出现在伊吾时，麹文泰又担

李勣画像

李勣原名徐世勣，字懋功，是唐初名将。他早年跟随翟让起义，参加瓦岗军，后来归唐，累封英国公。他被赐姓李，为避唐太宗李世民讳，改为单名勣。

［唐］李思训《江帆楼阁图》

忧又害怕，竟突发恶疾病死了，其子麹智盛继位为王。侯君集命能工巧匠打造了大量攻城器械，对高昌城展开围攻。最终，麹智盛向唐军投降。唐太宗改高昌为西州，设立了安西都护府，进一步扩大了唐朝的西部疆域。

此后，唐太宗又先后平定了焉耆、龟兹、薛延陀等国。贞观二十二年，唐太宗设置了龟兹（今新疆库车）、于阗（今新疆和田西南）、疏勒（今新疆喀什）、碎叶（今吉尔吉斯斯坦北部托克马克西南）四城，史称“安西四镇”（开元时弃碎叶，改以焉耆为安西四镇之一）。至此，唐太宗基本完成了对西域的统一。

四海一家

自春秋战国时期起，中原政权的汉族统治者就把周边民族视为蛮夷。对这种强调“华夷之别”的思想，唐太宗很不以为然，他说：“自古都以中华为贵，看不起周边的民族。我却一样爱护他们，因此各民族也都视我如父母。”

唐太宗认为，在处理民族关系时，能够摒弃“华夷之别”的成见，是自己可以超越古代帝王、征服周边国家的重要原因。阿史那思摩是突厥贵族，归顺唐朝后，深得唐太宗赏识，被赐姓李。在东征高句丽时，阿史那思摩被流矢击中，唐太宗甚至亲自为他吸出瘀血。此外，阿史那社尔、阿史那忠、契苾何力等少数民族将领也都被唐太宗委以重任，立下赫赫战功。

唐太宗不同意将周边少数民族称为“异类”，他认为：“仁爱和孝道是人的本性，哪里有华、夷的区别呢？”因此，唐太宗强调对待各个民族应该一视同仁。这种“四海一家”的博大胸怀，使唐太宗得到了周边民族的广泛拥护。贞观二十一年正月，西北诸族的部落酋长提议：“我们已经是唐朝的百姓，前来参拜唐朝皇帝，就像拜见自己的父母一样。请允许在回纥以南、突厥以北的地带开辟一条道路，就叫‘参天可汗之道’。”

唐太宗开明的民族政策，不但有利于维护唐朝的内部稳定，更使唐朝发展成为一个多元、开放的世界强国，促进了中国统一的多民族国家进一步发展。（张　琰）

莫高窟第57窟初唐壁画

治世贤臣魏征与马周

唐太宗知人善任，唯才是举，选拔并任用了一大批优秀的治世能臣，魏征与马周是其中的代表性人物。他们二人德才兼备，既有杰出的政治才能，又敢于犯颜直谏，与唐太宗共同谱写了中国历史上君臣相得益彰的一段佳话。

魏征画像

魏征以直言敢谏著称，是中国历史上最负盛名的谏臣。

知人善任的唐太宗

作为一名杰出的政治家，唐太宗深知，要想治理好国家，实现国家的长治久安，需要注重人才的选拔和使用。

唐太宗对待人才唯才是举，不分亲疏贵贱。鉴于隋文帝用人多疑的弊病，唐太宗深感，如果君臣之间相互猜忌，必将不利于国家治理。因此，他对待大臣总是推心置腹，用人不疑。唐太宗还主动把权力交给大臣，鼓励人尽其才，他对大臣说："我选拔天下的人才，去处理天下的政务，只要委任责成，各司其职，就能实现天下太平。"

在选拔人才时，唐太宗既重视治国理政的才能，也重视道德品质，坚持德才兼备的选拔标准。唐太宗一朝人才济济，这些优秀的人才是"贞观之治"得以出现的重要保障。

善于进谏的魏征

魏征，字玄成，魏郡馆陶（今属河北）人，是唐太宗时期的著名谏臣。他早年跟随过李密和窦建德，归顺唐朝后，被太子李建成招入麾下。在东宫时，他曾建议太子早日除掉李世民。

"玄武门之变"后，李世民质问魏征："你为什么要离间我们兄弟呢？"魏征从容地回答说："太子若是听了我的话，一定不会有今天的杀身之祸。"李世民欣赏魏征的胆识和谋略，即位以后，任命他为谏议大夫，专门向皇帝提意见。魏征也没有辜负唐太宗的信任，他对唐太宗知无不言，言无不尽。

魏征提意见，总是能以小见大，重视防微杜渐。唐太宗即位不久，有一次派人征兵，封德彝等人建议：不满十八岁的男子，只要身材高大，也可以被征召入伍。魏征坚持认为不能这样做，数次驳回了唐太宗的命令。唐太宗大怒，质问魏征道："那些体型瘦弱的，自然不能征召入伍；但如果身高体壮，说不定是他们故意隐瞒了年龄来逃避征兵。你为何如此固执！"魏征不慌不忙地说："这是一种竭泽而渔的做法，是不可取的。如果把那些身强力壮但不满十八岁的男子都征召入伍，以后谁来交赋税呢？陛下总说要以诚信治天下，现在即位没多久，却已多次失信于民了。"唐太宗吃惊地说："朕什么时候不讲信用了？"魏征说："陛下曾下令，关中百姓免租赋两年，关外百姓免劳役一年。如今已经交了租赋或服了劳役的百姓又要被征兵，这不是说话不算数吗？征兵的时候还要怀疑百姓作假，这能算诚信待人吗？"唐太宗听了魏征的一席话，认识到了自己的错误，并重赏了魏征。

贞观十五年（641年），朝廷派使者到西域册立叶护可汗，为了节约成本，又让使者顺路到各国购买马匹。魏征站出来反对说："我们以册封可汗的名义派使臣前往西域，现在可汗尚未册立，使臣先去买马，会让西域各国误以为我们的本意是买马，而不是专程去册立可汗。西域各国听说此事后，一定会轻视大唐。只要我们能维护西域的安定，西域各国会主动来供奉骏马的。"此言一出，唐太宗恍然大悟，马上下令停止购马。

魏征还经常规劝唐太宗的行为，时刻提醒唐太宗要做一位明君。贞观十年，长孙皇后去世，唐太宗悲伤不已。为了表达思念之情，他特地建了一座楼，用来眺望长孙皇后的陵寝。一天，唐太宗邀请魏征一同登楼远望。魏征说自己老眼昏花，看不清皇后的陵寝，唐太宗就指给他看。魏征说："臣以为陛下望的是高祖的献陵，如果是长孙皇后的昭陵，那臣早就看见了。"唐太宗明白，魏征是在提醒自己，不要只顾思念亡妻而忘记父亲，于是含泪命人拆除了这座楼。

《望陵毁观》

此图出自明刊本《帝鉴图说》，描绘的是唐太宗在魏征的劝谏下，拆毁了眺望长孙皇后的昭陵的层观。

贞观十三年五月，魏征上奏，历数了唐太宗与贞观初年相比十个方面的退步。唐太宗不但奖赏了魏征，还命人把魏征的奏章抄录在屏风上，早晚都要浏览一遍。由于魏征敢于直谏，纠正了唐太宗的很多过失，因此，唐太宗将自己比作璞玉，将魏征比作良工，认为正是有了魏征的约束、劝谏，自己才能取得如此的功业。

贞观十七年，魏征病逝，唐太宗悲痛地说："以铜为镜，可以正衣冠；以古为镜，可以知兴替；以人为镜，可以明得失。现在魏征去世，我失去了一面镜子。"他痛哭不已，亲自为魏征撰写了碑文。

凌烟阁二十四功臣

凌烟阁是长安城皇宫内三清殿旁的一座小楼。贞观十七年二月，唐太宗命画家阎立本在凌烟阁内描绘了二十四位功臣的画像，他们分别是长孙无忌、李孝恭、杜如晦、魏征、房玄龄、高士廉、尉迟敬德、李靖、萧瑀、段志玄、刘弘基、屈突通、殷开山、柴绍、长孙顺德、张亮、侯君集、张公谨、程知节、虞世南、刘政会、唐俭、李勣和秦琼，史称"凌烟阁二十四功臣"。这些功臣画像，比例都是真人大小，面北而立，唐太宗时常前往怀旧。

德才兼备的马周

马周是唐太宗发现的又一位人才，他也是唐初的一位名臣。说起来，唐太宗“慧眼识马周”，还有一段趣事呢。

马周，字宾王，博州茌平（今山东茌平东）人。他从小家境贫寒，但酷爱读书。到长安后，马周经人介绍，做了中郎将常何的门客。贞观三年六月的一天，唐太宗命大臣上疏评论时政得失。常何是个武将，书读得少，提不出什么建议，马周就为常何列了二十多条建议。唐太宗看了常何的奏折，发现每一条都切合自己的心意，不由惊喜万分。唐太宗觉得奇怪，常何是一介武夫，怎会有如此才能，便叫来常何询问。常何坦白说，这奏折是门客马周所作。唐太宗立刻召见马周，并授予他官职。

马周十分重视孝道。他发现太上皇唐高祖居住的大安宫位置偏僻，规模狭小，于是向唐太宗进言：“希望陛下能重新建造大安宫宫墙，并修建门楼，而且务必建得显赫高大，以满足各方人士的愿望，向天下彰显陛下的大孝之心。”马周认为，孝道是教化百姓的基础，他建议唐太宗亲自参加宗庙祭祀，为后世子孙做好表率。

唐三彩碟

称赞马周的诗歌

马周未遇虬（qiú）须公，布衣落魄来新丰。一樽独酌岂无意，俗子不解知英雄。贤豪相逢自相得，一语君王见胸臆。当时岂不为人言，聋耳安能为君侧。

——［宋］张耒《马周》

道过新丰沽酒楼，不须濯（zhuó）足故相酬。华山仙伯徐思看，争遣时人识马周。

——［宋］汪莘《过丹阳界中新丰市》

清人绘制的《凌烟阁功臣图》（局部）

《敬贤怀鹞》

此图出自明刊本《帝鉴图说》。传说唐太宗对魏征十分敬畏。有一次，唐太宗玩鹞子正高兴时，远远望见魏征走来，他赶紧把鹞子藏入怀中。其实魏征早就看到了，他故意拖延时间，一连说了好几件事。等魏征走后，唐太宗拿出鹞子一看，鹞子已经闷死了。

在政治上，马周也有独到见解。他反对对皇亲贵族实行分封制，指出要根据才能、品行来授予官职。这些皇亲贵族及其后代良莠不齐，万一他们骄奢淫逸，百姓就会遭受祸害。马周还主张重视州、县地方官的选拔，让百姓安居乐业。他说："如果每一个州都有一个贤良的刺史，那整个州境之内的百姓都能得到休养生息了。天下所有的刺史都符合陛下的心意，那陛下就可以拱手端坐于朝廷之上，百姓也能安居乐业了。"

马周还力主实行与民休息的政策，他劝诫唐太宗说："自古以来，国家的兴亡不在于积蓄的多少，只在于百姓生活的苦乐。从近代的历史看，隋朝虽然积累了大量财富，却为李密、王世充等人叛乱提供了物资。可见，通过榨取百姓聚敛财富，是没有好处的。但是，提倡节俭，让百姓休养生息，这在贞观初年陛下已经亲自做过了，所以现在继续实行并不难。陛下想要励精图治，不需要效法远古君王，只要能像贞观初年一样施政，那就是老百姓的幸事了。"

唐太宗很赞赏马周，他常对身边的大臣说："马周处事敏捷，谨慎周到，品评人物也能够直言不讳。我近来任用他所推荐的人，大多令我满意。马周既然竭尽忠诚，我自然也要重用他，共同做好国家大政方针的制定、推行。"

唐太宗慧眼识马周的趣事，后来被写进小说、戏曲，在民间广为流传。（张　琰）

玄奘西行取经

唐僧取经的故事在我国民间广为流传，充满了神话色彩。故事的主人公玄奘，历史上确有其人。他历经十九年，往返五万里，西行求法。归来后，玄奘著有《大唐西域记》一书，记载他游历西域、天竺的所见所闻、风土民情，这是一部重要的历史地理著作。

大雁塔

位于陕西西安慈恩寺内，是全国著名的古代建筑，被视为古都西安的象征。玄奘法师从天竺取经回来后，倡议修建了此塔，用于藏经。此塔因仿照天竺雁塔样式修建而成，故名雁塔。后为区别于荐福寺内的小雁塔而改称“大雁塔”。大雁塔最早只有5层，唐大历年间曾被改建为10层，后来历经战火，如今只存7层。

历艰险西行求法

玄奘是洛州缑（gōu）氏（今河南偃师缑氏镇）人，俗家名字叫陈袆（huī），“玄奘”是他的法名。他被尊称为“三藏法师”，后世俗称“唐僧”。

玄奘出身名门，他的父亲陈惠曾在隋朝为官，后来辞官归隐，潜心修养。玄奘出生于隋文帝仁寿二年（602年），他从小受到父亲的熏陶，养成了良好的道德品质。少年玄奘聪慧敦厚，仪表非凡，他诵习经典，勤学不懈。更让人称赞的是，他从小就展现出了极高的佛学悟性。玄奘十三岁时，东都要选拔二十七人出家为僧，主考官大理卿郑善果见玄奘年纪虽小，却对答出众，于是问他出家的目的何在。玄奘答道：“意欲远绍如来，近光遗法。”郑善果见他器宇非凡，志向高远，破格以沙弥身份将他录入僧籍。

玄奘二十岁时在成都空慧寺受具足戒（佛教戒律），并四处拜访名师，学习佛经。后来，他又北上京城长安，听法常、僧辩两位法师讲授《摄大乘论》，质疑问难，纵横论辩。人们被他的智慧与才学深深折服，纷纷赞叹他为“释门千里之驹”，玄奘因此誉满京城。

当时，中国佛教的重要理论存在着较大分歧，玄奘立志西行求法，直接探究原典。贞观元年物、干粮，并派随从保护他一路向西。

玄奘一行人继续向西，途经碎叶城时，巧遇西突厥可汗。在可汗的帮助下，玄奘顺利通过中亚的昭武九姓诸国，没有受到阻拦就到达了天竺。玄奘边走边参观佛祖遗迹，最终到达中天竺摩揭陀国（印度古国，今比哈尔邦南部，佛教圣地）的那烂陀寺。

《大唐西域记》与《西游记》

《大唐西域记》里原本没有神话故事，后来玄奘的弟子慧立撰写、彦悰笺补的《大唐大慈恩寺三藏法师传》，给玄奘的经历增添了许多神话色彩。此后，南宋有《大唐三藏取经诗话》，金代有《唐三藏》《蟠桃会》等，元杂剧有吴昌龄的《唐三藏西天取经》、无名氏的《二郎神锁齐大圣》等。明代文学家吴承恩在这些民间传说和话本、戏曲的基础上，完成了文学巨著《西游记》。

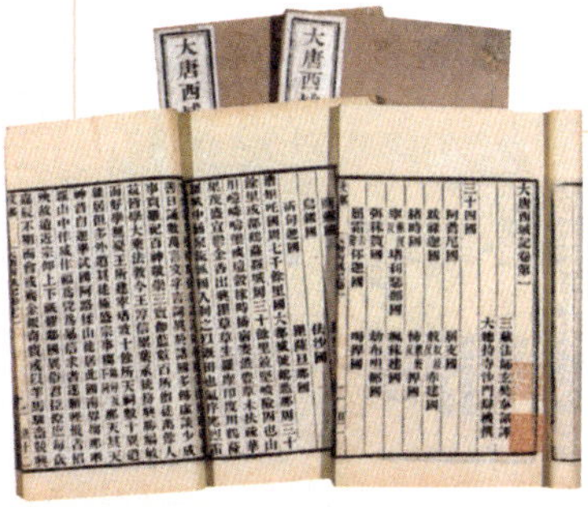

《大唐西域记》书影

《大唐西域记》由玄奘口述，门人辩机编撰而成。

（627年），玄奘向朝廷上奏，请求西行求法，未获唐太宗批准。但玄奘求法的决心始终不改，几番周折后，他悄悄踏上了西行求法的征途。

玄奘从长安出发，途经秦州（治今甘肃天水）、兰州、凉州（治今甘肃武威）、瓜州，偷渡玉门关。之后他历经四天五夜滴水未进的艰难旅程，穿过了八百里大沙漠，然后取道伊吾，年底到达了高昌。

在高昌，玄奘受到了国王的礼遇。高昌王请求玄奘留下来说法，并给予他优厚的待遇。玄奘初心不改，坚持要继续西行求法。高昌王软硬兼施，甚至软禁了玄奘，但玄奘四天三夜不吃不喝，以此来表明自己的决心。高昌王深受感动，终于答应放他西行，还送给他许多衣

曲女城论辩四方

那烂陀寺是天竺佛教寺院之首，也是玄奘西行求法的目的地。寺中有上万名僧徒，聚集了精通各项学术的精英，还收藏着佛教大小乘经典、婆罗门教经典，以及医药、天文、地理、技术等方面的书籍。玄奘在那烂陀寺留学期间，向住持戒贤法师潜心学习，有些经典甚至反复听讲数遍。此外，他还系统学习了梵文和天竺各地方言，并研究了寺中收藏的婆罗门教典籍，这为他之后回国翻译佛经打下了坚实的基础。

榆林窟第3窟西夏壁画《玄奘取经图》

在此期间，玄奘还到中天竺、东天竺、南天竺、西天竺游学，足迹遍布南亚地区。等他再度返回那烂陀寺，戒贤法师命他为寺内众僧讲解《摄大乘论》等佛教经典，玄奘因此赢得了极高的声誉。

贞观十六年十二月，戒日王（古印度曷利沙帝国创立者）在国都曲女城（今印度北方邦根瑙杰）举行佛教学术大会，公开进行辩论。来参加辩论大会的有天竺十八国国王、佛教徒三千多人、婆罗门教及其他教徒两千多人，那烂陀寺也来了一千多名僧人。此次佛学大会连续举行了十八天，玄奘讲经论辩，任人问难，无一人能辩倒他，最后戒日王宣布玄奘获胜。经此一战，天竺各教派的人士纷纷被玄奘的精辟见解所折服，玄奘由此名震天竺。

学成后荣归故土

贞观十七年春，玄奘谢绝了戒日王和那烂陀寺众僧的挽留，携带六百多部佛经启程返回唐朝。玄奘回程翻越瓦罕走廊（连接阿富汗和中国的狭长地带）到和田，仍然由陆路返回长安。回国途中，他仍走走停停，一边参观圣迹，一边学习，一边说法。两年后，玄奘终于回到了阔别已久的长安。此时距他从长安出发已过去了十九年，这堪称一次艰难而伟大的壮举。

玄奘回到长安后受到盛大欢迎，唐太宗召见了他，二人相谈甚欢。唐太宗建议玄奘将自己的西域见闻写成书，玄奘允诺了。同时，他向唐太宗表达了自己传法译经的愿望。唐太宗命宰相房玄龄选取高僧，组织宏大的译场，协助玄奘翻译佛经。这是中国佛学史上一次著名的译经活动。玄奘回国

玄奘画像

此画是日本镰仓时代的作品，现藏于东京国立博物馆。这幅画表现了玄奘西行前往印度求法的形象，是现存玄奘画像中非常有代表性的作品。

那烂陀寺遗址

后一直专心从事译经工作，共译出佛教经论75部、1335卷，他也成为佛教史上与鸠摩罗什、真谛、不空齐名的四大翻译家之一。

玄奘在专注于译经事业的同时，也在继续弘扬佛法。他创立了“法相宗”，因剖析一切事物（法）的相对真实（相）和绝对真实（性）而得名。因为法相宗强调不许有心外独立之境，所以也称“唯识宗”。玄奘先是住在长安城里的弘福寺，后来长居慈恩寺，在寺内修筑了五层塔用以存放佛经。

在唐太宗的敦促下，玄奘将自己西行沿途的所见所闻口述出来，并由门人辩机撰文，写成《大唐西域记》一书。贞观二十年，全书写作完成，上呈给唐太宗。

《大唐西域记》分十二卷，共十余万字。全书记述了玄奘亲身经历的一百一十个国家和他听闻的二十八国的情况，记载的历史事件尽管都与佛教有关，但对考察各国的政治状况、风土民情有重要的参考价值。书中对各国的记述繁简不一，记录了各国的地理、交通、气候、物产、历法、宫室、农业、货币、食物、衣饰、语言、文字、宗教信仰等内容，是研究古代中亚史、南亚史、佛教史不可或缺的重要资料。

《大唐西域记》不仅内容翔实，而且有的记载独一无二，足以弥补正史地理志、西域传记的遗漏。例如，于阗地区从中原输入并开始养蚕的最早记载，就见于《大唐西域记》。

玄奘西行求法的过程后来在民间广为流传，明代文学家吴承恩在此基础上创作出小说《西游记》。这部小说成为中国四大名著之一，唐僧、孙悟空、猪八戒、沙和尚师徒四人的形象深入人心。不过根据《大唐西域记》的记载，玄奘离开长安后偶遇一个名叫石磐陀的胡人，当他得知玄奘要远赴天竺求法后，发誓要做玄奘弟子，随同玄奘前往天竺。经过十多天的日夜兼程，石磐陀感到前途艰险，顿失信心，竟产生了杀师叛逃的恶念。后来在玄奘法师的责难下，石磐陀惭愧而去。有人认为石磐陀就是小说《西游记》中孙悟空的原型，这也是趣事一则了。（陈乐保）

玄奘法师圆寂

玄奘法师在译完《般若经》后，自觉身体大不如从前，知道无常将至，便向寺众和弟子欢喜辞别。玄奘法师圆寂前，有弟子问：“和尚决定得生弥勒内院否？”法师报云：“得生。”后右肋而卧，安然圆寂。唐高宗惊闻玄奘大师圆寂，哀伤不已，反复说：“朕失国宝矣！”据说玄奘大师出殡当天，方圆五百里之内百姓送葬者有一百多万人。

明代青花钵式炉

纹样画的是唐僧取经的故事。

孔颖达编撰《五经正义》

孔颖达是唐代经学大家，他奉唐太宗之命编撰《五经正义》，这部经学著作融合了南北经学家的见解，成为集魏晋南北朝以来经学大成的著作，孔颖达也为经学的统一做出了卓越贡献。

孔颖达学识出众

孔颖达，冀州衡水（今属河北）人，他自幼聪慧过人，八岁开始拜师学习，一天就可以背诵一千多字的文章。等他稍大一些，已经对“五经”有了独到的见解。孔颖达曾经去拜访同郡的经学名家刘焯（zhuó），刘焯看不起这个初出茅庐的少年，对他的态度很是傲慢。但当孔颖达向刘焯提出问题，并发表了自己的见解后，刘焯被孔颖达出人意料的见解所折服，马上改变了自己的态度，对他以礼相待。后来，刘焯想留孔颖达跟随自己学习儒家经典，孔颖达却坚决拒绝了。

隋大业初年，孔颖达参加了科举考试。他应举明经科，一举高中，被授予河内（治今河南沁阳）郡学博士。隋末天下大乱，孔颖达在虎牢（今河南荥阳汜水镇西）躲避战乱，他在那里遇到了秦王李世民。此时，李世民率军平定盘踞东都的王世充，正好经过此地。李世民非常欣赏孔颖达的才识，授予他秦王府文学馆学士的职位，孔颖达因此成为秦王府十八学士之一。李世民即位后，对孔

［北齐］杨子华《北齐校书图》（宋人摹本）

此图疑为北齐画家杨子华所绘，画的是北齐天保年间齐宣帝命樊逊等人共同校勘内府收藏的五经诸史的故事。此画原作已佚，目前留存的为宋代摹本，人物、画法犹存北齐风范。

孔颖达遇刺

大业年间，隋炀帝在东都召集各郡对经学有出色见解的人，让国子秘书学士和这些大儒们辩论，孔颖达是其中表现最出色的。因为他年纪小，一些年长的“先辈”十分妒忌，他们又羞又恨，居然暗中派刺客去刺杀孔颖达。孔颖达得到当时的礼部尚书杨玄感的帮助，藏匿在他家中，才逃过一劫。

颖达更加看重，封了他一个曲阜县男的爵位，并任命他为给事中。这是门下省重职，负责审议封驳各类诏敕奏章，权力较大。

贞观初年，孔颖达以敢于进谏而深得唐太宗的喜爱。唐太宗曾问孔颖达：“《论语》中有‘以能问于不能，以多问于寡，有若无，实若虚’一句话，到底是什么意思？”孔颖达回答道：“这是圣人教导人们要谦虚。自己虽然有才能，但不骄傲自满，仍向才能不如自己的人请教自己所不能的事情；自己虽然知识很多，仍能从知识比自己少的人那里获取自己所不懂的知识。不只是老百姓应该如此，国君也该这样。如果君王凭借自己的才能和地位四处炫耀，掩饰自己的过失，不听别人的劝诫，那么国家上上下下就不是一条心了，自古以来国家灭亡都是这个原因啊！”唐太宗十分认同他的回答。

编撰《五经正义》

孔颖达学识渊博，文采出众，每遇朝廷议论礼历、商榷经义，他常常发表自己的见解，并多次被采纳。但他的主要贡献不在政治方面，而是在文化方面。他曾与魏征、颜师古等人修订《隋书》，有“良史”之誉；又参与修订“五礼”，书成后进拜子爵。

自汉魏以来，经学内部宗派林立，对“五经”的注释五花八门。魏晋六朝以来，长期的战乱和四分五裂致使经学内部也出现了南北之争。唐朝推行科举考试，但学子们面对众说纷纭的五经注

疏无所适从。于是，唐太宗下令对前代的众家学说进行统一整理，编撰出一套标准的经书注释，令学子们学习，朝廷科举取士时也以此为准。这个重任落到了学识渊博的孔颖达身上。他受命会同当时的儒学大家颜师古等人，共同编撰《五经正义》。

孔颖达画像

贞观十六年（642年），孔颖达等人历时五年，完成了《周易正义》《尚书正义》《毛诗正义》《礼记正义》《春秋左传正义》的修撰，共一百八十卷，合称《五经正义》。唐太宗下令对他们进行奖赏，并夸赞孔颖达等人："博识通达古今，对经义的理解详细又广泛，考察求证前辈儒学家们的不同学说，这部书实在是不朽的作品啊！"

《五经正义》是一部集汉、魏、晋、南北朝经学之大成的著作，可说是经学义疏的合集。义疏是解经之书，指疏通原书和旧注的文义，或阐述原书的思想，加以阐释发挥，或广泛搜罗材料，补充旧注。《五经正义》从众家注疏中选出比较好的注本，摒弃其余杂说，对前代繁杂的经学解释进行统一整理。前代注本的难解之处，《五经正义》便依据传、注加以疏通解释。可以说，《五经正义》是一部典型的以疏解经的著作。

五经注疏

"五经"指的是《诗》《书》《礼》《易》《春秋》这五部儒家最主要的经典著作。由于"五经"成书年代较早，文字晦涩难懂，记载又十分简略，还遭遇了"焚书坑儒"之厄，大多残缺不全。汉晋以来，儒学家为经书作传、注之风盛行，常常一部经书就有多家注和疏。但各家所依据的版本不同，又各执己见，对"五经"的注和疏也五花八门。注，是对经书字句的注解，又称传、笺、解、章句等；疏，是对经书的解释，又称义疏、正义、疏义等。注和疏常常合称为"注疏"。

《五经正义》的历史意义

《五经正义》颁行后，结束了经学内部自西汉以来的各种纷争，经学朝着简明和实用的方向发展，这对唐以后的学风转向务实，起到了一定的促进作用。《五经正义》经官方颁定后，便成为士子学习经书和科举考试的统一标准。自唐代至宋初，明经科取士，皆以此为准。以科举取士取代九品中正制，是社会的一大进步，《五经正义》顺应了科举考试的需要，融合儒家的南学、北学，形成统一的经学，在当时起到了积极的作用。不过，《五经正义》的颁行标志着经学史上一统局面的形成，从此以后，士子诵习儒家经典及应试科举，必须严格以《五经正义》为依据，不得另立新论，否则便被视为异端邪说，这也不可避免地阻碍了学术的发展和创新。

孔颖达作为儒家教育思想的重要代表人物，在隋唐之际对学术思想产生了重要的影响。他既概述了《诗》《书》《礼》《易》《春秋》"五经"的基本内容，又总结了学习"五经"的作用和意义。在唐初恢复儒学统治地位的过程中，孔颖达是一位承上启下的关键人物，对传统儒学的发展和传承做出了极大的贡献。（陈乐保）

莫高窟第320窟盛唐壁画《观无量寿经变》(局部)

唐代修撰的八部史书

唐朝建立后，从唐高祖武德五年（622年）开始，至唐高宗显庆四年（659年），先后修撰了八部前朝史，即《梁书》《陈书》《北齐书》《周书》《隋书》《晋书》《南史》《北史》。这八部史书占据了“二十四史”的三分之一，显示了唐朝修史的巨大成就。

设馆诏修“五代史”

唐代长沙窑青釉花鸟纹瓷执壶

武德初年，起居舍人令狐德棻（fēn）向唐高祖建议说：“自南北朝以来，各代大多没有官修正史。南朝的梁、陈还有史书保存下来，但北周、隋两朝经历隋末的动乱，史书大多遗失了。如今亲历前朝的人都还在世，可以凭借他们的经历修撰前朝史。数十年后，人事俱亡，再想修前朝史就很困难了。另外，唐朝继承了北周和隋的基业，如果不修前朝正史，如何让后人了解李唐先祖建立的功业，认识唐王朝立国的合法性呢？”唐高祖听后深以为然。

武德五年，唐高祖李渊下诏修北魏、北齐、北周、隋以及南朝梁、陈的“六代史”，命宰相、中书令萧瑀和秘书丞令狐德棻组建了分工细致的修史班子。可惜的是，官修“六代史”的工程历经数年没能成书，最终不了了之。

贞观三年（629年），唐太宗重新启动了编修前朝史的工程。这一次，唐太宗在中书省设置了专门修史的机构——史馆，并由宰相监修史书。由于当时已有魏收、魏澹两家所修的《魏书》存世，便决定不再重修北魏史，“六代史”

唐代鎏金双蛾团花纹银香囊

便成了“五代史”。贞观十年，《北齐书》《周书》《隋书》《梁书》《陈书》“五代史”修撰完成，上呈唐太宗。

《梁书》和《陈书》由姚察、姚思廉父子相继编撰完成。和司马谈、司马迁修《史记》，班彪、班固修《汉书》一样，姚氏父子修《梁书》《陈书》，也是父子修史的佳话。姚察曾在梁、陈两朝为官，在陈朝时就参与了《梁书》的编撰。陈朝灭亡后，姚察进入隋朝担任秘书丞，奉命编撰梁、陈两朝史，但书未修成就去世了。姚思廉接过父亲未竟之业，终于在贞观十年修成这两部史书。

类似的还有《北齐书》的修撰。李百药的父亲李德林是北齐的史官，曾参与国史修撰，入隋后他奉诏继续修撰《齐书》，书还没有完成便去世了。李百药奉唐太宗之命完成父亲的遗稿，他在父亲撰写的基础上，又参考了王劭编撰的编年体史书《齐志》，最终修成《齐书》。到宋代，为了与《南齐书》加以区别，将李德林、李百药父子所修的《齐书》改称为《北齐书》。

《周书》由令狐德棻担任主编，参与修撰的还有岑文本与崔仁师，主要记述了东魏、西魏分裂至杨坚取代北周的这段历史。

《隋书》由魏征担任主编，参与者还有颜师古、孔颖达等人，记载了隋朝两代帝王三十余年的史事。

已经编撰完成的“五代史”，都属于纪传体史书，但当时只有“纪”与“传”，没有“志”。于是，贞观十五年，唐太宗又下诏命于志宁等人修“志”。到唐高宗显

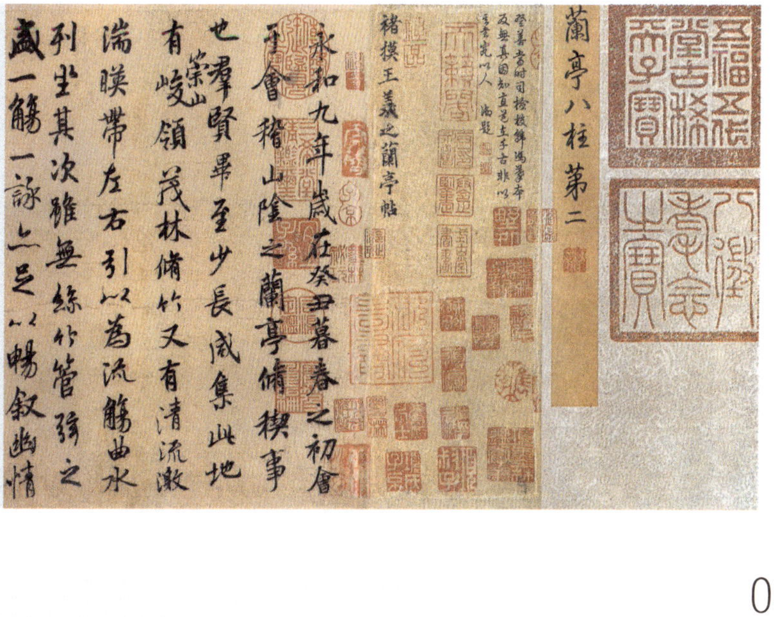

褚遂良摹《兰亭序》(局部)

庆元年（656年）修撰完成十篇“志”。“十志”包括《礼仪志》《经籍志》《音乐志》《律历志》《天文志》《百官志》《地理志》《五行志》《食货志》与《刑法志》，内容涉及南北朝至隋的典章制度、天文历法、书籍音乐等各个方面。从内容来说，“十志”虽然是配合五朝历史的，但记叙隋朝部分最为详尽，又因隋为五朝最末，因此这十篇志被编入《隋书》，流传于世。

这十篇志内容丰富，为后世保存了珍贵的历史资料。例如，著名的祖冲之关于圆周率的研究成果就保存在《律历志》中。又如，《经籍志》是中国历史上具有代表性的图书目录，它所采用的经、史、子、集的四部分类法对后世影响深远。

褚遂良画像

褚遂良是唐代著名的政治家、文学家，同时也是大书法家，他与欧阳询、虞世南、薛稷并称“初唐四大家”。

重修《晋书》与私修《南史》《北史》

唐代以前修撰的晋史超过二十种，到贞观年间，大多都还存世。但是，唐太宗认为这些史书皆有不足，记载的史实多有不实之处。另一方面，唐太宗希望进一步总结西晋和东晋兴亡的经验。贞观二十年闰三月，唐太宗下诏重修《晋书》，由房玄龄、褚遂良、许敬宗监修，先后有二十一人参与编修，并于贞观二十二年成书。

新修的《晋书》将西晋、东晋合为一体，记载了从东汉末年司马懿开始到刘裕取代东晋的历史。同时，还以“载记”的形式，保存了割据的十六国政

四部分类法

四部分类法是中国古代一种主要的图书分类体系，即将图书分为经（儒家经典及传、释等著作）、史（历史、地理、政书等）、子（哲学、军事、天文、算法、医学、农业、工商等方面著作）、集（总集、别集、文学等方面）四大部类。四部分类法最早是由西晋荀勖提出的，但当时四部名称为甲部、乙部、丙部、丁部，正式以经、史、子、集命名则始于《隋书·经籍志》。

权的事迹。唐太宗还亲自为晋宣帝司马懿、晋武帝司马炎、陆机、王羲之四人写了史论。

《南史》和《北史》在唐代所修的八史中最为独特。这两部史书不是由官方修撰的，而是由李延寿私人修撰的，但它们得到了官方认可并广泛流传于世，唐高宗更是亲自为之作序。《南史》记载了南朝宋、齐、梁、陈共计一百七十年的历史。《北史》记载了北朝北魏、北齐（包括东魏）、北周（包括西魏）、隋二百三十三年的历史。

这项工作从李延寿的父亲李大师时便开始了。李大师历经南北朝从分裂走向统一，对南北分隔的局面深有感触。当时，南朝人称北朝人为“索虏”，北朝人称南朝人为“岛夷”，南北对立，战乱频发。李大师立志清除南北史书中各自的偏见，他以地域为界限，用编年体的形式编修南北朝史。唐高祖武德九年，李大师正式开始编撰工作。但遗憾的是，这项工作只进行了两年左右李大师便去世了，这一未竟之业成了他的“没齿之恨”。他的儿子李延寿继承了父亲的遗志，继续修撰南北朝史书，最终于唐高宗显庆四年修撰完成《南史》《北史》。但是，李延寿将其父所行的编年体改成了纪传体，又将南北朝分列两书，偏离了他父亲著述的旨趣，实为一大遗憾。

自唐修“八史”以后，纪传体正史的修撰由国家垄断。唐代修撰完成的八部史书，占据了“二十四史”的三分之一，显示了唐朝修史的巨大成就。而五代所修的《旧唐书》又主要依赖于唐朝遗存的各种史料。可以说，唐代的史官们对3—9世纪中国历史资料的保存做出了巨大贡献。（翟　路）

两《唐书》

“二十四史”中关于唐代的史书共有两部，分别是《旧唐书》和《新唐书》，后世合称两《唐书》。《旧唐书》在五代后晋时修撰完成，《新唐书》则是在北宋仁宗时完成修撰的。两《唐书》的修撰离不开唐朝完备的国史编修制度。唐代在中央设有起居郎、起居舍人等官职，负责记载天子的言行，编写《起居注》，史馆则根据这些材料为帝王编修《实录》，再进而撰写《国史》。后人在编修《旧唐书》《新唐书》《资治通鉴》等史书时，主要凭借的材料就是唐代所修的《国史》和《实录》。

文成公主远嫁吐蕃

吐蕃是我国古代藏族政权名称，吐蕃赞普（吐蕃君长称号）松赞干布迎娶唐朝文成公主是汉藏两族友好往来的重要印证。至今，西藏布达拉宫仍然保存着松赞干布与文成公主成婚的遗迹，藏族歌谣中也流传着文成公主入藏的美丽故事。

平定叛乱，少年当国

吐蕃在唐朝都城长安以西八千里，本是汉代西羌部族的故地，在隋代以前与中原王朝都没有交通往来。松赞干布的父亲囊日松赞统治时期，开始用武力兼并邻近的部落，为吐蕃的统一打下了基础。

随着囊日松赞不断加强王权，旧贵族们的利益受到侵害，他们暗暗萌生了反叛之心。贞观三年（629年），这些首领毒死囊日松赞，公开起兵叛乱，羊同（也称“象雄”，古族名，羌人的一支）、苏毗（pí，也称“孙波”，古族名，羌人的一支）等部族也趁势而起。作为囊日松赞的独子，年仅十三岁的松赞干布在内忧外患之中继承了吐蕃王位，做了赞普。

> **陇西行四首（其四）**
>
> ［唐］陈陶
>
> 黠虏生擒未有涯，黑山营阵识龙蛇。
> 自从贵主和亲后，一半胡风似汉家。

赤尊公主（左）、松赞干布（中）、文成公主（右）塑像

松赞干布，又被称作“弃宗弄赞”，大约生于大业十三年（617年）。他从小受到优良的教育，精于骑射，又善诗书，可谓智勇双全。他依靠拥戴王室的亲信大臣与中小贵族，用了两三年的时间平定了叛乱，又打压了气焰嚣张的贵族势力，分裂的王国重新得到统一。

为了巩固统一的吐蕃政权，松赞干布先后征服了羊同、苏毗等部族，又恩威并施，使他们归顺吐蕃。他把都城迁到逻些（今西藏拉萨），还确立了官制、兵制与法律制度。松赞干布在位期间，加强了赞普的绝对权威，他广置宰相，分散相权，同时设置僚属分管租税、人事、礼仪、刑法、军事、外交等事务。他还将土地、牲畜分配给平民，此举极大地调动了民众的生产积极性，促进了吐蕃社会经济的发展。吐蕃本来没有文字，松赞干布派遣子弟去天竺留学，学习文字，并根据梵文创造了藏文。在松赞干布的大力推广下，时至今日，藏文还广泛地使用于藏族人民的实际生活中。

求婚唐朝，赞普发兵

贞观八年，松赞干布听闻突厥、吐谷浑都娶了唐朝的公主，便派使者向唐朝求婚。唐太宗一开始没有答应松赞干布的请求。吐蕃使者回去之后，怕受到松赞干布的责怪，便编了一通谎话。他对松赞干布说："唐朝皇帝以厚礼待我，就要把公主嫁过来了，恰好碰到吐谷浑王也到长安见了唐朝皇帝，然后皇帝就不再许婚了。肯定是吐谷浑离间我们与唐朝的关系。"松赞干布听闻此言勃然大怒，他以此为理由发兵攻打吐谷浑。吐谷浑抵挡不住吐蕃的攻势，很快战败。吐蕃军队抢光了吐谷浑的辎重财物，又一路攻打党项、白兰（古部族名，羌人的一支）等诸羌，势不可挡，二十万大军一路打到了松州（治今四川松潘）。松赞干布又派遣使者向唐太宗进贡黄金甲，再次将迎娶公主之事提了出来。他骄傲地对属下说："要是唐朝皇帝不许婚，我就一路打下去。"

松州都督韩威轻敌，出城迎战，结果败给了吐蕃。原先已经归附唐朝的羌人部落纷纷反叛，应和吐蕃的声势，一时间西部边境为之震动。唐太宗于是下诏任命吏部尚书侯君集为行军大总管，出兵当弥道，命右领军大将军执失思力出兵白兰道，右武卫大将军牛进达出兵阔水道，右领军将

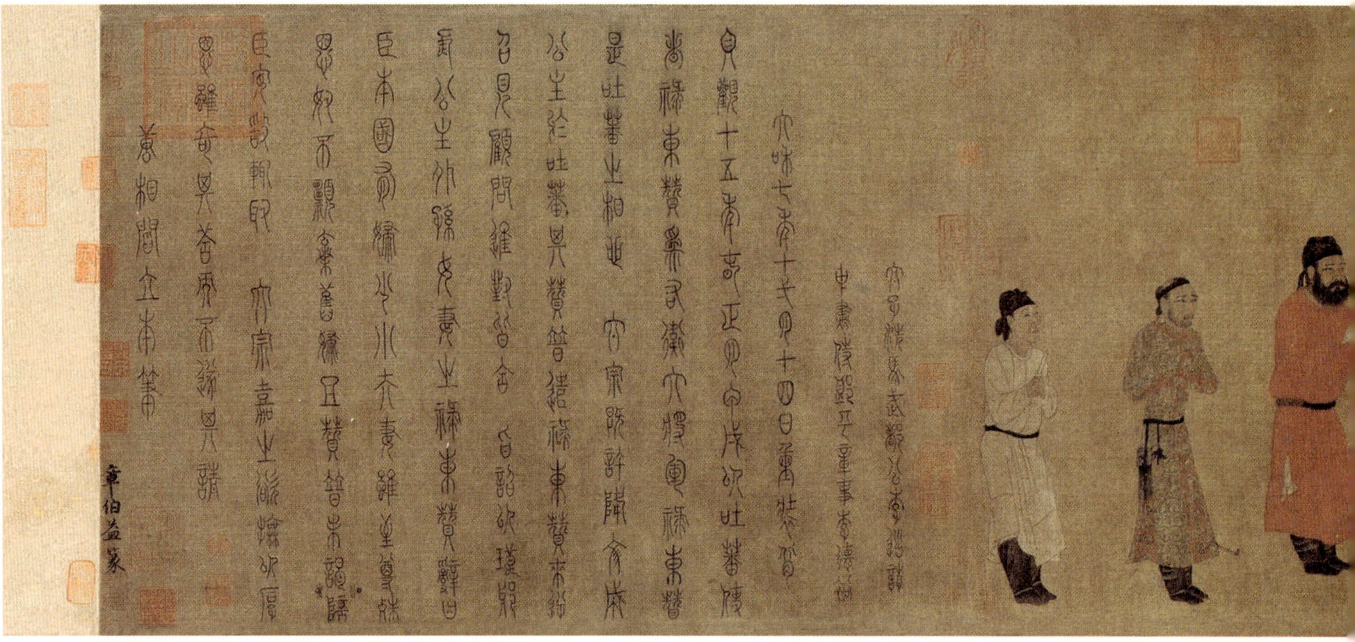

［唐］阎立本《步辇图》（局部）

图中表现了吐蕃使者向唐太宗请婚的场面，左侧三人从右往左数第一人为典礼官，中间为禄东赞，最后一人为通译者。

军刘兰出兵洮河道，数路大军，合击吐蕃。

牛进达率领先锋部队，趁吐蕃军队不备，夜间突袭吐蕃大营，吐蕃伤亡千余人。此时，侯君集的主力军队尚未到达，松赞干布看到唐朝军队竟如此强大，既害怕又佩服。身边的大臣们也以死相谏，力劝松赞干布撤兵，于是松赞干布便派遣使者到长安谢罪请和。仗打到这般程度，但松赞干布还是一心求娶唐朝公主，又一次提出和亲。这一次唐太宗终于答应了吐蕃和亲的请求。

和亲吐蕃，公主远嫁

唐太宗在宗室里挑选了一位温柔端庄、知书达理的女子，将她封为文成公主，嫁给松赞干布。至今西藏民间仍然流传着许多关于吐蕃使臣禄东赞替松赞干布求娶文成公主的故事，流传最广的莫过于“六难婚使”的故事了。今天的拉萨大昭寺和布达拉宫内仍然保存着画有这一故事的壁画。

贞观十五年，唐太宗派吏部尚书、江夏王李道宗持节护送文成公主随吐蕃使者到吐蕃成婚。松赞干布亲自率领迎亲部队来到青海河源（郡名，贞观十年封吐谷浑王于此，治今青海兴海东南）迎接，他对主婚人江夏王李道宗行子婿之礼。松赞干布见到大唐人礼仪隆重、服饰华美，大为叹服。

迎娶文成公主后，松赞干布对左右大臣们说道：“我的先祖们没有与上国（中原王朝）通婚的，

送和蕃公主

［唐］张籍

塞上如今无战尘，汉家公主出和亲。
邑司犹属宗卿寺，册号还同虏帐人。
九姓旗幡先引路，一生衣服尽随身。
毡城南望无回日，空见沙蓬水柳春。

今天我能够娶到唐朝公主，是何等幸福之事。我要为公主建一座城池，向后世夸耀！”于是松赞干布下令营建了华丽的宫殿给文成公主居住。

文成公主不习惯吐蕃人以赭色涂面的习俗，松赞干布便下令禁止了这一习俗。他仰慕华风，不再穿毡裘衣服，改穿中原的绫罗绸缎，还派遣贵族子弟到长安学习中原文化。文成公主嫁入吐蕃，随身携带的嫁妆里有一尊释迦牟尼十二岁时的等身塑像，如今仍被供奉在大昭寺里。她陪嫁了大量的绫罗、珍宝、器皿，还有一大批文学艺术、医药、生产、工程技术、天文历法等方面的书籍，以及大量的粮食种子和生产工具。随同文成公主陪嫁的还有许多能工巧匠，他们将中原的纺织、刺绣技术带到了吐蕃。文成公主远嫁吐蕃，促进了唐蕃两国政治、经济、文化等各方面的友好交流，成为唐蕃关系和平稳定的重要基石。

自文成公主嫁入吐蕃，唐蕃关系进入蜜月期。唐太宗征伐辽东，松赞干布特地用黄金打造了七尺高的金鹅作为贺礼，并进献了贺表。贞观二十一年，右卫率府长史王玄策出使天竺，当时戒日王已死，大臣叛乱，要抓捕王玄策。王玄策等人逃脱后向吐蕃及尼婆罗（古国名，今尼泊尔）求援。吐蕃发精兵与王玄策大破天竺，遣使献捷。

唐高宗即位后，封松赞干布为驸马都尉、西海郡王。松赞干布致书长孙无忌等人，说“唐天子初即位，天下如有不臣之人，我必当率兵征讨”。同时进献金银珠宝五十种，请求供奉于唐太宗庙前。唐高宗嘉赏松赞干布，进封其为賨（cóng）王，又准允他的请求，给吐蕃送去蚕种，派去养蚕、酿酒、造纸、制墨的工匠。唐高宗还命人造了松赞干布的石像，立于唐太宗昭陵的玄阙之下。

文成公主在吐蕃生活了四十年，唐朝和吐蕃保持着频繁的往来和密切的关系。后来，还有金城公主也嫁给了吐蕃赞普。（翟　路）

文成公主庙

文成公主庙坐落在距今青海玉树结古街道南20千米处的贝纳沟，由一座佛堂和与之相连的两个小院落组成。庙堂中悬挂着松赞干布、文成公主、十世班禅等人的画像。这座佛堂是贞观十五年文成公主嫁入吐蕃时沿途留下的珍贵历史文化遗迹，庙墙上的藏文石刻即刻于贞观十五年。

《唐律疏议》

《唐律疏议》原名《律疏》，是唐朝编撰、制定的国家正式法典，由《永徽律》及其注疏两部分组成。《唐律疏议》共有三十卷，修撰完成于唐高宗永徽四年（653年）。它对稳定当时的社会秩序发挥了重要作用，并深刻影响了后世王朝乃至东亚邻国的立法与司法实践。

唐律的修撰

古代中国的法律渊源久远，至少可以追溯到战国时的李悝（kuī）。李悝是战国初期魏国人，他在魏国变法时汇集了当时各国法律编成《法经》。《法经》是我国古代第一部比较完整的法典。发展到唐代，我国逐渐形成了以“律”“令”“格”“式”为主要形式的法律体系。简单来说，“律”是量刑定罪的依据，用以惩罚犯罪；“令”是制度、规章的条文，用来建立规范；“格”是用来防止奸邪的禁令，以禁止违法；“式”是各种章程细则，以明确规则。四者之间各有侧重，以“律”为核心，构成了一套完整的法律体系。

唐朝建立之初，继承了隋朝的制度，继续实行隋文帝时修撰的《开皇律》，仅对《开皇律》做了少量的修改。武德元年（618年）十一月，唐高祖下诏命裴寂等大臣修撰完善的法律。经过六年的修撰，武德七年，《武德律》修成，唐高祖下诏颁行天下。

唐代邢窑白釉鼓式钵

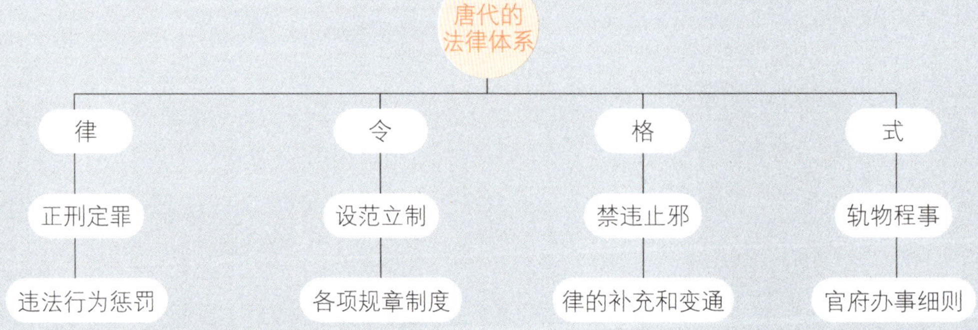

唐太宗即位后，下诏命长孙无忌、房玄龄等大臣，本着“宽仁”“平允”“划一”的原则，继续修撰本朝法律。贞观十一年（637年），新修撰的《贞观律》颁行天下。相比于《武德律》,《贞观律》做了大幅度的调整和修改，法律条文进一步精简。

唐高宗即位后，令长孙无忌等人再对《贞观律》加以修改，并于永徽二年（651年）下诏颁行，这就是《永徽律》。至此，在隋文帝《开皇律》的基础上，唐朝的国家法律基本修撰完成。唐律仅有五百余条律文，表现出“宽仁”和“简约”的显著特点。唐律还注重体现“礼”的原则，强调尊卑贵贱的差别。唐律的修撰，目的在于维护李唐统治阶级的利益，以巩固唐朝的统治秩序。

《律疏》的修撰

在唐律的修撰和颁行实施过程中，出现了两方面的问题：一是唐朝最高

唐三彩骆驼

学府国子监设有律学馆，专门招收学习法律的学生。唐代科举考试还设有“明法”一科，通过考试来选拔法律人才。但无论是在律学馆的教学中，还是在明法科的考试中，都出现了对唐律律文的不同理解，造成了一定的混乱。二是各级官府在具体的司法执法中，也出现了对律文理解不一、执法标准不同的混乱情况。

具有典型中国风格的粟特钱币

于是，永徽三年，唐高宗下诏令长孙无忌等人对《永徽律》律文做出详细解释。次年十月，《律疏》三十卷修撰完成，颁行天下。用今天的话来说，《律疏》是对《永徽律》律文的权威司法解释。它照录《永徽律》的五百条原文，并逐条进行注解。

《律疏》既有对唐律篇目的解释，又有对每条律文的具体解释。具体的解释有两种形式：一种是通过议论的形式对律文进行阐发，另一种是通过问答的形式来辨析质疑，即对具体的案例、案情设问，再以处置方法来回答，相当于为司法实践提供了样本。此外，它还引用了大量律书以外的法令，对律文不完备、不周密之处进行补充。《律疏》在唐代司法实践中发挥了重要作用。宋代以后，《律疏》逐渐改称《唐律疏议》。

《唐律疏议》现存共五百零二条，内容丰富，结构严整，反映出唐代的立法水平已经具有相当高度。

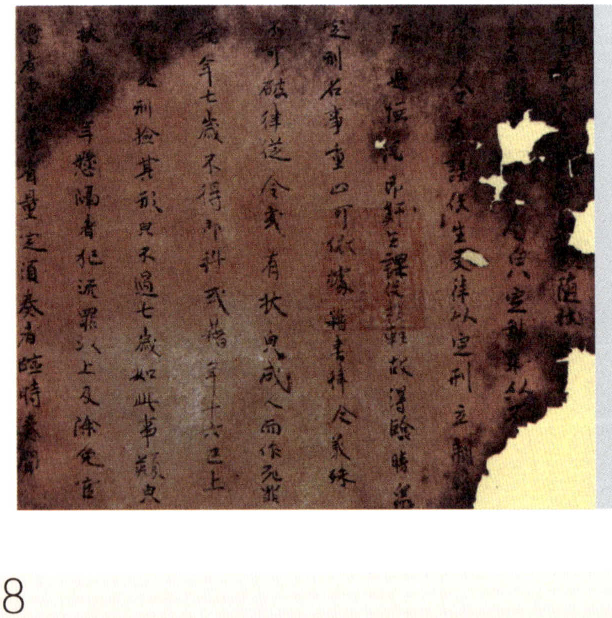

《唐律疏议》残片（局部）

对后世王朝及东亚邻国的影响

《唐律疏议》的修撰完成，不仅是唐代立法、司法的重要成就，也深刻影响了后世王朝的法典。五代后梁、后唐、后晋、后汉、后周诸朝，皆奉《唐律疏议》为正式法典。宋朝建立后修撰的《宋刑统》，与《唐律疏议》的律文几乎全部一致，只有很少的改动。金章宗泰和元年（1201年）修撰的《泰和律义》，基本沿袭了《唐律疏议》。明、清两朝，法典完备，《唐律疏议》逐渐丧失了实用性，但明太祖朱元璋下诏修撰的《大明律》的篇目“一准之于唐”，足见唐律对它产生的重要影响。

《唐律疏议》对东亚邻国的法典体系也产生了巨大影响。7世纪中期，日本进行了一次政治、经济改革，即“大化改新”，全面向唐朝学习。在此期间，日本颁布了日本法制史上划时代的《大宝律令》，它以唐代律令制度为蓝本，建立了自己的律令体制。《大宝律令》今天已经散佚，它的主要内容都保留在日本稍后修撰的另一部《养老律令》中，其内容明显承袭自《唐律疏议》。

高丽王朝统治时期的各项制度，也大抵模仿唐朝而成，其法律基本取自《唐律疏议》。由此可见，《唐律疏议》的修撰完成，对古代东亚法律文化的形成起到了重要作用。（翟　路）

唐三彩仕女立俑

唐太宗不徇私情

唐太宗不仅重视法律的修撰，还能做到执法公正，不徇私情。贞观九年（635年），岷州都督高甑生在随主将李靖讨伐吐谷浑时，贻误军机，被李靖处罚。高甑生怀恨在心，诬告李靖谋反。高甑生的诬告行径被查实后，被判处发配边疆流放。有人为高甑生求情，说他是唐太宗的旧部，应当宽赦其罪。唐太宗说：“高甑生违令在前，诬告在后，就算是功勋卓著的旧臣也得依法处置。若有功之臣犯了罪就能得到豁免，有功劳的人岂不是个个都能犯法了？”贞观十二年，江夏王李道宗贪赃枉法，被捕入狱。尽管他是唐太宗的堂兄弟，是皇室至亲，又屡立战功，但唐太宗也没有赦免他，果断罢免了李道宗的官爵职位。

女皇武则天

武则天是中国古代历史上唯一的一位女皇帝。她的一生极具传奇色彩，无论是二度入宫、二圣临朝，还是创立武周，直到最后还政李唐，都在历史上留下了浓墨重彩的一笔。

唐高宗画像

二度入宫获恩宠

武则天的名字来源于她退位后唐中宗给她上的尊号“则天大圣皇帝”，后人因此称她“武则天”。武则天是并州文水（今山西文水东）人，父亲武士彟（yuē）是贩卖木材的大商人，后跟随李渊起兵反隋。武则天的母亲杨氏出身弘农杨氏，这是当时天下第一名门望族，隋文帝与隋炀帝父子也出身弘农杨氏。武则天的母亲嫁给中年丧妻的武士彟，两人共生育了三个女儿，武则天是他们的二女儿。贞观年间，武士彟官至工部尚书、荆州都督，封爵应国公，成为唐朝新贵。

少女时期的武则天才貌双全，唐太宗闻其美名，于是召十四岁的她入宫，封为五品“才人”，并赐号“武媚”。当时，西域进献了一匹未被驯服的狮子骢（cōng），许多人尝试驯服这匹烈马，结果都以失败告终。武则天自告奋勇，说自己能驯服它，但需要钢鞭、铁锤和匕首三样工具。唐太宗不解，武则天说道：“如果我用鞭子抽它，它不驯服，就用铁锤击打它的头，若还不驯服，就用匕首割断它的咽喉。”唐太宗听后既赞赏又惊讶。十几年后，唐太宗崩逝，按照惯例，武则天等后妃都到感业寺（位于今陕西西安未央区）出家当了尼姑。

贞观二十三年（649年），太子李治即位，他就是唐高宗。武则天还在后宫时，李治就对她颇有好感。他当上皇帝后，一次在感业寺与武则天重逢，二人旧情复燃。当时，王皇后正跟萧淑妃争宠，于是王皇后就劝说唐高宗，把武则天从感业寺召回皇宫，想以此来跟萧淑妃争夺唐高宗的宠爱。武则天于是得以二度入宫，唐高宗十分高兴，册封她为“昭仪”。

《升仙太子碑》

这篇碑文由武则天撰文并亲自书丹（用朱笔直接将文字书写在碑石上，供镌刻用），现存于河南偃师缑山之巅。武周圣历二年（699年），武则天赴嵩山封禅，返回时留宿于缑山，一时触景生情，于是撰写了这篇碑文。武则天的书法刚柔相济，悠远旷达，即使是“丈夫”也未必能有此等气概。

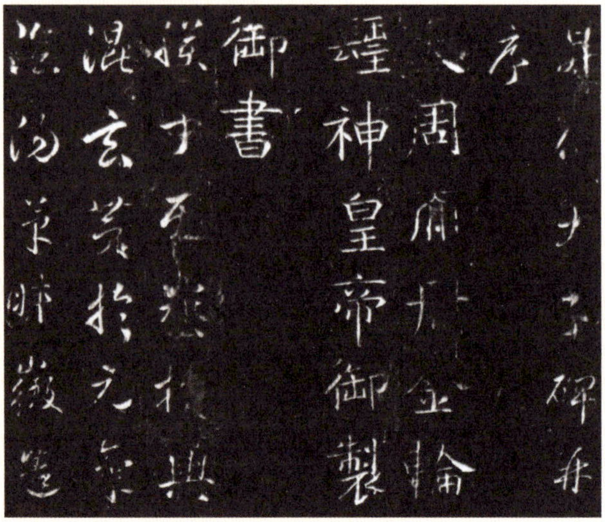

步步为营当皇后

武则天日益受到唐高宗的宠爱，野心也逐渐膨胀。她很有心机，善于玩弄权术，一步步地陷害王皇后。她先是亲手扼杀了襁褓中的女儿，栽赃嫁祸给王皇后。不久又有传言，说王皇后与她的母亲在宫中设巫蛊诅咒武则天，于是唐高宗决定废掉“罪行累累”的王皇后，另立自己宠爱的武则天为皇后。

这一决定首先遭到了大臣褚遂良等人的极力反对，唐高宗为此大发雷霆，命人将褚遂良赶出朝堂。当时还是昭仪的武则天，在垂帘之后听到褚遂良的话，也忍不住大声呵斥道：“还不赶快杀了这个老家伙！”但褚遂良是唐太宗钦定的顾命大臣，即使有罪也不能对他用刑，褚遂良因此逃过一劫。可唐高宗仍然一意孤行，永徽六年（655年），唐高宗正式下诏，废王皇后为庶人，另立武则天为皇后。

武则天当上皇后之后，逐渐开始参与朝政。在她的劝说下，唐高宗将褚遂良贬到外地去做官。褚遂良被一贬再贬，最后客死在任上。唐高宗的亲舅舅长孙无忌也遭到了武则天的无情打击，被逼自缢身亡。褚遂良与长孙无忌死后，公卿大臣们几乎不敢再有异议。唐高宗体弱多病，又患有风疾，自显庆五年（660年）后，便将许

武则天画像

黄台瓜辞

［唐］李贤

种瓜黄台下，瓜熟子离离。
一摘使瓜好，再摘令瓜稀，
三摘尚自可，摘绝抱蔓归。

这是章怀太子李贤所作的一首诗歌，诗中用瓜与采瓜人来比喻子与亲的关系，劝诫母亲武则天不要对儿女们赶尽杀绝。

多奏章交由武则天协助处理。

武则天的权力越来越大，渐渐和唐高宗也产生了矛盾，很多事情她甚至不和唐高宗商量。唐高宗很恼火，将老臣上官仪找来商量。上官仪说："皇后专权，海内不满，请陛下下诏废黜她。"唐高宗默许了。不料，上官仪的废后诏书还没有拟完，武则天就已知悉此事，她对唐高宗软硬兼施，成功使唐高宗放弃了废后的想法。唐高宗担心她心中不满，跟武则天解释道："都是上官仪教我这么做的。"不久之后，上官仪被诬与废太子李忠共谋反叛，被抄家赐死。武则天以无情的手段打击政敌，坐稳了皇后宝座。

二圣临朝揽大权

武则天足智多谋，兼通文史，有很好的施政才能。经过麟德元年（664年）的废后风波后，唐高宗上朝时，武则天都在御座之后垂帘听政，过问大小政事，全面处理朝政。

上元元年（674年）秋，唐高宗自称"天皇"，武则天以皇后身份称"天后"，形成两人同理国政的局面。当时大臣们把唐高宗和武则天并称为"二圣"。这种"二圣"临朝的局面一直持续到唐高宗去世，武则天在波谲云诡的政治风云中，锻炼出了非凡的政治能力。

这一时期，武则天向唐高宗提出了富国强民的十二条建议，史称"建言十二事"，其中有劝农桑、薄赋徭、息干戈、禁淫巧、省力役等措施。唐高宗下诏推行这些措施，有力地推动了当时社会经济的发展。武则天还十分重视文化的发展，上元二年三月，她召集学士们撰成《玄览》《孝子传》《列女传》等书，并亲自撰写了《垂拱集》《金轮集》等。

太后改制建武周

唐高宗晚年身体越来越差，上元二年，唐高宗想要禅位给自己的儿子。当时的太子李弘是武则天的长子，在朝臣中颇有声望。然而就在这年四月，李弘不明不白地死去。六月，唐高宗又册立武则天的二儿子李贤为太子。可没过几年，武则天就借故将李贤废为庶人，另立自己的第三个儿子李显为太子。在接班人问题上，唐高宗已经完全无能为力了。弘道元年（683年）十二月，唐高宗崩逝，太子李显即皇位，即唐中宗。唐中宗即位后，尊母亲武则天为皇太后。当时，唐中宗虽为皇帝，但实际仍由武则天掌握着一切军政大权。

唐中宗即位之初，行事幼稚草率。他准备给自己的岳父韦玄贞加官晋爵，宰相裴炎觉得不妥，私下劝阻唐中宗。不料，他却口不择言地说："即使朕把这天下送给岳父韦玄贞，又有何不可呢？"裴炎听到这样的话，大惊失色，立刻向皇太后武则天禀报。武则天便开始与朝臣商议，决计废掉唐中宗。

可怜的唐中宗只当了几个月皇帝，便被废为庐陵王。武则天一共有四个儿子，一死二废，于是她立最小的儿子李旦为皇帝，他就是唐睿宗，但军国大事仍由武则天来决断。太后"干政"，必然会遭到一些大臣的反对，武则天再次以铁血手段"杀鸡儆猴"，清除政敌。同年九月，武则天以谋反的罪

武则天除罪金简

这是我国目前发现的唯一一枚皇帝金简，现藏于河南博物院。武则天在久视元年（700年）七月七日到嵩山祈福，遣宫廷太监胡超向诸神投简以求除罪消灾。

名，斩杀了裴炎，此后，朝中大臣们再也不敢有异议了。

光宅元年（684年）九月，扬州徐敬业等人打着"支持庐陵王"的旗号，聚集了十万人举兵反武。武则天立刻派出三十万大军镇压，叛乱旋即被平定，徐敬业兵败被杀。

此后，武则天为了更好地掌握全国各地的情况，大开告密之门，并以高官厚禄赏赐告密者。她将被告之人交给周兴、索元礼、来俊臣等酷吏来审讯处置。这些酷吏手段极其残忍，常用酷刑审讯犯人，罗织罪名，杀人无数，史书中说"中外畏此数人，甚于虎狼"。有个叫鱼保家的人，向武则天上书，建议制作铜匦（guǐ）。这是一个"可进不可出"的铜匣子，里面分成四格，告密信只要

北庭都护府遗址

北庭都护府位于今新疆吉木萨尔北庭镇境内，城址平面布局略呈长方形，南北长约1.5千米，东西约1千米。

安西都护府与北庭都护府

安西都护府与北庭都护府是唐代六大都护府其中之二。贞观十四年，唐朝平定高昌，唐太宗将高昌故地改置为西州（今新疆吐鲁番东南），设置了安西都护府，治所就在西州。后来安西都护府的治所屡有变动，管辖范围也不断扩大。

为了进一步巩固西北边防，长安二年（702年），武则天在庭州（今新疆吉木萨尔北破城子）分置北庭都护府。两大都护府分治南北，幅员辽阔，后来又相继改称大都护府。贞元六年（790年），北庭都护府被吐蕃攻破，不久之后，安西都护府也被攻破，两大都护府最终覆灭。

放进去就拿不出来。武则天下令将它放在朝堂上，专门用来收集告密文书，以此来加强对全国的控制。垂拱四年（688年）夏，武则天还亲自处置了所谓郝象贤“谋反”案，令金吾卫将他杀害并肢解，以儆效尤。武则天以这样的“铁血”手段来清除异己，维护自己的统治。

上官婉儿画像

上官婉儿是上官仪的孙女，是武则天时期的女官、诗人、政治家。

载初元年（689年），凤阁侍郎宗秦客改造了“照”“天”“地”“日”“月”等十二个字，献给武则天。武则天从中选择了“曌”（zhào）字，其寓意是“日月当空，普照大地”，并正式把自己的姓名改为“武曌”。为避其名讳，此后由皇太后所下的“诏”改为“制”，从此开启了“太后称制”的时代。

就在同一年，以太后身份治国理政多年的武则天，又跨出了历史性的一步。她正式宣布建立大周朝，以替代李唐王朝。她自立为皇帝，废唐睿宗李旦为皇嗣，并迁都到东都洛阳，改东都为神都。中国历史上唯一的女皇帝就此诞生。

《唐后行从图》（局部）

这幅画相传为唐代画家张萱所绘，描绘了武则天仪仗巡游皇家苑囿的场景。武则天当时还是皇后，头戴凤冠，衣着华丽，气度威严。

还政李唐女皇逝

武则天在她的政治生涯中一直奉行铁腕政策。为扫除政敌，李唐皇室成员几乎被她诛杀殆尽，反对她的众多官员也大多被抄家赐死，身死族灭者不可胜数。武则天手段血腥残酷，堪称“铁血女皇”。

武则天在执政期间，继续推行均田制，发展农业生产，并以农业政绩的好坏作为地方官员升降的标准。这些措施大大促进了农业生产，丰富了国家的粮食储备。人民生活安定，人口迅速增长。

武则天还广泛选拔、吸纳人才，她发现并任用了狄仁杰、张柬之、张九龄、张仁愿、郭元振等杰出的人才。武则天曾亲自在洛成殿考察及第的学子，这是我国科举考试殿试的开始。但此时殿试还只是偶然行为，没有形成定例。她还开设了武举，考试马射、步射、马枪等科目，选拔武艺人才。这些举措，都为后来唐玄宗统治时期“开元盛世”的出现奠定了人才基础。

在保护边地安宁方面，武则天也做了许多努力，如派郭元振、王孝杰率军打击吐蕃，恢复了安西四镇（龟兹、焉耆、于阗、疏勒四镇），又设置北庭都护府与安西都护府，加强了对西域地区的统治。

总体来说，武则天执政期间，治国理政取得了堪称卓越的成果，唐朝的总体国力仍处于良好的上升发展时期。

武则天的统治延续了十余年，到她八十多岁的时候，老迈病弱的女皇对朝政的掌控逐渐力不从心。深受武则天宠信的张易之、张昌宗兄弟开始把持朝政，作威作福，众多宗室王公都对二张阿谀奉承，朝堂变得乌烟瘴气。

大足元年（701年），邵王李重润（太子李显的嫡长子）与其妹永泰郡主李仙蕙、妹婿魏王武延基，私下议论张易之兄弟擅政。张易之知道后，向武则天诬告李重润三人，最后三人被逼自杀。这一事件后，二张的气焰更加嚣张，朝堂人人自危。

神龙元年（705年），太子李显与大臣张柬之、崔玄暐等人发动“神龙政变”，诛杀了张易之、张昌宗兄弟，包围了武则天的寝宫，迫使女皇交权。

武则天迫于形势，只好下诏传位于太子李显，还政李唐，自己则迁居上阳宫休养。同年十一月，武则天病危之际，要求去掉自己的帝号，做回“则天大圣皇后”。不久，武则天病逝于上阳宫，后与唐高宗合葬于乾陵。女皇的一生就此落幕，她只留下了一块无字碑，是非功过任凭后人议论。（贾　洁）

乾陵前的无字碑

无字碑

无字碑位于今陕西咸阳西北的乾陵东侧，与唐高宗的述圣纪碑相对，奇绝瑰丽，巍峨壮观。这块无字碑是用一块完整的巨石雕刻而成，高7.53米，宽2.1米，厚1.49米，重98.8吨，给人以凝重厚实的观感。碑额未题碑名，只有碑首雕刻的数条螭龙互相缠绕，鳞爪分明，栩栩如生。碑座阳面还有线刻的狮马图（或称狮马相斗图），图中的马儿屈蹄俯首，温顺可爱，雄狮则昂首怒目，十分威严。无字碑上还有许多花草纹饰，线条精细流畅。无字碑堪称中国古代石碑中的巨制。

开元之治

唐玄宗在位的开元时期（713—741），社会稳定，经济繁荣，人们远离战乱与动荡，生活安定且富足。这也是继唐太宗"贞观之治"之后唐朝的第二个盛世，史称"开元之治"。宋代政治家王安石曾在诗歌《凤凰山》中艳羡地写道："愿为五陵轻薄儿，生在贞观开元时。斗鸡走犬过一生，天地安危两不知。"

克定祸乱，明皇登基

唐玄宗画像

"神龙政变"后，唐中宗复位。可他昏庸懦弱，大权落入皇后韦氏及其女儿安乐公主手中。随后，韦皇后与武则天的侄儿武三思勾结，贬杀张柬之等人，驱逐直臣宋璟，企图效法武则天当女皇。景龙四年（710年），韦皇后将唐中宗毒死，立幼帝，开始临朝掌政。这时，唐睿宗之子李隆基与姑母太平公主合谋，引禁军攻入玄武门，杀死韦皇后、安乐公主及其党羽，拥立唐睿宗再次即位。

唐睿宗即位以后，李隆基被立为太子。太平公主靠着拥戴之功，大肆培植亲信，壮大势力，她与李隆基的矛盾迅速激化，双方势同水火，争斗一触即发。延和元年（712年），唐睿宗禅位于太子李隆基，李隆基即位，即唐玄宗。但是朝政大权仍掌握在太平公主手中，当时的七位宰相中，有五位出自太平公主门下。第二年七月，唐玄宗在魏知古、王毛仲等人帮助下，先发制人，率禁军杀死太平公主门下宰相窦怀贞、萧至忠等人，太平公主也被赐死于家中。唐玄宗改元开元，"开元盛世"的大幕就此拉开。

选贤任能，兴利除弊

唐玄宗铲除了太平公主的势力后，结束了一度混乱的政局。为巩固统治，他先后任用了一大批正直干练的官员，如姚崇、宋璟、张嘉贞、张九龄、韩休等人。在这些大臣的辅佐下，唐玄宗针对时弊做出了许多改革。

自武则天统治以来，掌权者大肆卖官鬻（yù）爵，各种名目的官员泛滥成灾，给国家财政造成了沉重的负担。唐玄宗即位后，采取措施裁减冗官，停废闲散的机构，精简了庞大的官僚机构。

太平公主

太平公主是唐高宗与武则天的小女儿，唐中宗李显和唐睿宗李旦的妹妹。她先后下嫁薛绍和武攸暨，因身份尊贵无比，恩宠格外优渥。她在神龙政变中参与诛杀张易之、张昌宗兄弟，有功于李唐社稷，加号镇国太平公主。唐中宗驾崩后，太平公主联合侄子李隆基发动政变，拥立唐睿宗复位。此后，太平公主权倾朝野，富可敌国。先天二年（713年），太平公主涉嫌谋反，被唐玄宗赐死于家中。太平公主死后陪葬乾陵。

唐代越窑灯盏

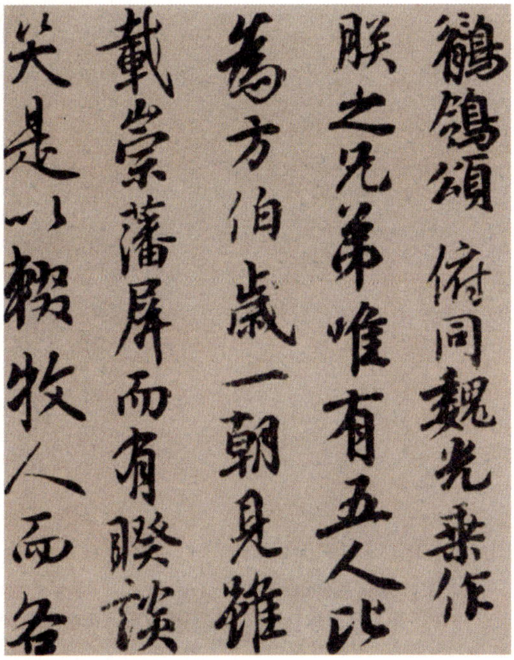

唐玄宗手书《鹡鸰颂》（局部）

唐玄宗是个多才多艺的皇帝，他不但善音律，会作诗，还写得一手好字。

开元四年（716年），唐玄宗亲自殿试考核吏部选用的县令，并颁布诏敕，严格规定了地方官考核的标准，保证了行政效率。

唐玄宗还采取措施抑制“食封”贵族的势力。所谓“食封”，就是国家将一定数量的农户封赏给贵族之家，向农户所征的税收完全归“封家”所有。到唐中宗时，有些“封家”的食封多达万户，国家税收大量被私家侵吞。唐玄宗下诏规定食封之家的税收统一由政府征收，再由政府向封家发放俸禄，同时禁止了封家放高利贷的行为。这些措施不仅抑制了贵族势力，还保障了百姓的生活。

武则天、唐中宗、唐睿宗时期，统治者极度推崇佛教，大量兴建佛寺，百姓为了逃避徭役，争相出家为僧为尼。开元二年，唐玄宗听取姚崇的建议，裁汰了一大批伪僧尼，强制他们还俗，并禁止修建佛寺、铸造佛像。

开元年间，唐玄宗还兴修了许多水利设施。据统计，唐玄宗时期所修建的水利工程数量占了整个唐朝修建水利工程总数的20%以上。唐玄宗还下诏检阅天下田地的数量，大大抑制了日益严重的土地兼并现象。

唐玄宗也十分重视教育文化的发展。他下令，天下州县，每乡设置一所学校，选配师资，教育学生。这一时期，中央最高学府国子监所属学校各科生徒与州学、县学学生达六万人。唐玄宗还令马怀素、褚无量、元行冲等人负责，进行大规模的图书整理和编纂工作。据史书记载，唐代历史上的国家藏书数量，没有超越开元时期的。这一时期，仅有著录的图书就有53915卷，而唐代学者自己撰写的书籍又有28469卷，可谓是盛况空前！

社会繁荣，经济发展

自唐朝建立以来，经过一百多年的恢复与发展，社会经济在唐玄宗开元、天宝年间（713—756）达到了高峰，呈现出一派繁荣的景象。农业快速发展，随之而来的是人口数量迅速上升。据统计，唐初的武德年间（618—626），全国仅有200多万户人家，到唐高宗永徽三年（652年），也仅增加到380万户。但经过开元、天宝年间的迅猛发展，到天宝

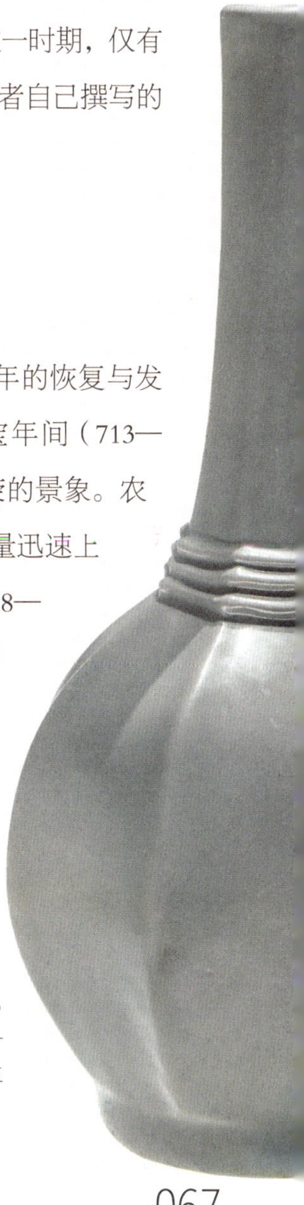

唐代秘色釉八棱瓶

这件秘色釉八棱瓶，是越窑瓷器的代表作品。这是洗手用的净水瓶，瓶通体呈八棱形，胎体呈灰白色，釉面明亮，釉色青绿，犹如一汪湖水。瓶类瓷器一般多为圆形，而此瓶呈八棱形，颈、肩相接处有三条凸棱，非常特别。

唐代绢画《弈棋仕女图》

出土于新疆吐鲁番阿斯塔纳古墓，是中国古代有关围棋的最早图像记录之一。

十三载（754年），全国户数激增到900多万，人口数高达5200余万。要是算上瞒报、漏报的人口，天宝年间的人口数在6000万～7000万之间，达到了唐代人口数量的顶峰。

唐玄宗时期的工商业也呈现出一派繁荣的景象。纺织业是当时最发达的行业。北方善织绢，南方盛产布，当时的宋州（治今河南商丘）、亳州生产的绢帛质量最高。江南东道（治今江苏苏州，相当于今江苏南部和浙江、福建二省地）的丝织品种类繁多，花式琳琅满目，争奇斗艳，许多被列为贡品。陶瓷业也发展到了新的水平。邢窑的白瓷“轻且坚”，“胜霜雪”；越窑的青瓷釉色光亮纯青，被誉为“秘色瓷”。唐代诗人陆龟蒙曾在诗作《秘色越器》中赞叹道：“九秋风露越窑开，夺得千峰翠色来。”陶器中最出名的莫过于“唐三彩”了。它是在白底陶胎上刷上一层无色釉之后，以黄、绿、白、赭、蓝等颜色的釉料绘成图案，再烧制而成，色彩艳丽，造型生动。

城市的发展是商业繁荣的重要标志。唐玄宗时，长安是全国的政治中心，也是亚洲各国经济、文化交流的中心。长安城内有东市、西市两大商业区，大量西域胡商及波斯（今伊朗）、大食（阿拉伯帝国）等国商人聚集在此，开展贸易活动。此外，还有东都洛阳、长江北岸的扬州、西南地区的益州等经济中心，形成了连通全国的经济网络。水运、陆运也伴随着商业的发展而蓬勃发展，各地货物行销天下。

开元年间，饮茶风俗从南方长江流域传播到北方黄河流域，茶叶成为重要的商品，茶叶贸易热闹非凡。据唐代封演在《封氏闻见记》中的记载，从南到北的都市城邑，“多开店铺，煎茶卖之。不问道俗，投钱取饮。其茶自江淮而来，舟车相继，所在山积，色额甚多……”当时的名茶还大量流入吐蕃和回纥地区。

对于开元时期的盛世，大诗人杜甫曾写诗对此进行了回忆：“忆昔开元全盛日，小邑犹藏万家室。稻米流脂粟米白，公私仓廪俱丰实。”（《忆昔·其二》）。唐朝从贞观初年经过一百多年的发展，到开元末年达到了全盛时期，这一时期正是唐玄宗在位的开元时期，史称“开元之治”。（翟　路）

天文学家僧一行

唐代僧人一行原名张遂，在天文学方面贡献卓著。他与府兵曹参军梁令瓒一起设计制造了黄道游仪，重新测定150多颗恒星的位置，由此发现了恒星位移的现象。开元十二年（724年）起，一行主持了一次大规模的天文大地测量，成为世界上最早实测子午线长度的人。他还编订了《大衍历》，从开元十七年起施行了32年，对后世历法产生了深远影响。

名相姚崇与宋璟

宋代史学家司马光在《资治通鉴》里评价说，唐朝贤明的宰相，前有太宗朝的房玄龄和杜如晦，后有玄宗朝的姚崇和宋璟，其他人是比不上的。姚崇与宋璟辅佐唐玄宗革故鼎新，兴利除弊，共同开创了开元盛世。

辅佐玄宗稳政局

姚崇本名姚元崇，为避“开元”讳，改名为姚崇。他是陕州硖石（今河南三门峡市陕州区东南）人，是武则天、唐中宗、唐睿宗、唐玄宗四朝元老，曾任三朝宰相。姚崇十分擅长处理行政事务，做事有条不紊，武则天赏识他的才能，破格提拔他做了兵部侍郎，后来又升至同凤阁鸾台平章事（唐代相当于宰相）。于是，姚崇在武则天时期第一次做了宰相。

后来，张柬之等人发动神龙政变，诛杀张易之兄弟，拥立唐中宗即位，结束了武则天的统治。姚崇也参与了政变，但他因为同情武则天迁居上阳宫的凄凉晚景，被贬去外地做官。唐睿宗登基后，起用姚崇，姚崇再次拜相。当时，武则天的女儿太平公主干政，姚崇支持太子李隆基，他与宋璟一道秘密上奏唐睿宗，请令太平公主迁居东都，收回诸王手中的兵权。太平公主得知此事后勃然大怒，李隆基只得上疏说是姚崇等人“离间兄弟”。于是，姚崇做了替罪羊，被贬去南方做官。

姚崇画像

唐玄宗即位后，扫除了太平公主的势力，又想起这位宰相来。他召回姚崇，想要拜他为相，姚崇赶紧跪下说道：“陛下若能答应臣十件事，臣才能接受。”唐玄宗让他说来听听，姚崇奏请废除严刑峻法、不再营造佛寺道观、禁止宦官贵戚干政等十件事，唐玄宗诚恳地说道：“这十件事，朕都答应。”于是，姚崇三度拜相。

“救时宰相”灭蝗灾

自武则天禅位给唐中宗以来，政局动荡不安，姚崇辅佐唐玄宗逐渐收回了诸王手中的兵权，又规定外戚不得担任台省（即政府中央机构）的职务。同时，他整顿吏治，革除弊政，在治理国家方面做出了很多成绩。

开元二年（714年），薛王李业的舅舅王仙童因为仗势欺压百姓，被御史弹劾。唐玄宗念及与薛王的兄弟情分，想要从轻发落。姚崇立刻上奏，说：“王仙童犯法证据确凿，御史所说的都是事实，不应该赦免。”他请求依法处置，唐玄宗只得同意。此后，皇亲国戚不得不有所收敛。

开元四年，山东（太行山以东的黄河流域）等地蝗虫大起。当时，人们普遍相信“天命论”，加上佛教盛行，认为不可以捕杀蝗虫，老百姓眼睁睁看着蝗虫吃地里的庄稼却不敢捕捉。姚崇力

［唐］韩滉《五牛图》

排众议，向唐玄宗进言道："扑杀蝗虫，古已有之。百姓依赖庄稼过活，灭蝗必须竭尽全力。"唐玄宗采纳了姚崇的建议，派遣"捕蝗使"到各地去灭蝗。有个地方官叫倪若水，他不但不组织灭蝗，还给唐玄宗写了奏章说："蝗虫是天灾，不是人力可以消除的，陛下应该多做有德行的事来感动上天，祈求消灾。"姚崇看了很生气，给他回信说道："如果说多做有德行的事就能免除蝗灾的话，那你管辖的境内闹蝗灾，岂不是因为你没有德行造成的？"倪若水接到信件，不敢再违抗命令。

姚崇根据蝗虫趋火的习性，下令夜设火堆，在火旁掘坑，边烧边埋，同时命令人工捕捉，效果十分显著。正是由于姚崇积极采取措施捕杀蝗虫，才使得百姓免去了一场大灾难，他因此被人们称为"救时宰相"。

刚正不阿斥二张

与姚崇同为一代名相的宋璟，也经历了武则天、唐中宗、唐睿宗、唐玄宗等朝，他耿介有大节，不仅博学，而且文章极佳，年及弱冠便考中进士。宋璟深受武则天的重视，一路做到凤阁舍人，负责起草诰敕诏令。

宋璟为人刚直不阿。武则天执政晚年，宠幸张易之、张昌宗两兄弟，二张恃宠祸乱朝廷。长安三年（703年），二张兄弟拉拢凤阁舍人张说做伪证，想要诬陷宰相魏元忠，置他于死地。宋璟听闻此事，立刻找到张说，对他说："名与义是最重要的东西，怎么可以与奸邪之人为伍，陷害正道之人以求自保呢！你若遭遇不测，我必定会拼死救你，与你共同赴死。"后来，二张屡次在武则天面前中伤宋璟，武则天深知宋璟为人忠诚正直，又爱惜他的才能，他才免于祸患。

守文持正开盛世

宋璟由于为人正直，一度得罪了许多权贵，被排挤出京。开元四年，姚崇辞去相位，举荐宋璟为宰相。次年，宋璟官拜侍中，成为宰相。姚崇、宋璟相继辅佐唐玄宗，奠定了开元盛世的基础。

宋璟遵守法度，忠正刚直，为相期间，他对唐玄宗也敢当面提意见。开元五年，唐玄宗巡幸东都，途中经过崤山的一个山谷。山路崎岖难走，队伍行进非常缓慢。唐玄宗一气之下，便要罢免

当时的河南尹李朝隐与知顿使（负责皇帝出行途中食宿等事务的官员）王怡。宋璟劝谏道："陛下如果因为道路难行而罢免官员，地方上必定会大兴工事，凿山修路，如此一来，恐怕会劳民伤财，招惹非议。"唐玄宗听了宋璟的话后，怒气缓解，便不再追究二人之罪。

开元七年，唐玄宗的岳父、王皇后的父亲王仁皎病故，唐玄宗的大舅子、驸马都尉王守一向唐玄宗请求，比照唐睿宗皇后父亲的例子，为自己的父亲逾越礼制修高墓地。这件事遭到了宋璟的坚决反对。但唐玄宗碍于王皇后的面子，与宋璟相持不下。宋璟上长篇奏章说："勤俭是大德，骄奢则是大恶。国家礼法人人都应遵守，不可轻易逾越。"唐玄宗最终听取了宋璟的建议。

当时有一种向皇帝走后门请官的路子，叫"墨敕斜封"，指不经正规渠道选拔，而是由皇帝直接任命官员。这种风气从唐中宗时开始盛行，到唐玄宗时已经泛滥成灾。一次，唐玄宗写了一张墨敕，想给自己的旧部下、王皇后的族亲王仁琛封个五品官。宋璟接到墨敕诏书，坚决反对，他说："对陛下的旧部推恩照顾都有一定的条例，王仁琛从前蒙陛下的恩典，已经从优升迁了；如今若再给他超常的奖励，恐怕会引起议论。不如将陛下的手谕交给吏部，由他们进行审查，如果王仁琛没有什么过错，根据资历可以适当晋升。"一番话说得唐玄宗心服口服，于是采纳了宋璟的建议。宋璟的铁面无私，凡此种种，不胜枚举。

唐朝的史官说"（姚）崇善应变以成天下之务，（宋）璟善守文以持天下之正"，两人执政风格虽有不同，但他们都为"开元之治"做出了贡献，实为一代名相。（翟　路）

宋璟画像

"有脚阳春"

唐睿宗时，宋璟因反对太平公主干政被排挤出中央，辗转多地为官。他在各地皆有出色的政绩，《开元天宝遗事》里记载宋璟爱民恤物，他所到之处，人们如同受到春光普照，当时的人便都称颂他为"有脚阳春"，意指宋璟如同长了脚的春天，他走到哪里，就把温暖带到哪里。

乾清宮鑑藏寶

[唐] 张萱《虢国夫人游春图》(宋人摹本，局部)

虢国夫人是唐玄宗宠妃杨玉环的三姐，此画描绘了虢国夫人一群人出行的场面，人物衣着华丽，色彩鲜艳秾丽，对研究唐代仕女画有重要意义。

世界的长安

唐朝是汉以后我国历史上又一个繁荣昌盛的大一统王朝，被外国学者称为“中国的黄金时代”。唐朝的都城长安位于八百里秦川的中央，那里关山环绕，物产丰饶，交通便利。长安城不仅是唐朝鼎盛辉煌的象征，更是当时举世闻名的国际化大都市。

长安的都城建设

唐代长安城是在隋代都城大兴城的基础上扩建而成的。据考古学家测量，唐代长安城平面呈长方形，南北长8651米，东西长9721米，周长30多千米，面积达80多平方千米，约为今天西安旧城的10倍。长安城的建筑设计充分利用了所在地势，在龙首原的高地之上，按照《周易》六爻（yáo）的规则，由北而南布列为宫城、皇城及外郭城等部分。

外郭城北部的中央是宫城和皇城。宫城的核心建筑是太极宫，正殿为太极殿，它是皇帝的正衙。宫城东部是皇太子居住的东宫，西部是宫人居住的掖庭宫。

皇城在宫城南面，北面没有围墙，以一条东西向横街与北面的宫城相隔，这样就更加凸显出宫城位居高处，俯视全城、居高临下的宏大气势。皇城里主要设置了一些中央衙署及附属机构。

后来，大明宫（唐太宗、唐高宗时期修建）与兴庆宫（唐玄宗时期修建）成为政治中心，它们与太极宫合称“三内”，其建筑极尽壮丽，气势恢宏。

外郭城每面设有三个城门，内有一百零八坊和东、西二市，这些坊、市从南、东、西三面环拱着宫城和皇城。外郭城内有南北向大街十一条，东西向大街十四条，其中贯通南北三个城门及东西六个城门的六

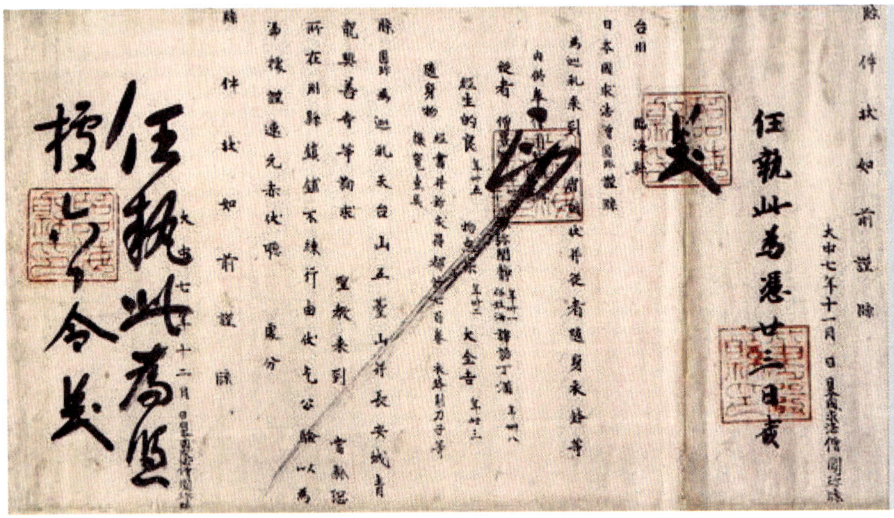

日本赴唐通关文书

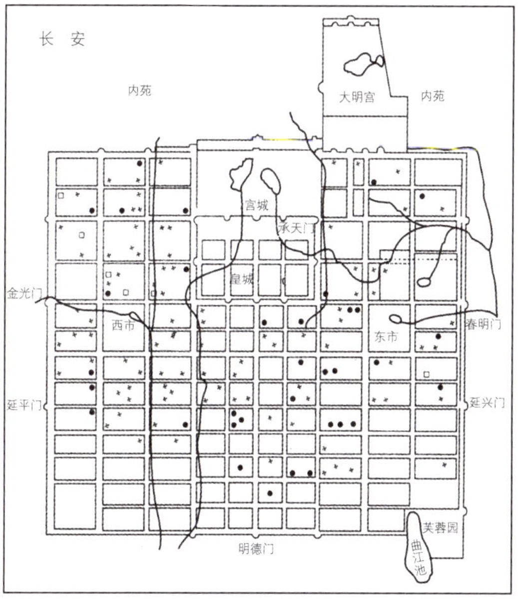

唐代长安城示意图

条大街成为长安城内的主干道。纵贯南北长约五千米的朱雀大街，宽足足有一百五十米，处于城市中轴线上，将长安城分成了东西对称的两部分。整个城市街道纵横齐整，东西对称，布局严密，如同一个棋盘。

长安城的格局宏大，气势雄伟，整齐划一，既展示了大一统国家的气象，凸显着唐王朝的威严与气度，又对当时周边邻国的城市建筑和都城建设产生了深远的影响。如日本在7世纪以后兴建的平城京、平安京，位于我国东北的渤海国时期的龙泉府、显德府，几乎都参考了唐代长安城的修建。在如今日本的京都、奈良等城市，仍能见到带有唐代风貌的建筑。

文化与人才的中心

唐朝建立后，国力日渐强盛，威名远扬，长安城也日益繁华热闹起来。长安城的人口在鼎盛时期超过了一百万。生活在长安城中的，有居住在九重深宫里的皇室成员、各级官吏、军将及其家属，也有居住于各坊里的仆役与平民百姓，还有很多客居的外来人员。长安城内人物荟萃，人才济济，是名副其实的人才聚集中心。

唐朝继承并发展了隋朝建立的科举取士的人才制度，给天下士人提供了个人

朱雀大街

朱雀大街北接皇城的朱雀门，向南一直延伸到城南正中的明德门，它是长安城的中轴线。朱雀大街也是唐代皇帝到城南祭祀的御行道路，它在当时被人称作“天门街”，简称“天街”。唐代文学家韩愈给友人写过一首《早春呈水部张十八员外》:“天街小雨润如酥，草色遥看近却无。最是一年春好处，绝胜烟柳满皇都。”这里的“天街”，指的就是朱雀大街。

发展的机会。长安城拥有独特的政治环境与优越的人文环境，为各类人才脱颖而出提供了广阔的舞台。唐太宗看到青年才俊汇聚长安，发出了“天下英雄入吾彀（gòu）中”的感慨。唐玄宗即位之初，借在长安城外打猎之机，约见姚崇并坚定地起用他为宰相一事，也同样为后世人津津乐道。国家对天下学子的礼遇，大大激发了唐代士人的自信心与自豪感，李白高咏的“天生我材必有用”“我辈岂是蓬蒿人”，正表达了这样一种充满自信与激情的万丈豪情，充分展示出那个时代士子们激昂豪迈的精神风貌。

唐代玉器兽首玛瑙杯

这种造型的酒具在中亚、西亚地区十分常见，这件器物1970年10月在陕西西安南郊何家村出土。它是唐人崇尚胡风的见证，也是唐代中外文化交流的产物。

长安城也为唐代文学艺术的发展提供了肥沃的土壤。以唐诗为例，唐诗是我国文学艺术的一座高峰，据统计，《全唐诗》中有名可考的两千多位作者，绝大多数都曾在长安生活过。他们用笔记下在长安的所见所闻、所历所感，为我们勾画出唐代长安城的一幕幕真实场景，生动地展现出大唐王朝自信、豪迈、开明、包容的时代风貌。

开放性的国际大都会

美丽的唐都长安城不仅是唐朝的政治、经济、文化中心，更因其繁荣昌盛而成为当时周边各国向往的中心。以长安为起点的丝绸之路，使长安城的繁盛具有了国际意义。

长安城内到处可见来自世界各国的外交使节和留学生。大明宫内的麟德殿，

古画中的日本遣唐使船

遣唐使船是7世纪初至9世纪末日本向唐朝派出的遣唐使团专用船只，属于典型的唐船，其建造者和驾驶者大多是唐朝人。

是皇帝设宴的主要场所，唐朝皇帝就曾在此宴请过来朝见的各国使者。来朝见的使者来自世界各地，范围极广，南至南亚的师子国（今斯里兰卡），东南亚的室利佛逝（今苏门答腊）、占城（位于今越南）等地，北至流鬼国（今俄罗斯堪察加半岛），西至地中海沿岸，东至日本、新罗（朝鲜）等国，均有使节来到长安。

最有名的外国使节当属日本的遣唐使。日本前后共派出十余次不同名目的遣唐使，规模庞大，人数多时一次就有五百余人。遣唐使把唐朝先进的制度、文化、技术等带回日本，对日本的生产、生活与社会发展都产生了深远影响。在这样频繁的交往中，中国先进的文化和重大发明如造纸术、炼丹术等，都传播到国外。

长安城内还有来自各地的商旅和观光客，数量众多的外国人长期在长安城内居住。比如，长安城的西市中，就聚集着许多来自西域以及大食、波斯等国的胡商，他们所开设的货栈、酒肆不仅数量多，而且生意兴隆。

长期居住在长安的外国人还可以参加科举考试并担任官吏，也有人出任武将甚至做了皇帝的侍从。像日本留学生阿倍仲麻吕，他在开元五年（717年）来到中国，进入国子监学习，后来参加科举考试一举高中，入朝为官。阿倍仲麻吕仰慕大唐文化，给自己取了一个汉名晁衡，还和大诗人李白、王维等都是好朋友。阿倍仲麻吕在中国生活了五十多年，直至去世。

这些外来人员长期在长安与唐人杂居，生活方式和习惯相互之间有很大影响。唐朝在走向辉煌繁荣的过程中，也以博大的胸怀兼容并蓄着各种外来文化的精华，这显示了唐朝的自信心与全面开放的恢宏气度，充分展示并大大增强了长安城作为国际大都会的开放性和无穷魅力。（任士英 张 琰）

哭晁卿衡

［唐］李白

日本晁卿辞帝都，征帆一片绕蓬壶。
明月不归沉碧海，白云愁色满苍梧。

唐玄宗天宝十二载（753年），阿倍仲麻吕以唐朝使者的身份随日本访华使者回国，在海上遭遇风暴，与其他船只失去联系。当时误传阿倍仲麻吕遇难，在得到他“溺亡”的消息后，李白伤心不已，写下《哭晁卿衡》一诗来悼念他。

阿倍仲麻吕纪念碑

从中亚来华的昭武九姓

在丝绸之路上，昭武九姓人曾非常活跃，他们善于经商，能说多种语言，多才多艺，精明强干。他们从遥远的中亚来到中华大地，是古代西亚文明、南亚文明与东亚文明交流的使者，在历史上发挥了重要的作用。

昭武九姓的来历

“昭武”一词，最早出现在《汉书·地理志》中，是指汉代张掖郡昭武县（今甘肃临泽东北）。昭武九姓，又称九姓胡，包括康国、安国、曹国、石国、米国、何国、史国、火寻、戊地等绿洲城邦国家，他们都以昭武为氏，以国为姓，但昭武九姓不止这九个国。

关于昭武九姓人的来历，学界有不同观点。一种观点认为，昭武九姓原本是月氏（zhī）人，他们起初安居在祁连山北的昭武城，后来受到匈奴侵袭，便一路向西迁徙，跨越葱岭，到了今阿姆河、锡尔河流域（在今乌兹别克斯坦、塔吉克斯坦等国），各分支分别称王建国。为了不忘记自己的故国本源，他们都以昭武为氏，被统称为“昭武九姓”。

也有观点认为，“昭武”在粟（sù）特语中的意思是“城主”。昭武九姓在民族上并不是单一的，而是包括了粟特人、月氏人、花剌子模人、康居人等中亚河中地区的诸多政权。只是因为这些国家都来自中亚，而这些人都拥有高鼻梁、深眼睛、满脸络腮胡的特征，又善于经商，所以中原王朝将他们统称为“昭武九姓”。

粟特文银碗

1989年出土于新疆焉耆老城村，现藏于新疆巴音郭楞蒙古自治州博物馆。这个银碗底部有一排粟特文字。

葱岭

葱岭是中国古代对帕米尔高原、喀喇昆仑山等西部山脉的统称，它是古代东西方陆路交通要道。关于葱岭的得名，有人说是因为山上长满了青葱，也有人说是源于《穆天子传》中“春山”的音译。

在昭武诸国中，以康国兵力最强，是各国的政治、经济中心，其他各国大多依附于康国。康国建有祖庙，每年六月举行祭祀活动，各国都要来参加。昭武九姓诸国中存在联姻，如安国国王设力登就娶了康国国王之女。

昭武九姓人与中原地区的往来很早，早在东汉时期，洛阳就有粟特商贾从事商业活动。十六国时期，今天的甘肃武威等地有昭武九姓聚居之处。唐朝先后击败东、西突厥，原本隶属于突厥的昭武九姓人随之入唐。为了更好地管辖这些人，唐朝设立了六胡州，让这些人集中居住，形成聚落。后来聚落被改为乡里，根据史书记载，敦煌郡敦煌县从化乡居住的三百多户居民，就以昭武九姓为主，他们是在聚落的基础上形成的。

商业天才

昭武九姓主要生活在中亚地区的锡尔河与阿姆河之间。这里气候温和，土壤肥沃，水源充沛，草木繁茂，百姓以农业为主，出产葡萄等水果，也经营畜牧业，盛产良马、骆驼、牛、羊等畜产品。

昭武九姓人生活在丝绸之路的交通要道上，他们从小就注重培养男子的经商本领。男孩出生后，父母把石蜜放到他口中，把明胶放到他手中，希望他长大后能够舌灿莲花，手里握着钱不放。康国男子五岁开始接受教育，稍微明晓事理就开始学习经商之道，二十岁开始就去别的国家经商，以能够获得高额利润为高明。

北齐石碑上的粟特人

政界精英

昭武九姓随西突厥入唐后，臣服于唐朝。他们派遣使者出使唐朝，向唐朝朝贡。贞观十一年（637年），康国使者到长安进献黄桃，那些黄桃大如鹅蛋，颜色金灿灿的，也叫金桃。唐太宗非常喜欢那些金桃，他下诏将金桃栽植在皇家苑囿之中。安国在贞观初年进献宝物，唐太宗给他们回赠了厚礼，并慰勉使者说："西突厥已经投降了，商旅可以畅行了。"大家都非常高兴。

显庆三年（658年），唐高宗在昭武九姓地区建立羁縻府州，设立了康居都护府，封昭武九姓的国王为各羁縻府州的都督或刺史。昭武九姓为取得唐朝的信任与支持，纷纷把子孙送到长安做质子。这些质子到长安后，接受唐朝的册封，享受优厚的待遇，有的还入仕为官，受到重用，终老于长安。何文哲就是这样的例子。他是何国质子的后裔，他的先祖在唐高宗永徽初年到唐朝当质子，依附于朝廷。到何文哲这代时，已经过去一百多年了。何文哲的祖辈、父辈都在朝廷里为官，他本人起初可能是因门荫而进入神策军，成为皇帝的宿卫。何文哲因英勇善战、誓死忠诚于皇帝而受到重用，他后来升任左神策军大将军，这是禁军中的最高武将职位。作为昭武九姓人后裔，何文哲和家人的长相都保留着昭武九姓人的特征，身材高大，面多髯须，勇猛善战。他的两任妻子都为康姓女子，可能是康国后裔，说明他们也

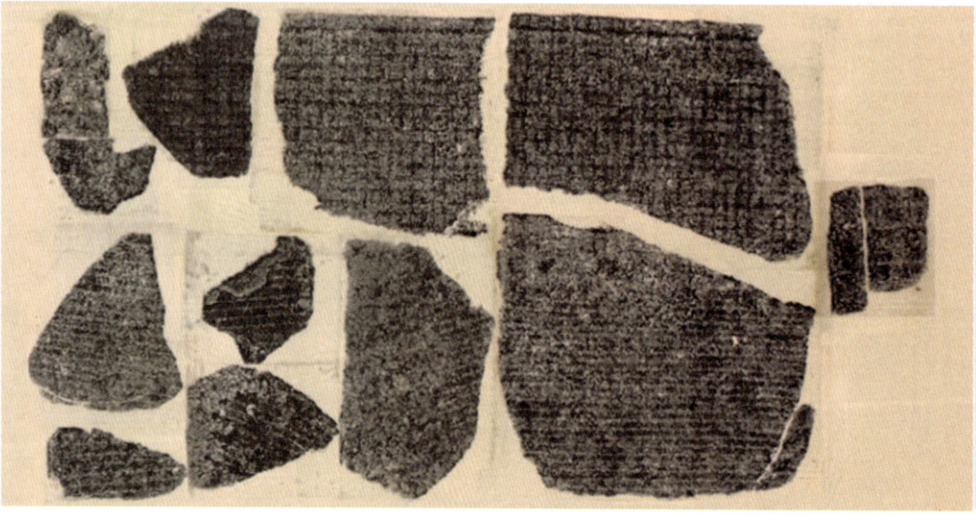

三体合璧《九姓回鹘可汗碑》拓片

《九姓回鹘可汗碑》是用汉文、粟特文、突厥文刻写的三体石碑，为中国古代漠北回鹘政权第九位可汗于唐宪宗元和九年（814年）所立。

鎏金舞马衔杯纹仿皮囊银壶

这件唐代银壶的形制仿照了中国北方游牧民族常用的皮囊，壶的两面各饰有一匹衔杯的舞马。

保留了同族为婚的习俗。

像何文哲这样的例子还有很多，这些昭武九姓人的后裔长期生活在长安，汉化程度也不断加深。他们忠于朝廷，让子女接受儒家教育，以自己的忠心、骁勇活跃在唐代的政治舞台上。

艺术才华的绽放

昭武九姓人大多多才多艺，能歌善舞，他们随时随地都能翩翩起舞，每年冬天的十一月还有“鼓舞乞寒，以水相泼”的习俗。他们的歌舞融合了印度婆罗门文化、中亚粟特文化、伊斯兰文化及波斯文化，唐朝的士人无不为之痴迷。唐代宫廷的十部乐中，就有康国乐、安国乐，可见他们的音乐也备受朝廷重视。

来自昭武九姓的舞蹈也风靡一时。出自康国的胡旋舞，舞者跳起来旋转如风，遒劲有力，长安、洛阳仕女争相效仿。杨贵妃、安禄山都是跳胡旋舞的高手。安禄山虽是一个三百多斤的胖子，但跳起胡旋舞却迅疾如风，他也因此获得了喜爱胡旋舞的唐玄宗的信赖。

昭武九姓人使用的文字是粟特文，它属于印欧语系伊朗语族。粟特文对突厥文、回鹘文的创制有着重大影响。昭武九姓人在东西方文化交流过程中起到了不可磨灭的作用。（王春花）

唐代鎏金胡腾舞铜俑

这件铜俑极其生动地再现了胡腾舞的舞姿。俑像高鼻深目阔嘴，头戴高耸的毡帽，身穿窄袖紧身衣衫，脚穿前面翘起的靴子，右臂向前上举，左臂向后下甩，右腿向上抬起，脚尖斜踢，左脚立于莲花瓣之上，裙摆飞扬。

东市和西市

长安城内东西两侧各有一市，即东市和西市。东、西二市是唐代长安城最为繁华的商业中心、娱乐场所，也是7—9世纪最大的国际经济贸易中心和商品集散地，更是举世闻名的“丝绸之路”的起点和重要标志之一。

两个超级市场

“市”是指商品交换的场所。开皇初年，隋文帝在汉长安城南约二十里处营建新都大兴城。大兴城在东西两侧分别设计有两处大型的“市”，初名“都会市”和“利人市”。唐朝建立后，大兴城改称长安城，“都会市”和“利人市”分别改称“东市”和“西市”。

东市和西市的设立，源于中国古代社会的坊市制度。所谓坊市制度，是指将城市里的坊（居民区）和市（商业区）分开，百姓与商户必须在政府设置的固定区域内进行交易。唐长安城规划整齐，东市和西市商业繁荣，被看作是坊市制最成熟的典范。

东市和西市分别位于长安城的东西两侧，沿着朱雀大街左右对称。它们各占两坊之地，占地面积几乎完全相同。据现代考古发现，东、西二市各自的占地面积接近1平方千米，即使在今天看来，也属于两个超级巨无霸的大型商圈。

唐朝政府对市场的管理比较严格，东、西二市各设有“市署”和“平准署”，负责管理市场。市署的长官称“市令”，负责市场交易、物价、度量衡器物等的管

繁华的东、西二市

据《太平广记》记载，唐德宗任命吴凑为京兆尹，并让他即刻上任。他的朋友纷纷来到府上道贺，却惊讶地发现宴席已经摆好了。有人问怎么会这么快，吴凑的门吏说：“东市、西市每天都有礼席，可以随时带着盆、锅去买。三五百人的宴会，可以立刻办妥。”东、西二市的繁华，由此可见一斑。

理。市署的办公室称为“旗亭”，设在市内位置较高的地方，方便他们随时观察市场内的情况。平准署也设有长官“平准令”，负责监督度量衡的标准、商品的质量与物价，同时出售官府积压的物品及没收之物。

人们不能随意进入市场里进行买卖。官府对市场交易时间有着严格的规定。日中之时（正午）击鼓二百下，表示开放；日落前七刻击钲三百下，表示关闭。这样的规定有一定的道理，长安城非常大，城里的百姓来购买东西总要走几千米甚至更远的路程。古人出门一般都是步行，即便清晨出门，到了东、西二市可能也要接近正午了。人们购买完东西后就要抓紧时间往回赶，不然天色变暗，就要违反宵禁制度了（夜晚不许出行）。

唐朝长安城人口最多时超过百万，人们熙熙攘攘地往来穿梭于坊市之间，吆喝、叫卖、讨价还价、争吵、问候、牛马鸣叫……各种声音混杂在一起，交织出一幅忙碌、热闹的生活景象。

迢迢青槐街

东、西二市周围都筑有围墙，每面墙各开两扇门，四面墙共开了八扇门。市内有交叉纵横呈“井”字形的街道，将市场内部划分成9个长方形的区域。每条街两侧设有排水沟，水沟的外侧还有1米左右宽的人行道，这种设计已非常接近现代的商业步行街。街道两旁栽种有柳树、槐树、榆树等绿植，绿树成荫，非常美观。

陕西西安大唐西市博物馆内的唐代长安城西市沙盘

“买东西”的由来

东、西二市分别位于长安城朱雀大街的东西两侧，二市商品众多，是长安城百姓购买物品的地方。人们时而在东市买，时而在西市买，久而久之，“买东西”就成为商品贸易的俗称了。

东、西二市里店铺沿街而设，并且按照行业的种类有序排列，同一个行业的店铺一般都聚集在一处。据记载，东、西二市各有220余行，具体有秤行、肉行、绢行、药行、金银行、铁行、法烛行等，还有饮食摊点、旗亭酒肆、客舍旅馆等，各种店铺鳞次栉比，多如天上的繁星。各种商品如米面、粮油、肉食、布衣、木材、书籍、点心、蔬菜、水果、茶酒、金银、珠宝、香料、胭脂等，应有尽有。据一位游学长安的日本僧人圆仁记载，唐武宗会昌三年（843年）六月的一天夜里，东市发生火灾，波及了12行共4000余家店铺。按照这样的记载推算，长安东、西二市中的商铺可达数万家。

东、西二市不仅行业齐全，还有大量饮食、娱乐场所，因此成为长安城达官贵人、文人墨客流连忘返的地方。长安城里，太极宫居中，大明宫和兴庆宫偏东，百官为了上朝方便，集中居住在地势高爽的城东地区。此外，各地在长安开设的“进奏院”（在京办事处）也都设在城东。而吏部、礼部、国子监等教育考试机构，与东市相邻。全国各地的学子赴京赶考，更是扎堆在东市附近，东市成为他们经常出入消遣的场所。因此，东市商品交易非常发达，而消费层次偏向于高端。

唐代金背瑞兽葡萄镜

瑞兽葡萄镜是唐代最具特色的新镜种，结合了汉代铜镜流行的瑞兽纹饰和葡萄纹，富有装饰色彩。

西市的繁荣也不遑多让。西市靠近长安城的西大门——开远门，从西域远道而来的胡商来到长安城后，西市是他们最先进入的市场。他们一般选择在这里卸货交易，并居住在西市附近。西市因此汇集了大量的异域珍宝，

胡旋舞石刻

这幅刻于宁夏盐池唐墓墓门上的《胡旋舞》，非常生动地反映了唐代胡旋舞的风姿。唐代盛行胡旋舞，这种由西域传来的民间舞蹈节奏鲜明，奔腾欢快，舞者多旋转蹬踏，故名“胡旋舞”。唐诗中，描写胡姬舞女在鼓乐声中急速起舞，像雪花在空中飘摇，又像蓬草迎风飞舞，连飞奔的车轮都不如她快，连急速的旋风也逊色了。胡姬左旋右旋不知疲倦，她转得那么快，观众几乎看不清楚她的脸。

还开设有许多具有异域风情的酒肆、客舍等。西市的繁华不仅靠胡商，还有很多本地商贩。西市附近多为平民百姓的居所，市场内经营的也多为各类生活日用品。就商业氛围而言，西市更胜于东市，因此西市也被时人称为“金市”。

许多诗人都曾留下诗篇，歌咏东、西二市的繁华。诗仙李白经常醉眠东、西二市的酒肆中，自呼“李白一斗诗百篇，长安市上酒家眠，天子呼来不上船，自称臣是酒中仙”，就连唐玄宗召见，他也不肯轻易离开。

西市：丝绸之路的起点

西市距离唐代丝绸之路的起点——开远门较近，周围坊里居住有不少胡商，西市一跃成为一个国际性的贸易市场。这里有来自中亚、南亚、东南亚等各国各地区的商人，其中尤以中亚与波斯、大食的“胡商”最多。胡商多居住在西市附近的一些坊里，他们在西市卖出香料、珠宝、金银等奢侈物品，再从长安买了绸缎、瓷器、茶叶等运回国。

鼎盛时期的西市约有数万名外国客商常年在此聚居经商，比如著名的“波斯邸”，是隋唐时期波斯商人在西市开设的店铺，用来进行珠宝古董交易。在这里，西来东往的商人们将驼背上充满异域风情的货物卸下，再装上东方文明智慧的结晶——丝绸、茶叶、瓷器等，万里丝绸之路便由此而起，开启了一个时代的辉煌。（陈乐保）

设在市场的行刑之地

唐代东、西二市各有一棵独柳树，是刑场杀人的地方。为什么要选在市场杀人呢?

在古代，市场不仅是商品交易的场所，同时也是信息传播最快的地方。官府杀人讲究立竿见影的效果，目的在于杀一儆百，因此市场就成为最好的选择了。

跳胡腾舞的粟特人

陕西西安唐代大明宫国家遗址公园丹凤门

“诗仙”李白

李白是唐代名气最盛、成就最高的诗人，他与杜甫并称“李杜”。李白才华横溢，犹如谪仙临尘，他的诗代表了浪漫主义风格的最高水平，他也被后人尊称为“诗仙”。

少年仗剑走天下

李白，字太白，号青莲居士，武则天长安元年（701年），出生于碎叶城。五岁时，李白随父亲李客迁居绵州昌隆（今四川江油）。李客是一位腰缠万贯的大商人，李白自小就过着优渥的生活，富足的家庭让他能够博览群书。李白从小饱读经史诗书，为以后的诗歌创作打下了坚实的文化基础。

清代《斗酒诗百篇》木刻版画

少年李白“志气宏放，飘然有超世之心”，表现出洒脱不羁的人生态度。然而，他生活在盛唐时期，唐玄宗治下的“开元盛世”景象引发了许多人的雄心壮志，他也和同时代的文人一样，有着建功立业的政治抱负。李白曾自称要像管仲辅佐齐桓公、诸葛亮兴复汉室那样，做君主的辅弼大臣，安邦治国，这就造成了李白思想中出世与入世的矛盾，但积极入世、关心国家，是他一生思想的主流。这一时期，李白心中风云激荡，认为“大丈夫必有四方之志”，应“仗剑去国，辞亲远游”（《上安州裴长史书》）。十五岁时，李白开始修习剑术，为将来的远行做准备。

［宋］梁楷《太白行吟图》

开元十二年（724年），李白决意辞亲出蜀，临行前，他写了一首《别匡山》：

晓峰如画碧参差，藤影风摇拂槛垂。
野径来多将犬伴，人间归晚带樵随。
看云客倚啼猿树，洗钵僧临失鹤池。
莫怪无心恋清境，已将书剑许明时。

这首诗表达了李白的志向，显露了他的满怀激情。出蜀后，他漫游天下，创作了大量诗歌。青年李白声名鹊起，广为人知。

黄鹤楼送孟浩然之广陵

［唐］李白

故人西辞黄鹤楼，烟花三月下扬州。
孤帆远影碧空尽，唯见长江天际流。

长安待诏赐还山

大约在开元十八年前后，怀揣着“平天下”的理想，李白踏入了京师长安城。当时，担任丞相的大文豪张说素有提携后进的贤名。李白带着自己写的文章前往拜见，但他只见到了张说的儿子，任职卫尉卿的张垍（jì）。李白用“弹剑谢公子，无鱼良可哀”（《玉真公主别馆苦雨赠卫尉张卿二首》），来形容这场不成功的拜见。李白还拜访了其他王公大臣，但均遭冷遇。李白写下“天长路远魂飞苦，梦魂不到关山难”（《长相思》），感叹自己仕进无门、怀才不遇的悲凉心境。在京城滞留了一段时间后，李白决定离开长安，继续漫游天下。

直到天宝元年（742年），四十一岁的李白才终于等到了机会。由于玉真公主和诗人贺知章的举荐，加之唐玄宗本人也十分喜欢李白的诗歌，李白得以奉诏入宫。他当时“仰天大笑出门去”，为获得施展才华的机会而欣喜万分。觐见唐玄宗那天，李白对唐玄宗所问的一些国家治理问题对答如流。唐玄宗大为赞赏，随即令李白任职翰林院学士，陪侍皇帝左右，专事诗歌写作，供皇帝及大臣欣赏助兴。

这样过了一段时间，李白发现唐玄宗既不找他商量国家大事，也没有授给他什么实质性的公务，偶尔召见他，还是为了游山玩水，陪皇帝读

李白手书真迹《上阳台帖》

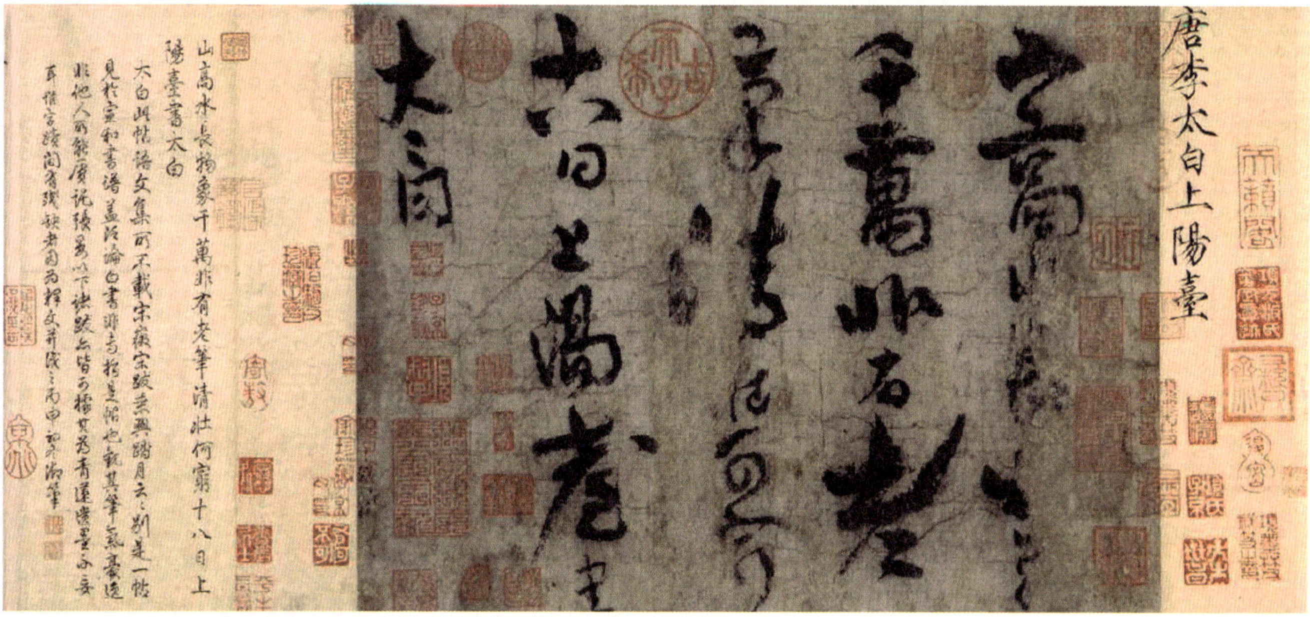

书、作诗。这根本不是李白真正的理想。而且，李白生性潇洒不羁，时间一长，不小心得罪了朝中的权贵，唐玄宗对他桀骜不驯的性格也有所不满。在长安待了不到三年，天宝三载（744年），“帝赐金还山”，李白离开了长安，再次远游。

虽然落魄不得志，但李白济世救民、建立奇功伟业的理想却始终昂扬，“长风破浪会有时，直挂云帆济沧海”，诸如此类充满自信昂扬的诗句频频见诸李白的诗歌中。李白多次以振翅高飞的大鹏自喻，他在《上李邕》一诗中说：“大鹏一日同风起，扶摇直上九万里。”

[清] 冷枚《春夜宴桃李园图》

这幅画的内容取材于李白的诗歌《春夜宴桃李园序》。

流放遇赦获自由

天宝十四载，一场席卷整个唐朝的动乱爆发。安禄山率兵在范阳（今北京西南）发动叛乱，史称“安史之乱”。李唐王朝遭受重大打击，李白也携家人南奔避难。当时两京陷落，唐玄宗逃亡蜀中，永王李璘被任命为江陵郡大都督，经略南方军事。永王经过浔阳（今江西九江）时，得知李白在此地，曾多次征召他。在爱国之心的激励下，李白答应加入永王的幕府，还写下了名篇《永王东巡歌》，抒发了自己建功报国的情怀。

正当李白决心大展宏图、报效国家之时，没料到，永王李璘和唐肃宗之间的矛盾爆发了。唐肃宗李亨在灵武（今宁夏灵武西南）即位，遥尊唐玄宗为太上皇，并命李璘返回蜀中。李璘刚愎自用，并不服从唐肃宗的命令，于是唐肃宗派兵讨伐永王。李璘旋即兵败，身为李璘幕府的李白也受到牵连，被判入狱。多亏了郭子仪等人的营救，李白才得以免除死刑，被判流放夜郎（治今贵州桐梓北）。

乾元二年（759年），朝廷宣布大赦，规定流刑以下的罪名可以得到赦免，此时正在流放途中的李白终于获得了自由。得知这个消息，他随即顺着长江疾驰而下，并挥笔写下《早发白帝城》这一千古名篇：“朝辞白帝彩云间，千里江陵一日还。两岸猿声啼不住，轻舟已过万重山。”诗歌表达了他重获自由的激动心情。

李白晚年在江南一带漂泊，但他报效祖国的热情并未消退。上元二年（761年），已六十岁的李白毅然从军，想要发挥一己之力，但他因病半途折回，不得已只好投奔了当时在安徽当涂任职的族叔李阳冰。第二年，李白病重，病逝于当涂。这位伟大的诗人走完了他传奇的一生。

李白一生热爱祖国的大好河山，他以泼墨大笔和浪漫主义的手法歌颂了祖国的壮美河山。他在《望庐山瀑布》里用“飞流直下三千尺，疑是银河落九天”书写了雄浑壮观的瀑布奇景；在《蜀道难》里用“连峰去天不盈尺”“百步九折萦岩峦”概括了蜀地的险峰；在《将进酒》中用“君不见黄河之水天上来，奔流到海不复回”描绘了大河奔腾而来的磅礴气势。

李白有济苍生、安社稷的政治理想，他关心国事，希望得到重用，但他不愿意迎合权贵，因而屡遭排挤。他的许多诗篇揭露了权贵的荒淫腐朽，表达了强烈的反抗精神。“安能摧眉折腰事权贵，使我不得开心颜”是他一生的自我写照。（李　康）

“诗圣”杜甫

杜甫是与李白齐名的唐代大诗人，他与李白并称“李杜”。杜甫的诗工于格律，广泛而深刻地反映了安史之乱前后唐朝社会生活的巨大变化，他的诗因此被誉为“诗史”，而他本人也被后人尊称为“诗圣”。他的诗歌代表了唐诗“现实主义”风格的最高水平。

初出茅庐少年游

杜甫字子美，他比李白小十一岁，唐睿宗太极元年（712年）出生于河南巩县（今河南巩义西南）。杜甫出身于官宦世家，祖父杜审言是武则天时期的著名诗人。杜甫从小家庭环境较为优越，过着安定富足的生活。

杜甫自幼好学，少年时期接触过形形色色的社会名流，这对他日后的诗歌创作有很大的影响。例如，他五六岁时在河南郾城看过公孙大娘舞剑，也曾在达官贵人的官邸里听过李龟年的美妙歌声，在东都欣赏过画圣吴道子画的五圣尊容、千官行列……这些在他以后的诗歌创作中都有所体现。当时有名望的文人看到他作的诗赋，纷纷夸奖他有班固、扬雄之风，像李邕、王翰这样的前辈都乐于与他结交。

杜甫画像

开元十八年（730年），未满二十岁的杜甫第一次出行漫游。他的第一站是山西，他在这里略作停留后就返回东都洛阳，第二年便直奔吴越，开始了长达四年的漫游。这次漫游令杜甫终生难忘，他尽情地游览吴越之地的风景名胜，在越地缅怀当年卧薪尝胆的越王勾践，还探寻了大禹当年的藏书地——禹穴。

开元二十三年，杜甫结束了四年的吴越之行，回家参加科举考试，结果名落孙山。当时他的父亲在兖州任职，年轻的诗人很快收拾好心情，出发赴兖州省亲。当杜甫看到气势雄浑的泰山后，心中感慨万千，挥毫写下千古名篇《望岳》：“岱宗夫如何？齐鲁青未了。造化钟神秀，阴阳割昏晓。荡胸生曾云，决眦入归

李白与杜甫的忘年交

作为唐代最伟大的两位诗人，李白和杜甫分别代表了浪漫主义和现实主义的两座高峰，但这并不影响他们二人结为好友。李白比杜甫大十一岁，当他们相识后，结伴共游，谈诗论文，结下了深厚的友谊。二人分别后，李白曾写下《鲁郡东石门送杜二甫》《沙丘城下寄杜甫》等诗歌送给杜甫，其中有诗句写道：“思君若汶水，浩荡寄南征。”以此来表达自己对杜甫的思念。而杜甫也在多首诗歌中表达过对李白的赞美、担忧、思念等感情。如《饮中八仙歌》中赞美李白：“李白一斗诗百篇，长安市上酒家眠。天子呼来不上船，自称臣是酒中仙。”后来杜甫又写过《梦李白二首》《天末怀李白》等诗歌。二人之间的忘年交成为我国诗歌史上的一段佳话。

唐代红铜刻花莲瓣碗

鸟。会当凌绝顶，一览众山小。”这首诗将他少年时代志向高远的抱负和豪迈的气概展现得淋漓尽致。

从齐赵之地返回后，天宝三载（744年）四月，杜甫与李白在东京（天宝元年，唐玄宗改称东都为东京）相遇。这是中国文学史上历史性的一刻，中国历史上最伟大的两位诗人在此相遇相识，并一见如故。他们一起求仙访道，漫游河南、山东等地。第二年，杜甫在鲁郡（治今山东兖州）与李白重逢，两人一起饮酒赋诗，结下了深厚的友谊。杜甫早期流传下来的诗歌虽然不多，但大多豪放自负，明朗开阔，这也与当时意气风发的盛唐精神是吻合的。到了这一年冬天，杜甫与李白分别，踏上回家的路途，结束了“放荡齐赵间，裘马颇清狂”（杜甫《壮游》）的漫游生涯。两位大诗人从此以后便天各一方，再也无缘相见。

［清］赫达资《画丽珠萃秀册·唐公孙大娘》

仕途坎坷困长安

天宝五载，杜甫第一次踏入都城长安。第二年，唐玄宗诏令天下，凡有一技之长的人都可以到京城应试。杜甫满怀希望地参加了这次考试。可是当时炙手可热的宰相李林甫却编导了一场“野无遗贤”的闹剧，参加考试的士子全部落选。这场政治骗局让杜甫既悲且愤。对于杜甫来说，这不仅仅是一次考试失利，他的人生轨迹自此也发生了重大改变，开始了坎坷辛酸的下半生。

科举之路既然行不通，为实现自己的政治理想，杜甫不得不转投权贵之门，向达官显贵投赠诗篇，希望得到他们的赏识和引荐，但都没有结果。到了天宝十载，唐玄宗举行祭天大典，杜甫抓住机会献上自己所作的“三礼赋”，即《朝献太清宫赋》《朝享太庙赋》及《有事于南郊赋》，终于引起了唐玄宗的注意。唐玄宗命宰相对他进行考试，可当时的宰相仍然是李林甫，杜甫最终只是被列入候补官员名单，并没有得到什么实际的官职。

仕途不顺，经济上也没有来源，杜甫在长安的生活日渐窘迫。悲苦的生活极大地影响了杜甫的创作风格，他的诗开始转向现实主义。天宝十一载的一个秋日，杜甫与高适、岑参等人同游慈恩寺，写下了《同诸公登慈恩寺塔》。这首诗语言沉郁，感情惨淡，说明杜甫已经隐隐感到国家面临危机。这也标志着杜甫走出浪漫的盛唐诗风，开始形成自己独特的现实主义风格。差不多就在这一时期，杜甫写出了“君不见青海头，古来白骨无人收”(《兵车行》)等著名诗歌。他将目光对准了苦难的底层人民，冷静地观察社会，对他们的悲惨遭遇表达了深切的同情。

天宝十四载，杜甫往奉先（治今陕西蒲城）探望妻儿。一路上，他看到因为连年的灾害，百

[明]周臣《杜甫〈南郊〉诗意图》

姓们连饭都吃不上了，生活十分悲惨。途经骊山，杜甫想到唐玄宗与杨贵妃在山上的华清宫里尽情享乐，百感交集。当他刚刚走到家门口，就听到里面传来了哭泣声，原来自己的小儿子饿死了。他的悲愤无以言表，提笔写下了著名的诗句："朱门酒肉臭，路有冻死骨。"(《自京赴奉先县咏怀五百字》)杜甫将个人的悲惨遭遇与国家、人民的不幸联系起来，深刻反映了当时危机四伏的现实状况，他的诗歌堪称“诗史”之作。这也表明，杜甫朝着现实主义的创作风格迈出了坚定的步伐。

天宝十四载，安史之乱爆发。第二年六月，潼关失守，唐玄宗仓皇西逃。这时的杜甫已将家搬到鄜州（治今陕西富县）羌村避难，他听说唐肃宗在灵武即位，于是孤身北上，想去投奔唐肃宗。途中，杜甫不幸被叛军俘虏，被押解至长安。幸亏他官阶很低，没有引起叛军的重视，未被囚禁。

尽管个人遭遇了不幸，但杜甫无时无刻不在忧国忧民。已经沦陷的长安满目疮痍，他把这一切都写进了诗里："国破山河在，城春草木深。感时花溅泪，恨别鸟惊心。烽火连三月，家书抵万金。白头搔更短，浑欲不胜簪。”这首《春望》情景交融，表达了诗人感时忧国、思念家人的愁苦心情。

西南漂泊孤老贫

唐肃宗至德二载（757年）四月，郭子仪大军来到长安以北，驻扎下来。杜甫混在逃难的人群中，冒险从城西的金光门逃出了长安。他从崎岖的山路中穿过对峙的两军，来到当时朝廷所在地凤翔，投奔唐肃宗。杜甫被唐肃宗授为左拾遗，

登高

［唐］杜甫

风急天高猿啸哀，渚清沙白鸟飞回。
无边落木萧萧下，不尽长江滚滚来。
万里悲秋常作客，百年多病独登台。
艰难苦恨繁霜鬓，潦倒新停浊酒杯。

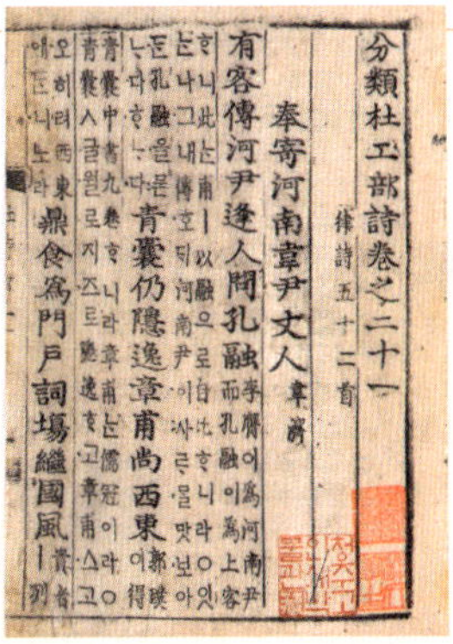

翻译成朝鲜语的杜甫诗歌

这是负责劝谏皇帝的官职，故世人也称杜甫为“杜拾遗”。可没过多久，认真负责的杜甫就因为小事触怒唐肃宗，被贬到华州（治今陕西华县西南）。

乾元元年（758年）冬，杜甫到洛阳探亲访友。第二年三月，唐军与史思明部叛军在安阳河以北展开决战，唐军大败。杜甫从洛阳返回华州的途中，见到战乱给百姓带来的无穷灾难，连未成年的男孩和白发苍苍的老人也要被迫参军，心中感慨万千，奋笔创作了不朽的诗篇——“三吏”（《新安吏》《石壕吏》《潼关吏》）和“三别”（《新婚别》《垂老别》《无家别》）。这六首诗达到了唐代现实主义诗歌的顶峰。

乾元二年，杜甫放弃了在华州的低微官职，由秦州至同谷（治今甘肃成县），一路几经辗转，最后来到成都。在好友严武的帮助下，他在浣花溪边修建了一座草堂，世称“杜甫草堂”。在草堂居住的五六年里，杜甫虽然生活依旧困苦，但多数时候尚能温饱，日子也过得相对安定。

唐代宗永泰元年（765年），严武去世后，杜甫又开始了漂泊的生活。他携家眷沿岷江南下，次年迁居夔州（治今重庆奉节）。此时的唐朝仍然动荡不安，杜甫的故交大半凋零，他本人的健康状况也日益恶化，心情烦闷、孤独、悲凉。在夔州居住的几年时间里，杜甫仍然怀着极大的创作热情，回忆往事，写下了许多诗作，著名的《秋兴八首》就作于此时。

大历三年（768年），杜甫离开夔州，继续东下。他四处投奔亲友，但国家动荡不安，亲友也杳无音信，杜甫孤苦无援，生活过得很不如意，“亲朋无一字，老病有孤舟”（《登岳阳楼》）就描写了这种困境。他在湘江上漂泊无依，有一段时间甚至全家就居住在一叶扁舟之中。大历五年，这一年的冬天格外寒冷，杜甫病逝在行往岳阳的一条小船上，走完了他充满苦难的人生。（李　康）

唐代粉彩骑马击鼓俑

六祖慧能与禅宗

佛教由古印度传入中国，逐渐与中国的儒家、道家文化渗透和融合，至隋唐时期基本完成了中国化历程。唐代是佛教中国化发展的黄金时代，此时的佛教宗派林立，禅宗是其中最重要的宗派，对中华文化产生了重要影响。

禅宗的传入与初兴

“禅”是“禅那”的简称，由梵文音译而来，意思是静坐或沉思，“禅宗”之名即由此而来。这一宗派奉行“不立文字，以心相传”的传法方式。

南北朝时，这一宗派的僧人菩提达摩来到中国传授佛法，声名鹊起，道育和慧可跟着他学禅，禅学逐步在中国传播开来。菩提达摩被认为是中国禅宗的初祖，他把衣钵传给弟子慧可，传到弘忍这里时，已是第五代，弘忍就是禅宗五祖。

弘忍精通佛法，经常在湖北东山寺讲授佛法，弟子众多。其中有两位徒弟慧能和神秀，对禅宗的发展起到了重要作用。

佛性不分南北

慧能亦称“惠能”，俗姓卢，出生于南海新兴（今广东新兴）。他父亲去世早，家里一贫如洗，慧能靠砍柴、卖柴为生。一次偶然的机会，他听人诵读《金刚经》，有所领悟。经人指点，他来到东山寺，要拜弘忍为师。五祖问他：“你从哪里来？”慧能恭敬地回答：“我从岭南来，只是求佛，不求其他。”

五祖弘忍说：“你从岭南偏僻之地来，又是獦獠（gé liáo，南蛮子），求佛干啥？”慧能答道：“人虽有南北之分，佛性却不分南北，獦獠与和尚佛性又有什么差别呢？”

> **“般若”和“波罗蜜”**
>
> 佛教的经典著作《金刚经》，全称为《金刚般若波罗蜜经》。那么，这个“般若”（bō rě）和“波罗蜜”是什么意思？
>
> 根据《坛经》的解释，“般若”就是智慧，“波罗蜜”则是“到彼岸”的梵文音译。

唐代越窑青釉褐彩云纹五足炉

弘忍十分惊讶，没想到这个青年慧根还不错，禀赋很高。慧能富有智慧的回答，深得弘忍的赞许，他便将慧能留在了寺中，做些舂米之类的杂务。此时的神秀已跟随弘忍精研佛法多年，在佛法方面有着很高的造诣，被众僧誉为“秀上师”。在众僧眼中，慧能之于神秀，就好像燕雀之于鸿鹄，根本不能相提并论。

偈语斗法

然而，一件事情的发生彻底颠覆了二人的地位。一天，五祖弘忍召集众僧议事，宣布要选择衣钵传人，而考核的方式是每个僧人各作一个偈

(jì)语。偈语是一种佛教用语，指佛经中的唱词，以富于韵律的语言来阐释佛教教义。谁作的偈语能领悟本门佛法要义，弘忍便将衣钵传给谁。众僧纷纷议论，说道："秀上师精通佛法，我们是比不上的，就不用徒费心力作偈语了。"

神秀也颇为自信，他想既然众僧誉我为"秀上师"，我若不作一偈语，又怎么能让师父了解我对佛法的理解呢？于是他苦苦思索至夜深，并在寺内的廊壁上写下偈语一首："身是菩提树，心如明镜台。时时勤拂拭，莫使有尘埃。"

第二天一早，弘忍看到了神秀写下的偈语，便唤众僧前来，让他们一边焚香礼敬，一边诵读偈语。弘忍说："如果你们都能依此修行，就能维持本心不堕，修道成佛。"但他私下里对神秀说："此偈写得不错，但还未入佛境。你回去再写一偈。"

过了几天，有一个童子在碓（duì）房门口吟诵神秀写的偈语，正在干杂务的慧能听到了，便问童子这是谁作的偈语。童子便把神秀作偈语的事告诉了慧能。慧能认为这一偈语并没有直指佛性，但他自己不会写字，便请人替他在廊壁上写下了自己作的偈语："菩提本无树，明镜亦非台。本来无一物，何处惹尘埃。"

弘忍读后大喜，他认为慧能对佛法的理解更为深刻，慧能就是他要找的衣钵传人。不过，碍于人多嘴杂，弘忍担心有人嫉妒慧能，便假装说："这一偈语，未能领悟本门真意。"并擦去了偈语。弘忍私下找到慧能，问道："米舂熟了吗？"慧能答："米熟久矣，犹欠筛在。"弘忍用手杖敲了三下便离开了，慧能听懂了弘忍的暗示，当天夜里，他找到弘忍，请求弘忍讲解佛法佛经。弘忍将衣钵传给慧能之后，为防有人加害，命他速速离开寺院。

禅宗的南北分宗

上面这个故事来自《六祖坛经》，这是慧能

的弟子们在他圆寂后，根据他的经历和言论整理而成的佛家典籍。这里面记载的慧能和神秀偈语斗法的故事未必可信，然而，两则不同的偈语代表了禅宗后来的两个发展方向，即以慧能为宗的“顿悟”派和以神秀为宗的“渐悟”派。

唐高宗上元二年（675年），弘忍圆寂。弘忍圆寂后，神秀来到湖北玉泉寺传法。慧能则一直在岭南隐居，弘忍圆寂后他才开始在南方弘扬佛法。禅宗于是分化为神秀的北宗和慧能的南宗。神秀的北宗得到了武则天和唐中宗、唐睿宗的扶持，发展迅速。武则天迎神秀入京，唐中宗、唐睿宗也对他礼敬有加，当时人称他为“两京法主，三帝门师”。一时间北宗风头无两，风靡两京。

慧能的亲传弟子神会成为扭转南北二宗境况的关键人物。唐玄宗后期，“安史之乱”骤然爆发，神会用寺庙的香火钱帮助郭子仪的军队清剿叛军，立下功绩。平叛结束后，唐肃宗不但将神会召入京城供养，还为其修建庙宇。南宗的地位从此得到了极大提高，并迅速成为禅宗正统。

禅宗的理论及影响

禅宗南宗提倡“无念”为主的修行方式，这种修行方式后来形成了禅宗南宗的“顿悟”理论。慧能认为，“悟”而成佛，是在瞬息之间完成的，只要“扪心自问”就可以了，按照这样的修行方式，每个人都有成佛的机会。

禅宗南宗简单的修行方式，拉近了人性与佛性的距离，让“成佛”变得有路可循，甚至简单易行。这使当时很多人空虚的精神世界得到了慰藉，内心的痛苦得到了疏导，从而迅速赢得了社会各阶层，特别是下层民众的信奉。到唐末和五代时，禅宗南宗几乎取代了其他佛教宗派，成为当时中国最为重要的佛教宗派。（李　康）

［宋］石恪《二祖调心图》（局部）

此画笔法简练，虚实相生，充分发挥了水墨画的独特意境，描绘了慧可、丰干两位禅宗前辈调心师禅的景象。

莫高窟第217窟唐代壁画《观无量寿经变》（局部）

唐三彩载乐骆驼俑

盛衰变幻

《盛衰变幻》主要讲述了唐朝后期（755—907）和五代十国（907—960）的故事。

唐玄宗后期，驻守边镇的节度使拥兵自重，势力不断膨胀，最终导致了历时近八年的“安史之乱”，唐王朝不可避免地走向衰败。唐德宗以两税法代替租庸调制，同时实行官营垄断工商业，一度提升了国力。两税法实行后，土地买卖合法化，加剧了贫富分化。唐末爆发的黄巢起义，从根本上动摇了唐王朝的根基。随着节度使朱温代唐建梁，历史进入了五代十国时期。

五代是指当时在中国北方先后建立的后梁、后唐、后晋、后汉和后周，短短五十四年间，发生了五个朝代十四位皇帝的更迭。十国是指大约同一时期南方的吴、南唐、吴越、楚、闽、南汉、前蜀、后蜀、南平九个政权，以及北方山西的北汉。五代十国是晚唐藩镇割据的继续和发展。

政局变幻之下，科学文化仍有发展。敦煌莫高窟在晚唐五代迎来了一段静好岁月；韩愈的散文、李煜的词别开生面，开启了后来的两大文学潮流；曲辕犁发展为十一个部件的组合，成为当时世界上最先进的耕犁；雕版印刷术的发明和应用，则开辟了人类文化的全新天地。

安史之乱

一场前后延续近八年的“安史之乱”，撕碎了唐玄宗朝开元、天宝盛世的繁荣景象。正如唐代诗人杜甫在《垂老别》中所写：“万国尽征戍，烽火被冈峦。积尸草木腥，流血川原丹。”经过这样一次生灵涂炭的大叛乱，唐王朝的统治遭受沉重打击，走上了逐渐衰落以至覆亡的道路。

唐玄宗画像

盛世下的重重危机

唐玄宗朝的开元、天宝盛世持续了四十多年，唐朝国力步入鼎盛阶段，呈现出空前的繁荣景象。然而，唐玄宗晚年沉湎于享乐之中，志骄意满，不再喜欢耿直敢言的进谏者，开始重用阿谀奉承之辈。

开元二十四年（736年），正直干练的著名宰相张九龄被免职，以“口蜜腹剑”著称的奸相李林甫开始独揽大权。李林甫虽然凭借出色的行政能力，帮助唐玄宗进行了一系列政治和军事制度的改革，但他善于揣摩皇帝的心思，以极力迎合唐玄宗为能事，唐玄宗对他的依赖程度越来越深。时间一长，李林甫得以专权跋扈，一手遮天。

为了巩固自己的权势，李林甫大施淫威，排除异己，他还想方设法把唐玄宗和大臣们隔绝开来，不让大臣们向皇帝上奏章。有一次，李林甫召集谏官们开会，他恐吓大家说：“当今贤明的皇帝在位，大家顺从皇帝都顾不过来，哪里还用得着多说话呢！你们难道没看见大殿前仪仗队的马匹吗？终日保持沉默的马，就能享受三品等级的饲料，但如果在不合适的时候嘶鸣叫唤，就会立刻被拉出去杀了，后悔也来不及。”从此，朝廷官员们迫于李林甫的淫威，都敢怒不敢言。

李林甫非常善于伪装自己，他与人相处，总是一副和蔼可亲的面孔，一边口中说着动听的“善意”话语，一边在背地里耍阴谋诡计，处处害人。当时人称他“口有蜜，腹有剑”，成语“口蜜腹剑”就是这么来的。唐玄宗重用李林甫长达十九年，对朝政造成了严重的危害。

与此同时，善歌舞、通音律、美貌过人的杨玉环入宫，获封贵妃，深得唐玄宗的宠爱。“一骑红尘妃子笑，无人知是荔枝来。”唐代诗人杜牧的这首《过华清宫绝句》，如实记录了唐玄宗对杨贵

唐代伎乐纹八棱金杯

口蜜腹剑的李林甫

天宝四载（745年），时任右相的李林甫诚恳地对左相李适之说：“华山有一座金矿，如果开采的话，可以充盈国库，皇帝还不知道呢。”李适之性情粗疏率直，听后也没有多想，很快便将金矿一事奏知了唐玄宗。唐玄宗听后很开心，询问李林甫的意见，李林甫回答道：“臣很早就知道这件事了，但华山是国之根本，是王气所在，不能随意开采，所以我没有向您汇报。”唐玄宗听后很感动，认为李适之虑事不周，渐渐疏远了他。

妃的宠溺及他们的奢靡生活。那个即位之初勤于政事的唐玄宗变成了一个“从此君王不早朝”的享乐者。

李林甫死后，杨贵妃的远房堂兄杨国忠继任宰相。杨国忠原名杨钊，本是市井中的混混，他得到杨贵妃姐妹的引荐，才“鸡犬升天”，受到唐玄宗的重用，被皇帝赐名“国忠”。杨国忠执政期间，唐朝曾两次发动对南诏国的战争，都以失败告终。可杨国忠却向唐玄宗隐瞒战况，谎报军情，多次以捷报蒙骗唐玄宗。唐朝军队先后损失了近二十万人，对唐王朝的军事实力和国力都造成了巨大损失，老百姓怨声载道。

开元年间，朝廷在边境地区设立了十个节度使，由将军们担任。由于中央政府的控制不力，节度使的兵力日渐强大，到天宝年间，边境节度使的拥兵数量超过了全国兵力总数的一半，而中央朝廷的兵力仅十余万。中央与地方军事力量失去平衡，形成了“外重内轻”的军事局面。这种种情形，都为“安史之乱”的爆发埋下了隐患。

安禄山悍然发动叛乱

安禄山是混血胡人，他的父亲很早就去世了，少年时，母亲改嫁突厥将领安延偃，他就改姓安，

《明皇幸蜀图》

此画据说为唐代画家李昭道所作（一说为李昭道之父李思训作），画中描绘的是唐玄宗逃难入蜀的情景。画家回避了唐玄宗逃难时的狼狈相，而将其粉饰为一派帝王游春行乐的景象。

取名禄山。他早年在突厥部落中讨生活，颠沛流离，后来投奔到幽州节度使张守珪部下当兵。安禄山骁勇善战，很快被提拔为偏将。他为人狡猾奸诈，擅于溜须拍马，被张守珪收为义子，视为心腹。只要朝廷派人来边镇办事，安禄山必定会送上重重的贿赂，这些人回去后自然会在唐玄宗面前夸赞安禄山。时间长了，唐玄宗就认为安禄山是个人才。天宝元年（742年），唐玄宗任命安禄山为平卢节度使，他一跃成为当时的十大节度使之一。

天宝二年，“外若痴直，内实狡黠”的安禄山进京，第一次觐见唐玄宗。他很擅长察言观色，发现唐玄宗十分宠爱杨贵妃，便厚颜无耻地认比自己小十几岁的杨贵妃为母亲，当她的干儿子，以博得唐玄宗的欢心。安禄山还贿赂朝中重臣，请人多方为他美言，以此来巩固自己的权势。

到天宝十载（751年）时，安禄山已经身兼范阳（治今北京西南）、河东（治今山西太原西南晋源镇）、平卢（治今辽宁朝阳）三镇节度使，成为唐朝边境地区实力最强的将领。安禄山控制的部队，不仅在人数规模上超过了朝廷的军队，而且在实战能力上也很强。他的野心不断膨胀，一方面培养心腹爪牙，豢养同罗、契丹、奚等部族的士兵八千人，称为“曳落河”（突厥语“健儿”之意），作为自己的亲军；另一方面蓄养战马万匹，制造并贮藏武器装备。他还从亲信中挑选了史思明等二十多人，上书朝廷，请求晋升他们为将领，不断巩固自己的军事领导权。

肥胖的安禄山

安禄山长得十分肥胖，据说重达三百斤。有一次，唐玄宗问他：“你的肚子里装了什么东西，怎么这么大呀？”安禄山回答说：“皇帝啊，我肚子里装的都是对您的忠心啊！”安禄山虽然十分肥胖，但他在唐玄宗和杨贵妃面前跳起胡旋舞来，竟然能够旋转自如，“疾如风焉”。

宰相杨国忠与安禄山有着很深的矛盾，他多次向唐玄宗报告安禄山有叛乱之心。可唐玄宗怎么也不相信安禄山会叛乱，没有采取任何防范措施，继续宠信安禄山。天宝十四载十一月，安禄山打着铲除奸相杨国忠、“清君侧”的名义，在范阳起兵，悍然发动了叛乱。仅仅一个多月的时间，安禄山的叛军就攻占了东京（今河南洛阳），矛头直指唐都长安。第二年正月，安禄山在东京称帝，国号大燕，建立起割据政权。

> 由是祸乱继起，兵革不息，民坠涂炭，无所控诉，凡二百余年。
>
> ——《资治通鉴》

潼关失守，明皇出逃

安禄山发动叛乱的消息传到长安，唐玄宗久久不愿意相信，可见他被安禄山蒙蔽、欺骗得有多深。后来，安禄山叛军攻城略地的消息不断传来，他才如梦初醒，急忙召集群臣，商议应对之策。

唐军大将封常清、高仙芝奉命率军平叛，他们在东京募集了六万士兵。但由于太平日子过久了，临时拼凑起来的军队仓促上阵，根本不是安禄山的对手，两位将军很快败退至陕州（治今河南三门峡陕州区西北）。二人商议，决定退守潼关，以阻止叛军进入长安。潼关南靠秦岭，北邻黄河，是西取长安的必经之地。这里地势险要，易守难攻，素称天险，自古以来就是兵家必争之地。守住潼关，才能保住长安。然而，求胜心切的唐玄宗偏信监军宦官的诬告，以“失律丧师”之罪，斩杀了封常清和高仙芝。唐玄宗随后起用在家中养病的大将哥舒翰。哥舒翰奉命进驻潼关后，据关固守，加固城防，成功地将安禄山叛军阻挡在潼关之外达数月之久。

但是，在宰相杨国忠等别有用心之人的劝说下，渴望胜利的唐玄宗连续派遣使者催逼哥舒翰出关迎敌。哥舒翰明白，这样蛮干肯定会战败，但又不能违抗唐玄宗的命令。无奈之下，他痛哭了一场，随后带病率军出关迎敌。结果唐军中了叛军的埋伏，经过艰苦的奋战，最终还是战败了。潼关失守，哥舒翰本人也成了俘虏。

由于唐玄宗和杨国忠的瞎指挥，白白牺牲了十几万唐军的性命。潼关一失守，都城长安失去了防卫的屏障，随时有被敌军攻陷的可能。唐玄宗采纳了宰相杨国忠的建议，决定逃往蜀中，去成都避难。

为了掩盖自己逃跑的事实，天宝十五载六月十二日，唐玄宗上朝时装模作样地宣布，自己准备御驾亲征，不过没有人相信。当天晚上，唐玄宗命龙武大将军陈玄礼悄悄地集合军队，重赏士兵，还挑选了九百匹骏马，为西行出逃忙了一个晚上。十三日一大早，唐玄宗就带着杨贵妃和她的姐姐们、皇子、公主及亲信大臣，悄悄离开了皇宫。

［五代］周文矩《太真上马图》（局部）

图中杨贵妃脚踏小凳，在众人的扶持下，正欲上马，她是全图的中心人物。

马嵬驿兵变

唐玄宗一行人仓皇出行，被派去打前站的宦官王洛卿逃走了，等唐玄宗等人来到咸阳望贤宫，连当地县令也逃走了。已经快中午了，没有人给他们准备吃的，大伙儿都饿得肚子咕咕叫，杨国忠自己到市集上买了一块胡饼给唐玄宗吃。这天晚上，一行人一直走到半夜，到了金城（今陕西兴平）。县令同样早就逃走了，唐玄宗等人只好歇在驿馆里。

第二天，大部队继续向西逃亡。唐玄宗一行人走走停停，到了马嵬驿（今陕西兴平西）。这时，随行的将士们又饿又累，他们想到这一切都是由奸相杨国忠引起的，都很愤怒。正好一起逃难的二十多个吐蕃使者正围着杨国忠的坐骑要吃的，杨国忠还没来得及答话，愤怒的士兵们便大喊起来："杨国忠和胡人一起谋反了！"有人向杨国忠射了一箭，杨国忠赶紧逃跑，结果被追上来的士兵乱刀砍死。士兵们把杨国忠的尸首挂在驿馆门外示众，又杀了他的儿子和杨贵妃的姐姐们。

听到门外的喧哗声，唐玄宗拄着拐杖走出驿馆大门，一边安抚士兵，一边叫他们散去。士兵们迟迟不愿散去，大将军陈玄礼对唐玄宗说："杨国忠谋反，已被士兵们杀死。贵妃不宜再侍奉陛下，请您将她一并正法吧。"

唐玄宗舍不得杨贵妃，犹犹豫豫地说："这件事就让我自己来处理吧。"旁边的官员进谏道："众怒难犯呀！安危就在转眼之间，请陛下赶快做出决定。"唐玄宗忍不住替杨贵妃辩解："贵妃一直住在深宫里，她怎么会知道杨国忠谋反呢？"高力士见形势危急，也劝唐玄宗："贵妃娘娘虽然没有罪责，但是将士们已经杀了杨国忠，如果贵妃仍留在陛下身边，他们怎么能感到安心？陛下您要好好想想，只有将士们安心，您才能平安无事啊！"

这话已经说得很明白了，于是，唐玄宗无奈之下，下令缢死了杨贵妃。这就是历史上著名的“马嵬驿兵变”，又称“马嵬兵变”。

艰难的平叛进程

马嵬驿兵变平息后，唐玄宗想要继续往西南逃难，百姓们纷纷请求他留下来带领大家讨平叛乱。唐玄宗没办法，于是留了两千人马给太子李亨，让他留下来，自己则带着其余的官员和侍从，继续前往蜀中。太子李亨率领留下来的人马北上，去往朔方节度使所在地灵武（治今宁夏灵武西南）。当地官员拥立李亨为皇帝，他就是唐肃宗。唐肃宗遥尊唐玄宗为太上皇。

唐肃宗即位后，任命郭子仪为兵部尚书，李光弼为户部尚书，二人奉诏讨伐叛军。他们率领军队合力进军河北，击败安禄山手下将领史思明，收复了黄河以北的数十郡。

后来，郭子仪和李光弼服从朝廷的平叛大局，引军退回关中。在唐肃宗的统一指挥下，郭子仪和李光弼率军和其他部队一起，连续收复了京城长安、东京洛阳等地，给予叛军不断的打击。

与此同时，安禄山叛军内部也闹起了内讧。至德二载（757年），安禄山被他的儿子安庆绪杀死，后来史思明又杀死了安庆绪。随后，史思明也被其子史朝义所杀。接连的内讧，大大削弱了叛军的战斗力。在唐军的有力打击下，无路可走的史朝义自缢于树林之中，叛军余部纷纷投降。到唐代宗宝应二年（763年），历时近八年的安史之乱终于被平定。

“国破山河在，城春草木深”（《春望》），旷日持久的安史之乱给唐王朝的统治造成了极大破坏。杜甫笔下的长安城，再不见“稻米流脂粟米白，公私仓廪俱丰实”（《忆昔二首》）的繁荣景象。叛乱殃及的黄河中下游地区遭受了空前浩劫，良田荒芜，经济受到严重破坏，白骨露于野，出现了千里萧条、人烟断绝的荒凉凄惨景象。

历时近八年的叛乱也极大地削弱了唐朝的中央集权统治。安史之乱后，各地节度使的权力快速膨胀，有些节度使不听中央号令，在其辖区内独断专行，俨然成为一个独立的王国，节度使割据称雄的局面形成。大唐王朝的国力由盛转衰，江河日下。（李　娴）

坠马髻

坠马髻最早始于东汉，是一种偏垂在一边的发髻，如同人从马上坠落之态，因此得名。天宝年间，坠马髻再次盛行，传说与唐玄宗的宠妃杨玉环有关。据说杨贵妃酷爱骑马，一次骑马郊游时不慎坠马，头上的发髻摔歪，却更显娇媚，坠马髻于是流行开来。

唐代坠马髻舞女俑（右一）

颜真卿与“鲁公三稿”

颜真卿是我国历史上著名的书法家，他所创造的颜体书法方正浑厚，和他忠心报国、刚直不阿的人品高度和谐。在安史之乱中，颜氏一门为国捐躯，颜真卿用行草书写的“鲁公三稿”，是他书法和人品的双重统一，更体现了颜真卿的内心世界。

安史之乱与“鲁公三稿”

安史之乱使唐朝逐渐由盛转衰，一代书法大家颜真卿完整地经历了这场叛乱。颜真卿，京兆万年（今陕西西安）人，曾任平原太守，后来官至吏部尚书，封鲁郡公，又称“颜鲁公”。他的书法以楷书和行草见长，在他流传下来的行草中，最著名的要数“鲁公三稿”了。“鲁公三稿”是三篇文稿的合称，即《祭侄文稿》《告伯父文稿》和《争座位帖》。清代帖学家王澍在《论书剩语》中，第一次提出了“鲁公三稿”的说法，从此历代沿用。“鲁公三稿”中，前两篇都与安史之乱有关，它们是颜真卿祭奠家人时所写的祭文。

天宝十四载（755年），安禄山发动叛乱时，

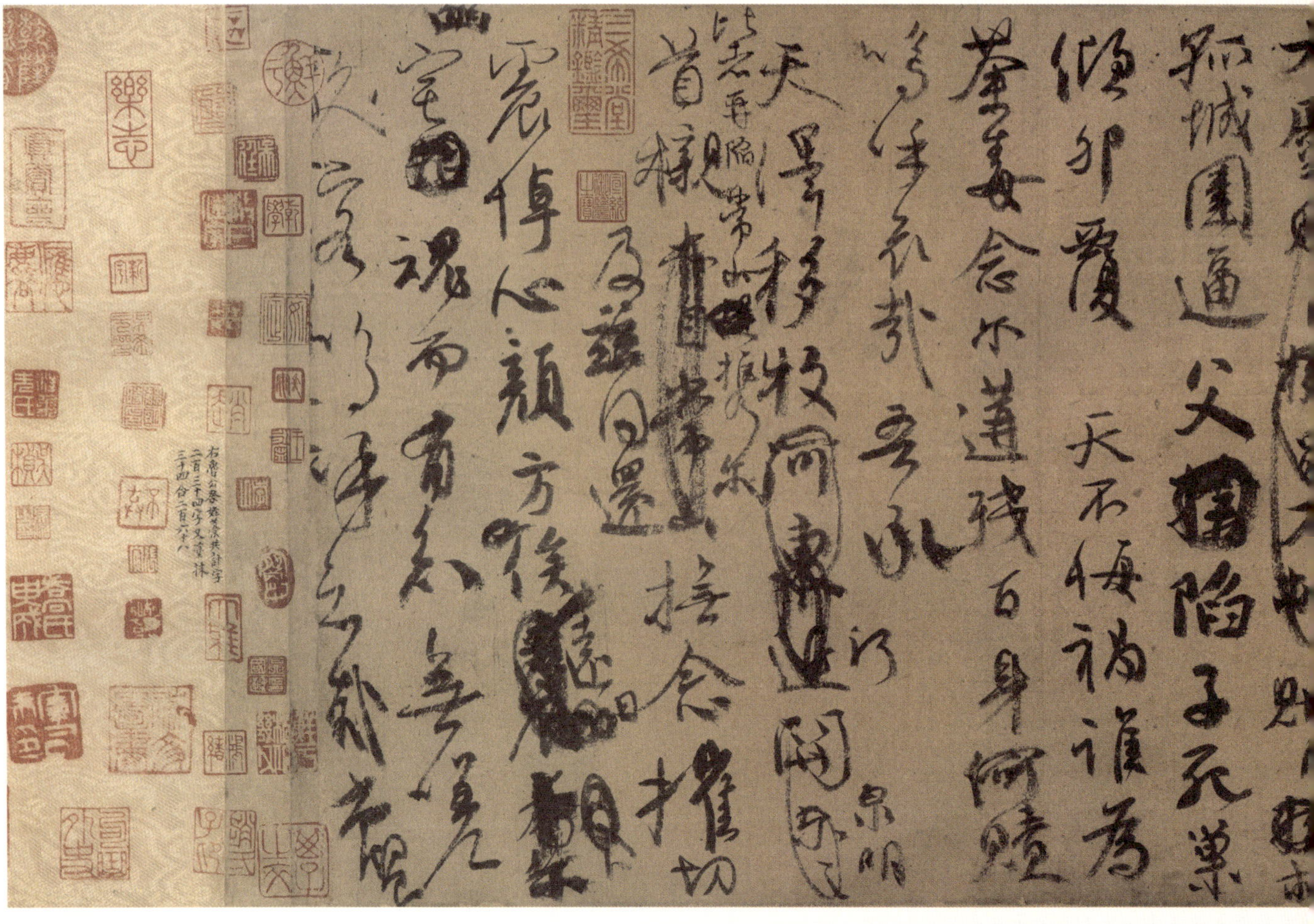

颜真卿正在平原郡（治今山东德州陵城区）担任太守。他联络时任常山郡（治今河北正定）太守的堂兄颜杲卿共同抵抗叛军，附近十七郡百姓纷纷响应，推举他为盟主。次年，安禄山围攻常山，因把持朝政的奸臣不发兵援救，常山郡四面受敌。安禄山抓了颜杲卿的儿子颜季明，以此逼迫颜杲卿投降。但颜杲卿不肯屈服，还大骂安禄山，结果颜季明被斩首。不久城破，颜杲卿被押送到东京，他见到安禄山后，仍怒骂不止，最终被安禄山处死。颜杲卿父子先后遇害。据统计，在安史之乱中，颜氏一门三十余口被害，可谓是精忠报国的典范。

乾元元年（758年），颜真卿命人到河北寻找侄子颜季明的头颅，他挥泪写下了《祭侄文稿》，来祭奠侄子颜季明。同年，在祭奠伯父颜元孙时，颜真卿写下了《告伯父文稿》，向伯父汇报颜氏一门忠烈受到朝廷封赏的情况。

《争座位帖》则与安史之乱无关，是颜真卿于广德二年（764年）写给郭英乂（yì）的一封信。

叔侄情深《祭侄文稿》

《祭侄文稿》全称为《祭侄赠赞善大夫季明

颜真卿行书《祭侄文稿》小全幅

这幅书法是颜真卿为在安史之乱中殉难的侄子颜季明所写的祭文草稿，是颜书行草极品，极具史料价值和艺术价值。

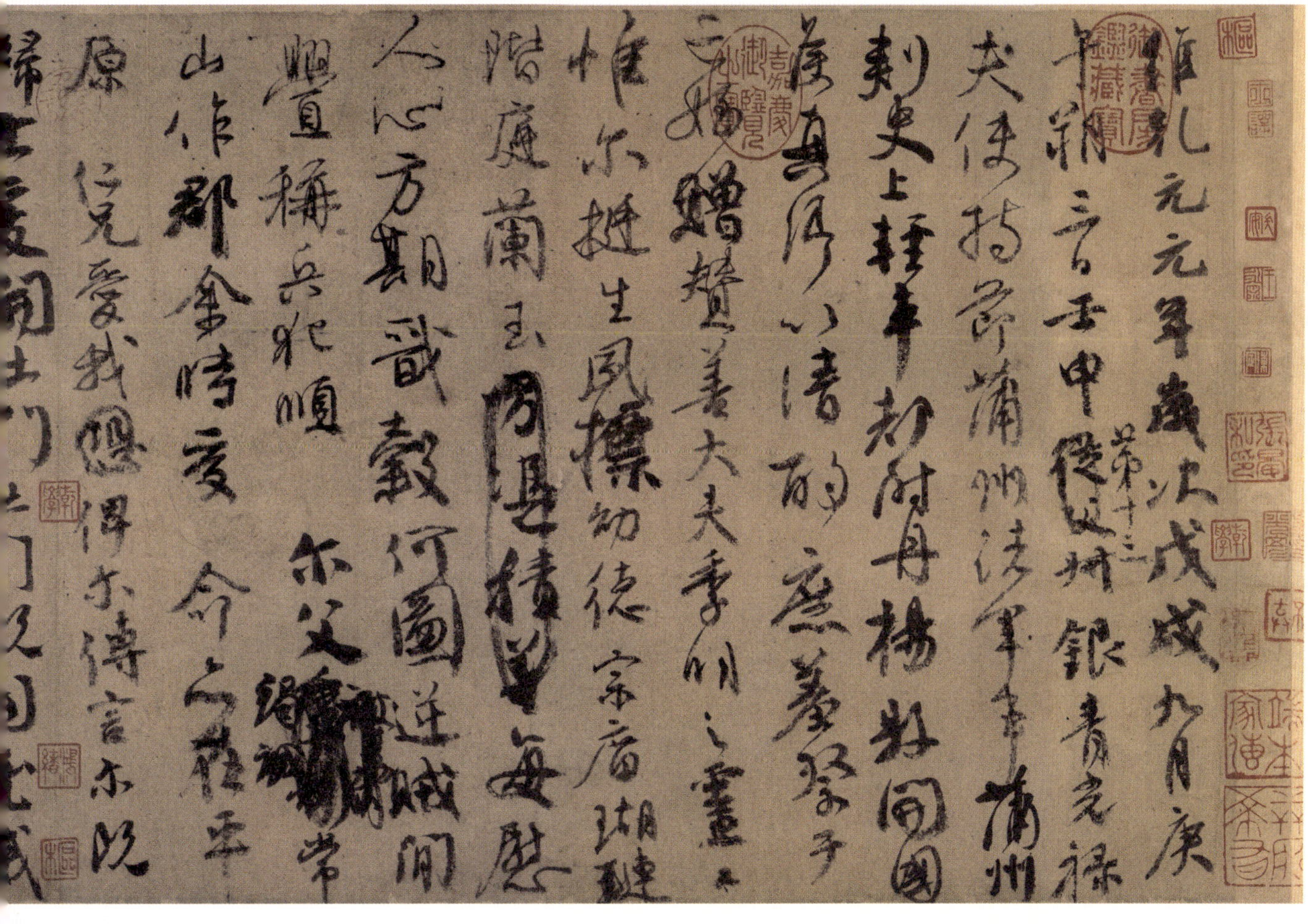

颜真卿画像

文》，记载的正是“父陷子死，巢倾卵覆”的可歌可泣的故事。

颜季明作为颜真卿的侄子，在遇难之前，曾奉父命往返于常山郡和平原郡之间，为颜杲卿和颜真卿传递消息。颜真卿与颜季明叔侄之间感情十分深厚，颜杲卿和颜季明遇难后，直到乾元元年，装殓着颜季明头骨和颜杲卿一块脚骨的棺木才从河北途经蒲州（治今山西永济蒲州镇）归葬长安。当时身在蒲州的颜真卿悲愤交加，老泪纵横，写下了这篇感人至深的《祭侄文稿》。

这篇祭文是颜真卿在极度悲愤的情绪下写的，由于情绪激动难以平静，颜真卿顾不得笔墨的工拙，书写时有涂抹。《祭侄文稿》一气呵成，从开始的稍显平稳，到中间的涂抹增删，再到后来的波澜起伏，真实反映了颜真卿情绪的强烈波动。有人说《祭侄文稿》是颜真卿当时的“心电图”，这是一个十分形象的比喻。在情绪激动之下，铁骨铮铮的颜真卿哪里还记得自己是书法家？又哪里还有书写作品的心态？但他毕竟有几十年积累的深厚功力，祭文中的涂抹不但没有减损整幅作品的书法质量，反而在无意之中，将颜书的艺术水平发挥得淋漓尽致。

这篇涂涂抹抹、点画狼藉的《祭侄文稿》到底好在哪里呢？北宋大书法家黄庭坚说：“文章字法皆能动人。”（《山谷题跋》）这是十分贴切的。

《祭侄文稿》共234字，文中写道：“仁兄爱我，俾尔传言（我哥哥颜杲卿担心我，命你冒险给我送信）……念尔遘（gòu）残，百身何赎（想到你遇难，多少人的命也不能把你换回来啊）……抚念摧切，震悼心颜（听到这个噩耗，我痛不欲生）”……这些饱含亲情的文字，仿佛无声的痛哭，撕心裂肺，在耳边回荡。《祭侄文稿》见证了安史之乱中颜家满门忠烈不惜殒命保家卫国的事迹，它是唐代中国脊梁的一个缩影。

书法的价值绝不仅仅体现在表面的书写上，更重要的是它体现了作品背后书写者的内心及人格品质。从内容上看，《祭侄文稿》是十分厚重的。

“鲁公三稿”中，数《祭侄文稿》影响最大，它也是“鲁公三稿”中唯一一件以墨迹形式流传至今的书法瑰宝。《祭侄文稿》得到了后世人们极高的赞誉，元代书法家鲜于枢称它为“天下第二行书”。

北宋书法四大家

北宋书法四大家一般是指苏轼、黄庭坚、米芾和蔡京四人。但由于蔡京是奸臣，也有说其中的“蔡”是指蔡襄。四人中，只有米芾是纯靠书画艺术成名的，其他三人还是著名的文学家或政治家。

《告伯父文稿》和《争座位帖》

《告伯父文稿》的书写时间稍晚于《祭侄文稿》，是颜真卿途经洛阳时，为祭奠伯父颜元孙而写的祭文。颜元孙是颜杲卿的父亲、颜真卿的伯父、颜季明的祖父。颜真卿在这篇祭文中向伯父讲述了颜杲卿、颜季明等人为国捐躯的事迹，以及朝廷对颜氏兄弟、子侄等人的封赏，以告慰伯父在天之灵。

《告伯父文稿》的书法风格与《祭侄文稿》大致相同。或许是出于对长辈的尊重，也或许是悲痛之情在一个月前的《祭侄文稿》中已充分释放，此稿的风格稍显持重。明代文学家王世贞对这篇文稿评价极高，他认为这篇文稿风格与《祭侄文稿》相近，只是在沉郁顿挫上稍稍逊色，但从风神洒脱方面看，甚至超过了《祭侄文稿》。

“鲁公三稿”中字数最多的是《争座位帖》，它又称《与郭仆射书》，是广德二年（764年）颜真卿写给定襄郡王郭英乂的信稿。郭英乂为献媚宦官鱼朝恩，在两次重要的仪式上，把鱼朝恩的座次排在六部尚书的前面。颜真卿在信中怒斥郭英乂无视礼仪规定、取悦宦官的行为，他慷慨陈词，把郭英乂的行为比作“清昼攫金（大白天打劫）”，坚持文武百官在朝廷宴会中的座次不可改变。颜真卿不畏权贵、正直、忠义的品性令人肃然起敬。北宋书法家米芾极力推崇此稿，认为是“世之颜行第一书也”。

书法与人品

一生以学习颜真卿书法为主的苏轼，曾在《孙莘老求墨妙亭诗》中，用一句“颜公变法出新意”概括颜真卿继王羲之之后成为第二座书法巅峰的原因，意思是说颜真卿创造性地改变了东晋以来“二王”（王羲之、王献之）的书法风格。苏轼主要学的是颜体楷书，而同为“北宋书法四大家”的米芾却说，颜真卿的行书可以作为学习的范本，楷书就俗了。米芾的话虽然有些偏执，但说到了书法的本质。

古人说“书为心画”，相对于颜真卿的楷书，他的行书更能体现书法家的内心世界。不受约束的行书，不但能更好地体现颜真卿的个性，也反映了他忠心报国的铮铮铁骨和高尚人格。

建中三年（782年），淮西节度使李希烈发动叛乱，公然对抗朝廷。不久之后，叛军攻下汝州，颜真卿被朝廷派往汝州劝降李希烈。颜真卿明知此行是送死，却凛然前往。李希烈欣赏颜真卿的人品，对他软硬兼施，恐吓他，用名利诱惑他，但颜真卿不为所动，反而大骂李希烈。兴元元年（784年），七十六岁高龄的颜真卿最终被缢杀在一棵大柏树下。听到他报国身死的消息，三军将士失声痛哭。后来，朝廷赐颜真卿谥号“文忠”。

苏轼说：“古人论书，兼论其人生平。”颜真卿的书法受人推崇，书法水平自不必说，而他高尚纯洁的人格更值得赞美。清代王顼龄在《祭侄文稿》后题写的跋说，颜真卿的忠义与日月同光，书法居唐朝之冠。“鲁公三稿”是颜真卿在有感于家国遭遇的悲愤心境下所写，绝不是仅凭着“笔精墨妙”的书法就能震古烁今的。（杨加深）

清代王顼龄在《祭侄文稿》后题写的跋

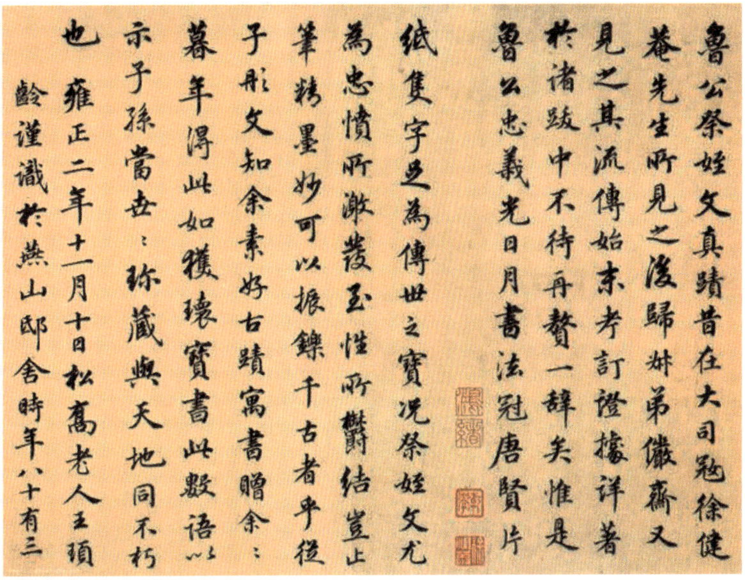

陶器精华唐三彩

唐三彩本来是指唐代陶器上的釉色，后来也用来泛指这种彩釉陶器。虽然名为“三彩”，但并不限于三种色彩，除白色（一般微带黄色）外，还有黄、绿、蓝、赭、紫等多种颜色，色彩瑰丽绚烂。作为盛行于唐代的一种彩釉陶器，唐三彩多用于陪葬，其丰富多彩的形式是唐代社会生活的生动写照。

唐三彩名称的由来

清代末年，因修筑陇海铁路，施工队在洛阳邙山一带挖掘出一批唐代墓葬，其中出土了数量庞大的彩釉陶随葬品。当时在金石学研究方面造诣深厚的学者王国维和罗振玉对这批唐代彩釉陶器进行了细致的文献检索和考证，揭示了这批唐代彩釉陶的巨大艺术价值和历史价值。如此一来，这些彩釉陶顿时身价倍增，从“晦气的随葬品”一跃成为古董商竞相抢购并名震中外的古董艺术品“唐三彩”。

其实，唐三彩在刚被发现时并不叫“唐三彩”。唐代以来的一千多年，历史文献中并没有出现过这一名称，直到民国初年才开始有了“唐三彩”的说法，研究者一般将其称为“唐代彩色釉陶”。在中国，数字“三”经常被用来表示“多”的含义，因此，人们逐渐将这种唐代烧制的多彩釉陶称为“唐三彩”。不过，坊间也有另一种说法，认为这些唐代多彩釉陶的基本釉色主要是黄、绿、褐或黄、绿、白三种颜色，故称之为“唐三彩”。但不管是哪种说法，都表明唐三彩拥有丰富绚丽的色彩，它虽然名为“三彩”，却不仅仅只有三种颜色，而是包括了黄、绿、蓝、白、赭、紫、黑等多种颜色。

唐三彩马

唐三彩马

所谓“三花马”，是指马的鬃毛被精心修剪成三绺垛堞状。马是唐代最重要的交通工具，上流社会受尚武精神的影响，有着爱马、豢养名马的风气，因此精心装饰马也成为一种风尚。突厥马是唐马的主要来源，唐三彩中的马俑大多头小、臀圆、腿长，这也反映了唐代社会生活中马的形象。

唐三彩童子叠置伎俑

唐三彩的诞生及发展

唐三彩的诞生与唐代繁荣的社会、经济、文化密切相关。安史之乱之前的唐朝，国力强盛，经济发达，文化繁荣。富足的生活滋生了人们追求奢华、讲究排场的奢靡风气，唐三彩便是厚葬之风的产物。

中国自汉代开始奉行儒家的治国方略，以等级森严的典章制度来规定官僚的衣食住行乃至丧葬规格。《唐六典》中就规定，三品以上官员墓中可随葬九十件陶俑。不过，在厚葬之风的影响下，严格遵守典制的人并不多，如永泰公主墓中出土的文物就有一千多件。厚葬之风不仅在王公贵族中流行，士庶阶层也趋之若鹜。唐三彩作为当时的主要随葬品，在送葬的队伍中被抬着招摇过市，成为人们炫耀财富和地位的一种方式。这种厚葬的奢侈之风促进了唐三彩制作工艺的提高，以至于在一千多年后的今天，唐三彩成为唐代社会昌盛、文化繁荣的一种象征性符号。

安史之乱之后，唐朝逐渐衰弱，社会、政治、经济江河日下，唐三彩也随之走向衰落。尽管唐代之后的辽、金、元，甚至是明清时期，仍有多彩釉陶出现，但由于种种原因，已经远远不及盛唐时期。

从技术层面来看，唐三彩是在汉代低温铅釉陶器的基础上发展而来的，在施釉和纹饰制作等技巧上具有鲜明的特色。唐三彩烧制时采用了二次烧成法，即先将白色黏土烧制成素胎，

唐三彩载乐骆驼俑

这个骆驼陶俑站在长方形的底座上，骆驼高昂起长长的脖子，仿佛在引颈长嘶。驼背上的驮架是一个平台，上面铺有彩色的毛毯，毯子上共有八名乐手。其中七名男乐手穿着汉服，面朝外盘腿而坐，各自演奏着不同的胡人乐器。他们中间有一个站立的女子陶俑，看她的神情似乎正在歌唱。显然，这是一个流动的演出乐团。

唐三彩载乐骆驼俑

唐三彩天王俑

冷却后再施以配制好的各种釉料进行二次烧制。它开创了多种釉色并用的先河，在釉料中加入各种金属氧化物，经煅烧后呈现出各种色彩。各色釉彩自然协调，花纹流畅，呈现出一种酣畅淋漓的质朴美感。唐三彩在纹饰的处理上也别具特色，宝相纹、忍冬纹等精彩纹饰，在后世的瓷器制作中被传承、发展。除此之外，唐三彩在制作过程中还常常辅以彩绘，对陶俑的各种细节进行完善，可谓精细备至。不过，在经过千年的沉睡之后，唐三彩上彩绘的颜料多已脱落或变质了。尽管如此，唐三彩依旧以其存留的斑驳色彩向我们讲述着千年前的故事。

唐三彩的种类及造型

唐三彩通常被分为人物俑、动物俑、神怪俑和器皿等几个种类，其中以人物俑和动物俑最为出色。人物俑有文臣、武将、贵妇、侍女、艺伎、胡人等，造型既生动写实，又具有高超的艺术性。根据人物不同的社会地位和身份，人物俑的发型、服饰、表情、举止各有不同。通过这些栩栩如生的人物俑的发型和服饰，我们能够了解到唐代的独特审美。这种无可比拟的生动感和真实感，正是唐三彩带给我们的。

唐三彩的动物俑也十分出色，不同的动物形象个性突出，入木三分，以马俑和骆驼俑为代表。三彩马俑造型生动，结构分明，神态矫健，通常被塑造得膘肥体壮、英姿勃发，充分彰显了大唐盛世的富足与自信。而骆驼俑更是别具一格，千姿百态，栩栩如生。在唐代之前，陶俑塑造中鲜有骆驼的造型，而在唐代之后，陶俑中的骆

唐三彩印花砚

唐三彩三足罐

唐三彩狩猎奔鹿纹脉枕

驼造型也悄然消失了。作为丝绸之路鼎盛时期的产物，唐三彩骆驼俑无论是单峰驼还是双峰驼，都呈现出英姿飒爽的姿态，成为唐代多彩釉陶的标志性造型之一。

神怪俑、器皿也是唐三彩中常见的种类。唐代时人们相信，将镇墓兽置于逝者的墓中，可以震慑鬼怪，保护逝者的亡灵安息。镇墓兽有人面镇墓兽、狮首镇墓兽、龙首镇墓兽等多种形式。唐三彩器皿也具有多种形式，包括瓶、罐、杯、盘、壶、枕等。不过，同其他三彩釉陶一样，这些器皿一般都用于陪葬，并不会在日常生活中使用。

唐三彩的艺术魅力与历史意义

唐三彩是中国陶器发展史上的艺术精华，中国古代陶器制作技术至此达到了顶峰。在唐三彩之后，瓷器逐渐取代陶器成为主流。除了技术精湛，唐三彩以其卓越的艺术品质彪炳中国美术史册。其釉色装饰的丰富性、造型设计的生动性，尤其是人物俑的发型、服饰、仪表、举止，以及乐器、宠物等，无不彰显着唐代独特的审美与自信包容的气质，在中国美术史上具有独特的地位。

唐三彩种类多样，生动地展现了一千多年前人们的生活场景和社会风貌。与剑拔弩张、严阵以待的秦始皇陵兵马俑相比，唐三彩向我们展示了一种开放包容、自信乐观、兼容并蓄的盛唐气象，充满活力色彩，也是中国古代艺术的瑰宝。（倪慧丽）

唐三彩人偶

杜佑编纂《通典》

杜佑是唐代中期的政治家、史学家。他出身官宦家庭，能体恤民间疾苦，在地方及中央任上均有出色的政绩。杜佑用三十多年的时间独立完成了二百卷的史学巨著——《通典》，开创了典章制度史书的先河。

家世显赫

杜佑，字君卿，京兆万年（今陕西西安）人。京兆杜氏是唐代著名的士族之一，与另一大姓韦氏合称“韦杜”，当时长安城里有童谣唱道：“城南韦杜，去天尺五。”说明了这两大姓的煊赫。在唐代，杜氏一门共出了十一位宰相，杜佑便是其中的一位。

杜佑的父亲杜希望是唐朝名臣，为人讲信用，一诺千金。开元年间，杜希望任鄯州（治今青海海东市乐都区）都督，曾率兵与吐蕃打了大小几十仗，俘虏了他们的大首领。当时唐朝与吐蕃连年征战，府库钱粮空虚，杜希望在鄯州经营几年，钱粮、布匹富足有余，政绩斐然。

杜佑是杜希望的第六子，他的孩童时代正值开元盛世，上自皇帝，下至臣子，无不励精图治。此时的唐朝社会安定，经济富庶，文化昌盛。杜佑在一片祥和的环境中逐渐成长，度过了一段快乐美好的时光。

唐德宗画像

杜佑从小就爱读书。不过，与时人多以诗赋闻名于世不同，年少的杜佑并不擅长文学。正是因为他对自身的才学、禀赋有着客观的认识，杜佑很早就走上了探究制度渊源和治国之道的人生道路。

> **杜佑与杜牧**
>
> 杜氏子孙众多，人才辈出。杜佑的儿孙中也不乏宰相、节度使，但后世名气最大的当属杜牧。杜牧是杜佑的孙子，与李商隐并称“小李杜”，他的《山行》是千百年来脍炙人口的佳作。

宦海沉浮

杜佑不到二十岁就以父荫入仕，补济南郡参军一职，从此开始了他六十多年的宦海生涯。

做了七八年的剡（shàn）县县丞后，杜佑投奔润州（治今江苏镇江）刺史韦元甫。韦元甫早年受过杜佑父亲杜希望的恩惠，刚开始只是将杜佑视为故人之子，并不怎么重视他。有一次，韦元甫遇到一桩奇案，下属们都束手无策，恰好杜佑在旁边，他便问杜佑的看法。没想到杜佑说得头头是道，很得要领。杜佑由此受到韦元甫的赏识，后来韦元甫上奏朝廷，推荐他做了司法参军。

安史之乱以后，江淮租税成为唐朝中央财政的主要来源。杜佑长期在江淮一带基层工作，对朝廷重税给百姓、商户带来的不良影响知之深切，

准敕恶诗

杜佑的文学天赋并不出众，《全唐诗》中竟然找不到一首他的诗作。据说，杜佑出任淮南节度使时，曾向唐德宗推荐了一位名叫崔叔清的诗人。但唐德宗在读了他的诗作后却说："此恶诗，焉用进？"时人称之为"准敕恶诗"。虽然如此，但杜佑酷爱读书也是出了名的，他晚年已经位列宰相，仍手不释卷。他白天处理公务，晚上则在灯下读书，孜孜不倦。宾客僚属与他谈论时，都佩服他的辩才和学识。

他的许多财政理论都是在这一时期初步积累、形成的。

唐德宗李适（kuò）即位后，励精图治，杜佑也被征召回朝，显示出自己在经济治理方面的才干。后来，杜佑升任户部侍郎、判度支，成为掌管全国财政事务的主要官员。当时正值河北用兵，前线军需紧急。由于朝廷钱粮不足，唐德宗下令向富商借钱，于是官吏便明目张胆地向商贾大肆索要财物，闹得长安城内鸡犬不宁，像是被强盗洗劫了一样。杜佑看到这种情况，认为百姓生活也很艰难，加重赋税不合适，他主张裁减官吏，节省开支，还特地写了一篇《省官议》上呈唐德宗。

可当时宰相卢杞当权，杜佑的建议不但没有被采纳，反而因此得罪了卢杞，被排挤外放到地方做官。于是杜佑又开启了漫长的地方官历程。在地方任职期间，他的政绩可圈可点。杜佑初到淮南时，恰逢旱灾，饥荒严重。他一面下令富户出售粮食，救济灾民；一面革除苛捐杂税，稳定社会。扬州久经兵乱，官舍多被毁坏，很多士兵住在破庙里。杜佑兴建营房和仓库，解决了军队用房和财赋储备的问题。他还开凿了新渠，用于灌溉，大力发展农业。在杜佑的治理下，淮南兵精粮足，为四方藩镇所畏服。

编纂巨著

多年的官宦生涯，使杜佑积累了丰富的经验。他以富国安民为己任，开始撰写《通典》。大约从唐代宗大历元年（766年）开始，至唐德宗贞元十七年（801年），杜佑花了三十多年的时间写成《通典》。书成之后上呈唐德宗，皇帝下诏大加赞美，学者们都很佩服这部书语言简洁，内容丰富。

《通典》全书共二百卷，约一百九十万字，专门论叙历代典章制度的沿革变迁。内容上起传说时代的黄帝、虞舜，下迄唐玄宗天宝末年（肃宗、代宗朝的制度变革，有时也附载于注中），其中唐代部分尤为详尽。全书分为食货、选举、职官、礼、乐、兵、刑、州郡、边防九门，每门之下再分子目。杜佑详细

唐三彩胡人乐手俑

叙述了历代典章制度的源流，有时不但列入前人的议论，还用说、议、评的方式，提出自己的见解和主张。

《通典》的体裁实际是由正史之“志”演化发展而来的。史料来源方面，唐以前的内容主要是将正史的“志”捏合起来，魏晋以后的各家文集、奏疏等材料也被充分利用，唐代部分则直接取材于本朝的《实录》《国史》及政府档案，内容更为丰富。书中凡引用材料都注明出处，便于后世学者查阅原书。

《通典》的内容顺序与以前正史“志”的排列不同，以“食货”（类似于“经济”）为首，食货中又以田制为先。杜佑将史书地理志的内容改编为州郡典，把原本属于地理志的人口内容放在食货典，还单开了“历代盛衰户口”子目。杜佑明显是受到了《管子》“仓廪实则知礼节，衣食足则知荣辱”的影响，这些安排体现了他“经邦济世”的原则，充分反映了他的朴素唯物主义观点。礼典、乐典虽然降到食货、选举、职官之后，但分量却占全书一半，这说明杜佑同样重视“礼乐”的社会教化功能。从《汉书》开始，正史中大多有“五行志”，《通典》却没有跟着迷信，不收录这部分内容，这也反映了杜佑的卓越见解。

《通典》一书纲领宏大，包罗丰富，详而不繁，简而有要，是研究唐代及唐以前制度的渊海。《通典》问世后，一直被历代学者视为不朽的名著。它开创了典志式政书的先河。此后宋、元之际的史学家郑樵、马端临分别以杜佑《通典》为楷模，撰写了《通志》《文献通考》，它们与《通典》一起合称“三通”。

杜佑一度官至宰相，兼任度支使、盐铁使，总领全国财务。他知人善任，把财政事务处理得井井有条。然而，此时的杜佑已七十高龄，没有足够的精力应对烦冗的事务。他多次请求致仕（即退休），直到元和七年（812年），身患重病，唐宪宗才让他以光禄大夫、太保之职致仕。同年十一月，这位著名的政治家、历史学家病逝于家中。他留下的《通典》这部辉煌巨著，记载着历代国家典制，保存了丰厚的制度遗产，对后世影响深远。（陈乐保）

政书

政书是中国古代记述有关典章制度的史书，可分为通史式政书，如“三通”等；断代式政书，如《唐会要》《明会典》等。二十四史中的“书”或“志”也属于断代式政书。会典和会要都是断代式政书，但会要多为私修，会典多为官修。

除“三通”外，清代乾隆年间，朝廷主持官修了《续通典》《续通志》《续文献通考》，以及《清通典》《清通志》《清文献通考》六书，与“三通”合称“九通”。1935年，商务印书馆影印出版“九通”时，又增加了刘锦藻撰写的《清续文献通考》，这十部书总称为“十通”。

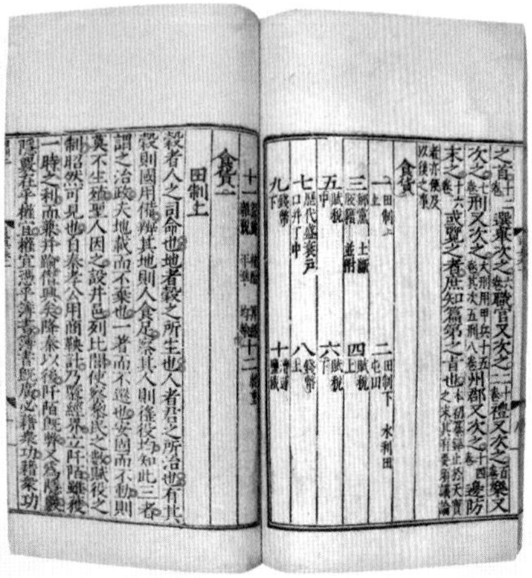

明刻本《通典》书影

在杜佑修《通典》之前，刘知几之子、唐代史学家刘秩采经史百家之言，取《周礼》六官之法，撰成《政典》三十五卷，为时人所称赞。杜佑看后认为该书条目未尽，因而参考《开元礼》等书，撰成二百卷《通典》。

“茶圣”陆羽

唐代时，饮茶风气日益盛行。唐代陆羽一生嗜茶，精于茶道，著有《茶经》三卷。他为我国茶文化的发展做出了突出贡献，被世人尊称为“茶圣”。

陆羽画像

坎坷身世

陆羽，字鸿渐，复州竟陵（今湖北天门）人。陆羽本是一个被遗弃的孤儿，当地龙盖寺（今西塔寺）的智积禅师把他抱回寺院收养。他长大以后，用《易》占卜，为自己取名。占卜得到“渐”卦，卦辞为：“鸿渐于陆，其羽可用为仪。”于是他以“陆”为姓，取名“羽”，以“鸿渐”为字。

陆羽从小在寺院长大，智积禅师一心想把他培养成佛门弟子，然而当他拿出佛经让陆羽诵读时，陆羽却认为皈依佛门是不孝，应当学习、践行儒家的思想文化。为此，智积禅师惩罚他，让他做一些扫地、清洁厕所、清除墙上污泥、放牛等体力劳动。可繁重的劳动丝毫没有改变陆羽对儒家文化的向往，为了学习，他甚至用竹子在牛背上写字。有一天，陆羽从一名读书人那里得到了汉代文学家张衡的《南都赋》，他不认识里面的字，就在放牧的地方像小学生那样端正地坐好，将书卷展开，嘴巴张动，假装自己在读书。

陆羽在寺院里生活，逐渐学会了识字、煮茶，慢慢喜欢上了茶道。但他始终不愿意剃度出家为僧，十二岁那年，他乘人不备，逃出龙盖寺，到一个戏班子里学演戏，做了一名优伶。陆羽虽然其貌不扬，但幽默机智，丑角扮演得很成功，后来他还编写了三卷本的笑话书——《谑谈》。

天宝五载（746年），在一次聚会中，竟陵太守李齐物偶然看到了陆羽出众的表演，十分欣赏他的才能，当即赠以诗书，并修书推荐他到隐居于火门山的邹夫子那里学习。这是陆羽人生中的一次重大转折，他得以开始系统地学习儒家的文化知识。

陆羽不慕荣华

唐代宗曾下诏拜陆羽为太子文学，又徙太常寺太祝，但陆羽都辞官不就。陆羽一生不慕荣华，酷爱自然，《全唐诗》收录了他著名的《六羡歌》：“不羡黄金罍（léi），不羡白玉杯；不羡朝入省，不羡暮入台；千羡万羡西江水，曾向竟陵城下来。”诗歌体现了他高洁的品质。

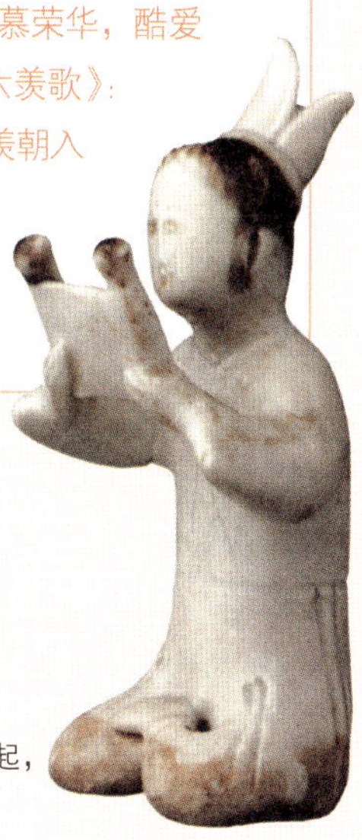

陆羽瓷像

瓷像手里捧的书卷象征《茶经》。自唐代后期起，把陆羽当茶神来供祭的风俗已经出现。

[元] 赵原《陆羽烹茶园》(局部)

> **饮茶的流行**
>
> 唐代前期，北方尚不习惯饮茶。开元年间，泰山灵岩寺有降魔大师弘扬禅学，许多弟子参禅到半夜，精力不济，大师便煮茶为他们提神。此后，饮茶的风气逐渐在北方流行开来。

品茶鉴水

天宝十一载（752年），礼部郎中崔国辅被贬为竟陵司马，来到竟陵，结识了陆羽。两人常一起出游，品茶鉴水，谈诗论文。过了几年，陆羽为考察茶事，沿着峡谷川坝一路出游。他逢山采茶，遇泉品水，品尝了不知道多少种茶，有时都来不及记录。这次出游，陆羽收获颇丰。唐肃宗乾元元年（758年），陆羽来到昇州（今江苏南京），寄居在栖霞寺，潜心钻研茶事。后来，他又到苕溪（今浙江湖州）隐居。

陆羽初到江南时，结识了诗僧皎然。两人相识之后，结为好友，友谊长达四十余年，直至相继去世。他们之间的情谊经由《唐才子传》的铺排渲染，为后人所深深钦佩。皎然长年隐居在湖州杼山妙喜寺，他与当时的名僧、权贵等有着广泛的联系，这极大地拓宽了陆羽的交友范围和视野。

陆羽在湖州一带生活了很长时间，收集整理茶事资料，闭门著述《茶经》。在这期间，他亲自种茶，对茶树的生长环境和土壤情况、茶树的品种特点等有了全面的认识。在编写《茶经》的过程中，陆羽倾注了大量心血，从初稿到定稿，花费了将近二十年的时间。《茶经》的问世，标志着中国茶文化的成熟。

《茶经》与中国茶文化

《茶经》是中国乃至世界上现存最早的茶学专著，里面记载了茶叶的栽培、采摘、制作、鉴别、煮饮的流程和工具等内容。

《茶经》约七千字，分为上、中、下三卷。上卷介绍了茶树的来源、茶树生长的环境、茶树的栽培、茶饮的药理作用、采茶制茶的器具及制作方式、茶叶的选择、茶叶的品质鉴定。中卷介绍了二十四种煮茶饮茶的器具，这些煮饮的茶具不仅做工考究，还代表着不同的身份和地位，这也从侧面反映了唐代饮茶之风的盛行。下卷讲述了煮茶的程序、流行于社会各阶层的饮茶之道，以及有关茶的历史人物。此外，书中还评价了当时中国各大茶区茶叶品质的优劣。

《茶经》全书内容丰富，见解精到，是当时茶知识的集大成之作。书中也不乏陆羽的创新，如陆羽曾对传统的制茶方式做过改进，在制作上采用春天的嫩芽叶，而不是老叶；茶叶采摘后用蒸青法杀青，然后搓成泥末，再拍打成饼，放入温火中焙干；等等。

在陆羽看来，茶不只是用来“饮”，更多是用来“品”的，品茶代表一种修身、修性的方式。陆羽和皎然等一批文士非常重视饮茶带来的精神享受，讲究饮茶的用具、饮茶的用水和煮茶的艺术。他们提倡在品茶的过程中，慢慢感受茶中蕴含的茶道精神，以及背后蕴含的君子品德操守，进而以茶品人。一些士大夫和文人雅士在饮茶过程中，还创作了许多茶诗。仅《全唐诗》中，流传至今的就有百余位诗人的四百余首茶诗，促进了中国茶文化的形成和发展。

《茶经》的问世，折射出茶文化在唐代已渐成规模，进而被社会各个阶层认可，品茗饮茶也成为世人效仿的时尚。大众对茶的消费欲刺激了茶叶的进一步培育和推广，茶的种类也发展出区域性的品种。

《茶经》影响和倡导了中国人的饮茶习惯，极大地推动了中国茶文化的发展。后世茶书的内容又扩展至茶树繁殖、茶园管理、制茶技术、茶药研制等方面，民间还出现了以诗文辞赋为载体进行的咏茶、品茶、斗茶等茶事活动。中国的茶文化深刻地影响了传统社会的方方面面。（陈乐保）

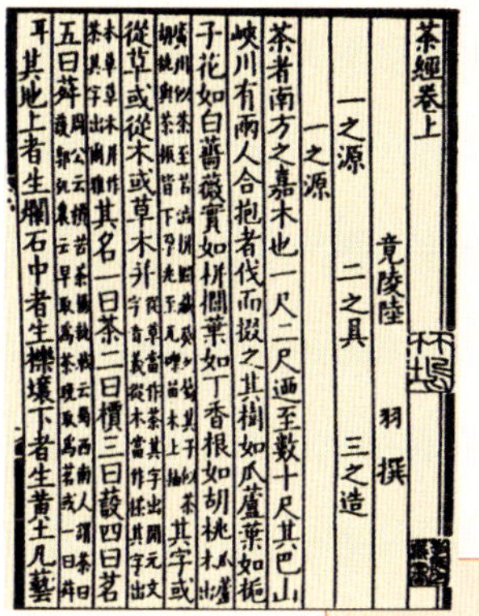
茶經卷上

竟陵陸羽撰

一之源　二之具　三之造

一之源

茶者南方之嘉木也一尺二尺迺至數十尺其巴山峽川有兩人合抱者伐而掇之其樹如瓜蘆葉如梔子花如白薔薇實如栟櫚葉如丁香根如胡桃（瓜蘆木出廣州似茶至苦澀栟櫚蒲葵之屬其子似茶胡桃與茶根皆下孕兆至瓦礫苗木上抽）其字或從草或從木或草木并（從草當作茶其字出開元文字音義從木當作梌其字出本草草木并作荼其字出爾雅）其名一曰茶二曰檟三曰蔎四曰茗五曰荈（周公云檟苦荼楊執戟云蜀西南人謂茶曰蔎郭弘農云早取為茶晚取為茗或一曰荈耳）其地上者生爛石中者生櫟壤下者生黃土凡藝

《茶经》书影

唐代的茶饼

茶饼，顾名思义，就是把茶做成饼状。唐代制作茶饼有采、蒸、捣、拍、焙、穿、封七道工序。具体的做法是：在春季的晴天，早晨趁太阳还没有出来，露水未干的时候，采下茶叶，放进甑釜中蒸，然后把蒸过的茶叶用杵臼捣碎，再把它压制成团饼，最后将饼穿起来焙干，封存。唐代制茶饼使用的模具叫作“规承”。“规”为铁制，圆形或方形；“承”也称“台”，一般用石头做成。

“二王八司马”事件

唐顺宗在位时，大臣王叔文、王伾在唐顺宗的支持下进行了一些针对弊政的变革，但变革遭到专权宦官与藩镇势力的阻挠、破坏而最终失败。王叔文被赐死，王伾在贬所病死，参与变革的柳宗元、刘禹锡等八名官员也被贬到偏远地区担任司马，这就是著名的“二王八司马”事件。

唐朝统治内忧严重

“安史之乱”之后，唐朝的统治江河日下。朝廷内宦官专权，地方上藩镇割据，中央集权统治受到了严重威胁。

宦官的权力本来自皇权，随着统治危机的加剧，为了牵制地方节度使和部分武将，唐肃宗和唐代宗都继续沿用唐玄宗重用宦官的政策，授予亲信宦官重要的官职，出现了像李辅国、鱼朝恩等大宦官弄权跋扈的局面。唐德宗在位时，更是命自己的亲信宦官统领皇帝的亲军——神策军。从此以后宦官的势力更加膨胀，宦官专权的局面也更加严重。

> **王叔文进谏**
>
> 唐顺宗李诵还是太子的时候，曾跟侍读们讨论政治得失，说到宫市的问题，一时愤慨不已，决定请求唐德宗清除宫市之弊。身边侍奉的官员们都表示赞成，只有王叔文不说话。等到会议结束，太子问王叔文：“刚刚在谈宫市的问题，你怎么一直不发表意见呢？”王叔文回答道：“皇太子的义务是问候皇帝的饮食、身体，不应擅自干预宫外政事。如果有小人离间，向皇上诬陷说太子收买人心，那您要怎样为自己辩解？”太子立刻感激地说：“如果没有先生，我怎么能听到这话！”自此之后，李诵更加倚重王叔文。

唐代鎏金蔓草花鸟纹八棱银杯

地方上，在平定“安史之乱”的过程中，唐代宗处置失当，安史叛军中的部分降将摇身一变，成为地方藩镇的节度使。他们表面上臣服于朝廷，实际上拥兵自重，节度使的职位常常是父死子继，朝廷追加任命只不过是走个形式，地方藩镇实际上变成了各地的“小朝廷”。唐德宗时，朝廷虽然采取了相对稳妥慎重的藩镇政策，对各个藩镇起到了一定的安抚作用，但也促使节度使野心不断滋长，出现了“四镇之乱”，地方藩镇节度使的权力仍在继续膨胀。

柳宗元画像

顺宗君臣致力变革

唐德宗即位后，他的长子李诵被正式册立为皇太子。贞元二十一年（805年）正月，唐德宗崩逝，皇太子李诵即皇帝位，是为唐顺宗。

李诵还是太子的时候，他的亲近侍从就经常给他讲一些民间疾苦。唐顺宗是个想要有所作为的皇帝，他即位后，立即着手进行变革。他下令大赦天下，免除农民的部分欠税，停止地方额外进贡，放还宫女。唐顺宗还召回了先前被贬的宰相陆贽、谏议大夫阳城，并以王叔文为翰林学士，王伾（pī）为左散骑常侍，力图除弊改革，解决宦官专权和地方藩镇割据的问题，以重振朝廷的权威。

沉舟侧畔千帆过，病树前头万木春。
——［唐］刘禹锡

唐顺宗登上皇位的时候，就已经身患风疾（心脑血管一类容易导致瘫痪的疾病），躺在床上不能说话了。在他的支持下，王叔文和王伾担负起变革的重任。主持变革的官员中，王叔文和王伾负责决断政事，韦执谊负责拟发文诰，柳宗元、刘禹锡、韩晔、韩泰等人负责谋议唱和，采集获取宫外的消息等。

变革派首先废止了臭名昭著的“宫市”。宫市原本是指皇帝派人到宫外采买物资，一般由特定的官吏——宫市使负责。但到唐德宗后期，宦官势力恶性膨胀，他们将宫市的采购权也收入囊中。外出采买时，他们经常以极低的价格强行获取较高价值的物品，有时甚至不付钱，巧取豪夺的现象时有发生。百姓对此恨之入骨，每每见到宦官出宫采购，都赶紧停止买卖，躲回家中。

同时，唐顺宗下诏取消了恶贯满盈的“五坊小儿”。五坊小儿是指皇宫内雕坊、鹘（hú）坊、鹰坊、鹞坊、狗坊这五坊的官员，他们主要负责豢养这些猛禽及猎犬，以备皇帝打猎所用。五坊官员经常以捕捉贡奉鸟雀为名，将网张在百姓家门前，百姓出门便要交钱，若不给钱，就诬赖百姓惊扰了要上贡的鸟雀，将其痛殴一顿；或将网覆于井上，百姓打水也要交钱；甚至将蛇强行卖给百姓，要求百姓为其喂养，不得有任何损伤。五坊官员恶行累累，百姓不堪其扰，对他们深恶痛绝，“五坊小儿”实则是老百姓对这些官员的蔑称。

废除宫市和五坊小儿，大快人心，变革派的举措取得初步成效。针对宦官掌握军权的情况，王叔文计划以老将范希朝为左神策、京西诸镇行营节度使，以韩泰为行军司马，以夺取宦官手中的神策军兵权。然而，这一计划不慎被宦官集团发觉，大宦官俱文珍气急败坏地说：“如果王叔文的计划成功，那我们这些人就都要死在他们手里！”他立刻秘密通知京西神策军的诸位宦官将领，命他们不要将兵权交给别人。于是，等范希朝、韩泰到京西上任时，将领们都避而不见。韩泰将此事汇报给王叔文，王叔文知道自己的计划已经泄露，但却一筹莫展，夺取宦官兵权的变革因此没有成功。

针对藩镇割据的局面，王叔文等人也制定了相应的抑制政策。首先，他罢免了浙西观察使李锜的转运盐铁使之职，夺了李锜的财政权，自己出任掌握财权的度支、盐铁副使，

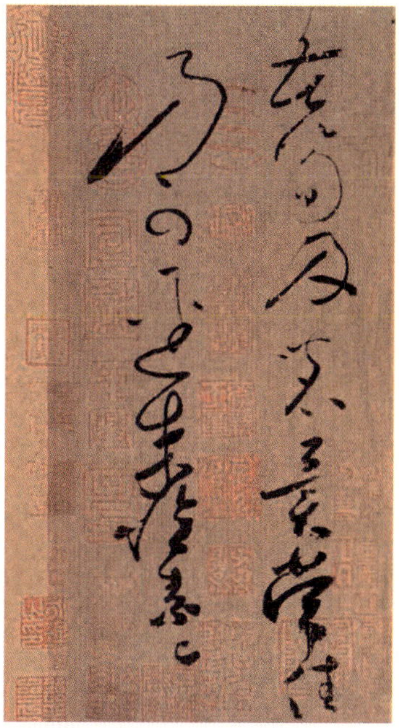

［唐］怀素《苦笋帖》
和颜真卿同时代的怀素，以“狂草”闻名，他的《苦笋帖》是传世书迹中的代表作。

《卖炭翁》

唐代诗人白居易的《卖炭翁》一诗，讽刺的就是宫市中低价强买的现象，诗歌标题下有作者自注："苦宫市也。"

陕西扶风法门寺出土的银盒

希望将财政大权收归中央。其次，改变以往朝廷对藩镇妥协姑息的政策，对节度使的权力进行限制。他拒绝了剑南西川（治今四川成都）节度使韦皋兼管剑南三川（剑南西川、东川及山南西道合称三川）、扩大自己势力范围的要求。这一方面的变革最有力度，对割据的藩镇产生了很强的震慑力。

短命的新政

变革派的这些举措损害了专权的宦官和藩镇势力的利益，遭到他们的激烈反对。而变革派官员政治经验不足，有些人行为也不够谨慎，给了反对派可乘之机。唐顺宗因为疾病，口不能言，卧病在床，也给了他们反击的便利。贞元二十一年三月，权宦俱文珍迫使唐顺宗立长子李纯为太子。五月，王叔文被免除翰林学士一职，降为户部侍郎，失去了决策权。七月，太子李纯监国，唐顺宗被架空。同月，王叔文因为母亲去世，辞官回老家服丧，变革陷入危局之中。

八月，俱文珍又联合剑南西川节度使韦皋、荆南（治今湖北荆州）节度使裴均、河东（治今山西太原西南晋源镇）节度使严绶等人，以唐顺宗久病不能处理国事为由，逼迫唐顺宗交权。他们伪造诏书，假传唐顺宗旨意，禅位于太子李纯，并改年号为"永贞"。于是，太子李纯正式即位，是为唐宪宗。只当了半年皇帝的唐顺宗被迫以太上皇身份退居兴庆宫，他很快于次年正月病逝，死后葬于丰陵。

唐宪宗即位后，当初参与变革的官员相继遭到贬黜。王叔文被贬为渝州（治今重庆）司户参军，后又被赐死。王伾被贬为开州（治今重庆开州区）司马，后病死于贬所。柳宗元被贬为永州（治今湖南永州）司马，刘禹锡被贬为朗州（治今湖南常德）司马，韦执谊被贬为崖州（治今海南海口琼山区东南）司马，韩泰被贬为虔州（治今江西赣州）司马，韩晔被贬为饶州（今属江西）司马，陈谏被贬为台州（治今浙江临海）司马，凌准被贬为连州（治今广东连州）司马，程异被贬为郴州（治今湖南郴州）司马。他们就是后世熟知的"二王八司马"，这次事件也被称为"二王八司马"事件。

唐三彩镇墓兽

因这场变革发生在永贞年间（唐顺宗禅位时改年号为"永贞"），并且有革新的进步意义，因此也被称为"永贞革新"。这场变革仅持续了一百多天，最后以失败告终，宦官专权与藩镇跋扈的局面依旧在持续，唐朝中央政府依旧无力掌控地方。

（刘玉峰 贾 洁）

元和中兴

"元和"是唐宪宗李纯的年号，共使用了十五年（806—820）。唐宪宗是唐朝后期较有作为的皇帝，在位期间，治国有方，君臣齐心，使得国家政治一度回到正轨，唐代宗以来的藩镇跋扈局面暂告结束，史称"元和中兴"。

唐宪宗画像

第三天子

唐宪宗李纯是唐顺宗李诵的长子，自幼聪慧过人。李纯六七岁时，有一天祖父唐德宗将他抱在膝上，问："你是谁家的孩子，怎么在我怀里？"李纯回答道："我是第三天子。"意思是祖父唐德宗是天子，父亲李诵是未来的天子，自己将是第三个天子。唐德宗感到既诧异又惊喜，因此更加喜爱这个孙子。唐德宗贞元四年（788年），李纯被封为广陵王。

贞元二十一年正月，唐德宗去世，李纯的父亲李诵即位，即唐顺宗。同年三月，李纯被立为皇太子。唐顺宗即位时就已经患有风瘫之疾，该年八月，李纯在宦官和大臣的推动下，接受唐顺宗的"禅位"，登基为帝，他就是唐宪宗。第二年正月，唐宪宗大赦天下，改年号为"元和"。

满怀抱负的唐宪宗，以唐太宗与唐玄宗为榜样，任用杜黄裳、李吉甫、裴度等人为宰相，修订律令，整顿科举，加强财政管理，下诏令地方停止进献祥瑞，力图开创新的局面，重振唐朝的辉煌。

平定藩镇

自安史之乱后，藩镇割据问题日趋严重，渐成大患。许多节度使雄霸一方，称王称霸，各个藩镇之间、中央与地方藩镇之间经常发生战争，连年不休。唐宪宗即位后，花大力气对这些叛乱的藩镇进行平定，取得了显著成效。

留后

节度使出征或入朝，常以亲信或子弟代替处理本藩军政，称为"节度留后"或"观察留后"，事后再由朝廷补行任命为节度使或观察使。节度使职位，或父子相继，或部将承袭，或士卒自择。安史之乱后，地方藩镇势力逐渐膨胀，河朔三镇和淄青节度使、淮西节度使等在临终前多上书中央，请以子弟为留后。对于藩镇自行任命的留后，朝廷有时予以承认，有时不予承认，不承认时往往会发生战争。

鸳鸯莲瓣纹金碗

金碗本有两件，由纯金打造，两个碗是一对，造型、纹饰均相同，区别在于内壁分别写着"九两半""九两三"。唐代规定，一品以下，食器不能用纯金。所以，两个金碗不仅罕见，而且规格很高。金碗上立体感很强的花瓣是锤打出来的，这种技术从西域经丝绸之路传入长安，但在制造过程中融入了中原人民的审美情趣。

元和元年（806年），西川节度使刘辟叛乱。宰相杜黄裳力主讨伐，并上奏请求罢免以前的宦官监军，以充分发挥将领的主动性。唐宪宗采纳了他的建议，派左神策行营节度使高崇文、神策京西行营兵马使李元奕等，率军征讨刘辟。刘辟屡战屡败，最后战败被俘，被押送到长安斩首，西川得以平定。

元和二年，又发生了“李锜之乱”。李锜是李唐宗室成员，他凭借父亲的权势入朝为官。李锜暗中大肆敛财并贿赂朝臣，又选练武士为心腹，盘踞在江东地区，后升任镇海军节度使。刘辟之乱被平定之时，李锜稍有惧意。然而他很快就露出真面目，举兵造反。在唐宪宗的支持下，宰相李吉甫等人策划平乱，李锜被俘，被押送到京城处以腰斩，江东地区也平定下来。

同年，宰相李吉甫建议让节度使隶属于所在地方州、郡的刺史，以抑制藩镇权势。自唐德宗以来，朝廷对藩镇多采取姑息的政策，很多节度使都是终身任职，尾大不掉。宰相李吉甫在一年多的时间里调换了三十多个藩镇的节度使，使他们不能长期有效地控制某个藩镇。

唐三彩双龙尊

河朔三镇

唐朝中后期地方藩镇中势力最大、为患一方的成德、魏博、卢龙三镇，时称“河朔三镇”，也称“河北三镇”。自安史之乱以后，朝廷被迫将此三镇授予安史叛军中的降将。三镇各拥重兵，雄踞今河北、河南、山东一带，名为唐朝藩镇，实为独立王国。

裴度画像

裴度是唐宪宗、唐穆宗、唐敬宗、唐文宗四朝重臣，官至中书令，曾数次为相。裴度晚年屡遭排挤，为避祸自保，他隐居在东都洛阳的集贤里，常与白居易、刘禹锡等人吟诗作赋，酬唱饮宴。

雪夜取蔡州

在平定藩镇的过程中，最值得大书特书的，就是历史上有名的“雪夜取蔡州”。

元和九年，淮西节度使吴少阳去世，他的儿子吴元济秘不发丧，假借父亲之名上表朝廷称病，请以元济为留后，主管军务。朝廷没有答应他的请求，吴元济恼羞成怒，命人焚烧、掠夺河南数县，在关东地区引起恐慌，意图迫使朝廷答应他的要求。元和十年，越发嚣张的吴元济又与成德（治今河北正定）节度使王承宗、淄青平卢（李师道时移治山东东平西北）节度使李师道等互相勾结，狼狈为奸，气焰嚣张。

淮西藩镇生乱，宰相李吉甫请求对他们严加处分，可惜没来得及出行他就去世了。大臣武元衡、裴度等人都力主消灭淮西藩镇，但遭到了王承宗、李师道等人的报复。元和十年六月，李师道派刺客潜入京城刺杀时任宰相的武元衡。武元衡遇害，裴度也遇刺受伤，险遭杀害。

宰相遇害，朝野人心惶惶，有人主张罢免裴度，以此来安抚王承宗与李师道。唐宪宗听后大怒，说道：“如果罢免裴度，让他们的奸计得逞，还怎么振兴朝纲？我任用裴度一个人，就足以击败这两个乱臣贼子！”唐宪宗对藩镇的态度强硬，平贼之心愈加坚定。他任命裴度为中书侍郎、同中书门下平章事，到前线督战，裴度于是以宰辅身份率军平叛。

元和十一年，唐宪宗任命李愬（sù）为唐（治今河南泌阳）、随（治今湖北随州）、邓（治今河南邓州）三州节度使，组织军队讨伐吴元济。李愬是唐朝名将李晟的儿子，足智多谋，又善于骑射。李愬到唐州后，与士兵同甘共苦，又亲自慰问伤兵，唐军士气很快振作起来。同时，他优待和重用俘虏，一些熟悉叛军内情的淮西将领，如丁士良、吴秀琳、李祐等人纷纷投降。李愬见攻打蔡州的条件已经成熟，于是制订了一个完整的作战方案，呈给裴度，裴度看后非常赞赏。

元和十二年十月的一天，下起了大雪，李愬带领军队连夜冒雪前行，第二天清晨来到蔡州城外。他们出其不意，杀死城墙上的守军，悄无声息地进入蔡州城，活捉了吴元济。吴元济被擒，唐军成功平定了淮西藩镇。

短暂的中兴局面

淮西平定后，成德节度使王承宗闻风丧胆，立刻向朝廷献地，并上表请罪。元和十三年，唐宪宗派遣军队讨伐淄青平卢节度使李师道。次年二月，裴度率军接连击溃李师道军队，李师道因此惊悸成疾，后来被部下刘悟杀死。李氏三世割据山东十二州五十余年的历史落幕，山东十二州归顺朝廷。

同年，卢龙节度使刘总也表示归顺朝廷。成德节度使王承宗忧郁而死，其弟王承元上表归顺朝廷，并拒绝出任成德留后。朝廷于是将魏博的田弘正调任为成德节度使，调李愬任魏博节度使。至此，河朔三镇悉数收归中央。

经过一系列平定藩镇的行动，尽管节度使手握重兵的局面仍未彻底改变，但朝廷几乎掌握了对所有藩镇的领导权，唐王朝暂时恢复了表面统一，中兴局面逐步形成。

可惜好景不长。唐宪宗开始志得意满，奸臣皇甫镈（bó）又善于聚敛财富，多次以赋税盈余的名义向朝廷进贡财物，因此唐宪宗十分赏识皇甫镈，却与当初平定藩镇的大臣们逐渐疏远，危机再度酝酿。

唐宪宗晚年追求长生不老，喜服金丹，变得暴躁易怒，时常有宦官因“惹怒”皇帝而被杀，朝廷人人自危。元和十五年，唐宪宗被宦官陈弘志等人杀害。唐宪宗一死，河朔三镇相继叛乱，中兴局面昙花一现，唐朝再次陷入藩镇割据的泥潭。（贾　洁）

章怀太子墓壁画中的唐代太监

李吉甫与《元和郡县图志》

“元和中兴”的出现很大程度上要归功于唐宪宗任用的一批大臣，他们忠诚有为，力主削藩，反对宦官干政，李吉甫就是其中的代表。

一代良臣李吉甫

李吉甫，字弘宪，赵郡（治今河北赵县）人。他出身于官宦世家，父亲李栖筠在唐代宗朝曾任御史大夫。他的儿子李德裕则在唐武宗时拜相，是“牛李党争”中李党的领袖。李家祖孙三代在中晚唐时期颇有影响，李吉甫、李德裕父子更是在“元和中兴”和唐武宗“会昌之政”中扮演了重要角色。

李吉甫在唐德宗时曾任太常博士、屯田员外郎等职，颇受当时的宰相李泌、窦参器重。陆贽成为宰相后，怀疑李吉甫结党营私，于是把他贬到地方任职。不久，陆贽被贬到忠州（治今重庆忠县），此时的李吉甫正担任忠州刺史。李吉甫抛弃旧怨，主动与陆贽交好，胸襟宽广的他得到了人们的敬重。

唐宪宗即位后，李吉甫再次进入中央朝廷。元和二年（807年），李吉甫晋升任中书侍郎、同中书门下平章事。唐代中期以后，凡担任宰相之职者，必加“同平章事”等官衔，因此，李吉甫当时实际上担任的就是宰相一职。

> **李德裕其人**
>
> 李德裕（787—850），字文饶，是李吉甫的次子，在唐武宗时期担任宰相。李德裕在平定藩镇叛乱、抑制宦官专权等方面功绩显赫，被李商隐誉为“万古良相”。近代梁启超将他与管仲、商鞅、诸葛亮、王安石、张居正并列为中国历史上的六大政治家。

自唐德宗以来，很多节度使拥兵自重，终身任职，逐渐形成尾大不掉之势。面对这一弊病，李吉甫改变了朝廷一直以来对藩镇的姑息政策，在担任宰相的一年多时间内，共调换了三十多个藩镇的长官，使得节度使难以长期牢固地掌控某个藩镇，加强了中央对地方的控制。

元和三年，李吉甫出任淮南节度使。在淮南（治今江苏扬州）的三年里，他经常上书议政，评论朝政得失。他还率领民众修筑水利工程，灌溉了万顷农田。

元和六年，李吉甫被唐宪宗召回，再度拜相。他建议裁汰冗杂官吏，削减官员俸禄，以节省国家财政支出。唐宪宗采纳了他的建议，最终裁减内外冗官八百余人、冗吏一千四百余人。他劝唐宪宗出兵征讨飞扬跋扈的河北藩镇，并为此绘制了详尽的地图，在地图上一一标示河北险要之处，得到了唐宪宗的首肯。

内容广博的地理学巨著

李吉甫文采出众，学识渊博。清代著名学者孙星衍认为：“唐宰相之善读书者，吉甫为第一人矣。”他一生著述很多，但绝大部分已经失传，只有《元和郡县图志》流传下来。李吉甫认为地理之学关乎国家的兴衰存亡，可以帮助君王扼守战略要地、了解风土人情、利用山川形胜，这也是《元和郡县图志》一书编纂的宗旨。

《元和郡县图志》成书于元和八年（书成后又有增补），所以就用当时的年号命名。全书四十卷，目录两卷，总共四十二卷。李吉甫以贞观年间的十道为纲，配以当时实际存在的四十七方镇（节度使、观察使辖区），按道分镇记载每个方镇详细的府、州、县户口及地理沿革、山川、贡赋等内容。在叙述每个方镇的情况之前，都附有该方镇的地图。当时，陇右道虽然已经被吐蕃攻陷，但李吉甫仍将它收录在书中，除了保持疆域的完整性外，还表达了他坚持收复陇右的决心。

《元和郡县图志》的内容，可上溯到三代，下迄唐代元和当朝。这种追溯沿革的体例，保存了许多珍贵史料。尤其是南北朝时期的政区历史，多亏了《元和郡县图志》才得以保存下来。书中关于唐代的建置历史，记录尤其详细，因此也成为研究唐代地理沿革的重要史料。此外，李吉甫在书中还独创了“府境”“八到”等内容。“府（州）境”记录各府（州）东西、南北边界，以表示府（州）辖区大小。“八到”记录各府（州）至长安、洛阳等要地的交通路线及距离。所记内容丰富，言辞简练，如同一份唐代交通地图说明书。

《元和郡县图志》在流传的过程中不断散佚。插图部分宋代就亡佚了。志的部分，流传至今的只有三十四卷，其中第十八卷也不完整。因为图已亡佚，书中仅存志的内容，所以也有人称该书为《元和郡县志》。

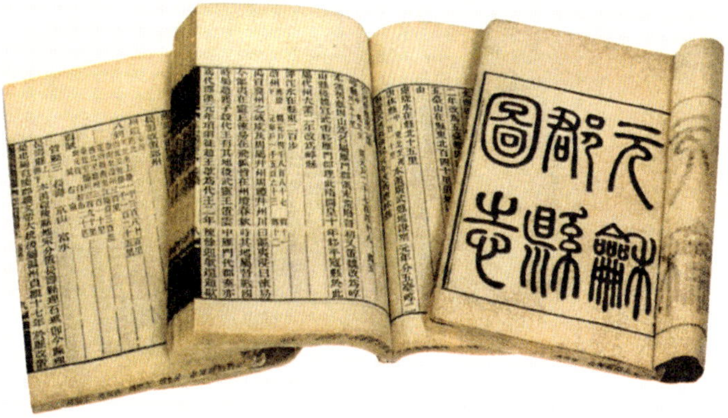

《元和郡县图志》书影

关怀现实，泽被后世

《元和郡县图志》具有鲜明的特色，李吉甫的编写出于强烈的现实关怀，该书内容翔实，体例完备，对后世产生了深远的影响。

安史之乱后藩镇割据的格局，严重威胁到唐朝的统治。李吉甫作为朝廷重臣，反对割据，维护统一。他曾经直接参与对藩镇用兵的决策，也曾谋划削弱河北三镇。李吉甫认为，绘制山川地图，是朝廷的当务之急。每镇一图一志，全书实际上是四十七个方镇的“图志”。记录山川关隘，就是为了通过山川形胜，标记战略要地；记录贡赋物产，也无非是为了财政军需。因而《元和郡县图志》实际上是一部具有浓厚军事色彩的地理总志。

李吉甫所撰的《元和郡县图志》不仅是唐代地理名著，而且是我国现存最早的较完整的地理总志，被誉为我国古代地理总志的典范。它继承了汉魏以来疆域地理志和图记、图经两方面的体制，并加以发展完善，既突出了疆域政区的主体，又将政治、经济、地理等内容融为一体，而且按图读志，让人一目了然。后世的《太平寰宇记》《元丰九域志》，元、明、清的《一统志》等，大体沿袭其体例。（王建峰 张 琰）

韩愈和古文运动

韩愈是唐代中期"古文运动"的主要倡导者，他提倡用西汉以前的文体写作，天下文人纷纷追随，宋代文学家苏轼赞誉他"文起八代之衰"。

历练与成长

韩愈，字退之，河阳（今河南孟州南）人。唐代宗大历三年（768年），韩愈出生在一个官宦家庭，他的祖父、父亲和叔父都做过官。韩愈自称郡望昌黎（治今辽宁义县），因此世人又称他为"韩昌黎"。

韩愈两三岁时，一场突如其来的家庭变故将他推向了逆境的漩涡，他先是失去了母亲，紧接着父亲又去世了。好在此时他的兄长韩会已经成年，且成就不凡，他由兄长抚养长大。然而，好景不长，韩会因被认定是宰相元载的亲信而卷入朝廷的政治斗争，被贬为韶州（治今广东韶关西南）刺史。韩愈只得跟随兄长长途跋涉，来到韶州。不久，韩会就在韶州的任所病逝。兄长的去世令一家人顿时失去了依靠，年仅十三岁的韩愈再度遭受失去亲人的悲痛，他跟随嫂嫂郑氏一起扶兄长的灵柩北归故里河阳。后来，嫂嫂郑氏带着韩愈、韩老成叔侄俩避居宣城别业。

唐代月宫婵娟镜

> **郡望**
>
> 魏晋至隋唐时期，每郡显贵的世族称为"郡望"，意思是某一地域范围内的名门望族，或是该望族的发源地。一个郡可以有多个望族，同一姓氏，不同地区的家族，则使用各自的郡望，如李氏有陇西李氏、赵郡李氏。

少年时期的经历，让韩愈饱尝了失去亲人、流离奔波的痛苦。与此同时，他也体会到统治阶级内部斗争的复杂性和残酷性。随着年龄的增长，他开始肩负起振兴家业的重担。

仕途多舛

成年后的韩愈对成功怀有无比的渴望。唐德宗贞元二年（786年），不满二十岁的韩愈赶到长安城，并于次年参加了礼部举行的进士科考试。但生活似乎有意考验这位未来的文坛领袖，尽管韩愈文采出众，但由于无人引荐，他连续三次科考都没考中。怀着执着的信念，韩愈第四次迈入考场。皇天不负有心人，贞元八年，韩愈终于考中了！

科举考中仅仅是迈出了官场求仕万里长征的第一步。在唐代，科举考试及第后，还需要经过吏部铨选，合格后才能授官任职。韩愈先后三次参加吏部的铨选，全部以失败告终。贞元十二年，为了生存，三次上书宰相却得不到任何答复的韩愈，转身做了“幕府吏”。他在幕府中寄人篱下，收入极少，生活动荡，还有一大家子需要养活，艰难的生活让韩愈对社会现状有了更深刻的了解。

贞元十八年春，韩愈终于通过了吏部的铨选，得以就任国子监四门博士——一个普通的学官。

担任四门博士时，韩愈在生活上处于较为悠闲的状态，他利用休息时间游历名山大川，赋情于文。韩愈本就聪慧，而且笔耕不辍，在当时文坛的影响力越来越大，《全唐诗》中说他“刻苦为学，尽通六百家”。

贞元十九年，韩愈升任监察御史。这期间，他亲身经历了百年不遇的大旱，目睹了民不聊生、饿殍遍野的悲惨现状。官员们隐瞒灾情，只知道横征暴敛。韩愈多次为民请愿，却惨遭排挤。后来，韩愈又因为上奏“宫市”的弊端而触怒皇帝，被贬为阳山（治今广东阳山）县令。韩愈刚有起色的仕途又急转直下，但坎坷的官场经历没能击垮他，反倒成为他思想不断成长的源泉。

天生逆骨，心怀苍生

中晚唐统治者对藩镇割据、宦官把持朝政的局面深感无力，这种心理促使他们转向宗教寻求安慰。这一时期佛教兴盛，寺院经济膨胀，社会矛盾尖锐。

韩愈早年就很排斥佛、道两教，写过不少这方面的诗文。元和十四年

［唐］李昭道《龙舟竞渡图》

《礼记·杂记》中有这样一句话："居其位，无其言，君子耻之；有其言，无其行，君子耻之。"韩愈正是敢说敢做、有担当的杰出代表。长庆元年（821年），镇州（治今河北正定）兵马使王廷凑兴兵作乱，杀了朝廷派遣的节度使田弘正，藩镇之乱又起。朝廷派十五万大军前去讨伐却无法取胜，于是唐穆宗命当时担任兵部侍郎的韩愈为宣慰使，前往镇州招抚。韩愈临危受命，只身进入乱军大营。他不惧威压，对王廷凑及兵士晓以大义，最终解了深州（治今河北深州西南旧州）之围，成功复命。

（819年），唐宪宗派人到凤翔把法门寺佛塔里藏的佛指骨舍利迎入宫中供奉，然后送到各个佛寺轮流供奉。于是，从王公贵族到平民百姓，都争先恐后地前去顶礼膜拜，施舍钱财。有的人为此倾家荡产，有的人什么活也不干了，闹得满城鸡犬不宁。时任刑部侍郎的韩愈，在爱国忧民之心的促使下，不惜触犯龙颜，呈上《论佛骨表》，劝谏唐宪宗不要做这种迷信的事。唐宪宗看了他的奏章大发雷霆，下令要把韩愈处死。多亏宰相裴度和崔群求情，韩愈才免除一死，被贬到潮州去当刺史。潮州离长安有几千里路，在当时是非常边远、荒凉的地区。他的侄孙韩湘赶来送行，韩愈作了一首《左迁至蓝关示侄孙湘》，其中有一句诗"欲为圣明除弊事，肯将衰朽惜残年"，表达了他矢志不渝的斗争精神和刚正不屈的风骨。

"道济天下之溺"

正所谓"时代不幸诗人幸，诗人不幸诗家幸"，安史之乱后的唐朝，藩镇兵戎不断，宦官干政，外夷进犯，内忧外患之下，国家动荡不安。韩愈空有报国之心却无力改变现状，悲愤的他从严峻的社会现实出发，奋笔创作了"五原"，即《原道》《原性》《原毁》《原人》《原鬼》五篇文

幕府吏

"幕府"原本是指古代将军的府署，唐代将地方节度使的府署称作幕府。"幕府吏"是指在幕府中担任置备顾问、咨议谋划、参与决策、掌握机要、典属文书等角色的官员。幕府吏从属于幕府，但与正规官制的官吏有明显的区别。

龙虎榜

唐德宗贞元八年的科举考试共录取了二十三人，他们都是当时文章知名、人品杰出、才华横溢的名士，很多人日后都成为朝廷的栋梁，后人有“文笔破天荒，名震贞元龙虎榜”的赞誉。此后，人们常用“龙虎榜”来指称一时知名之士同登科榜。

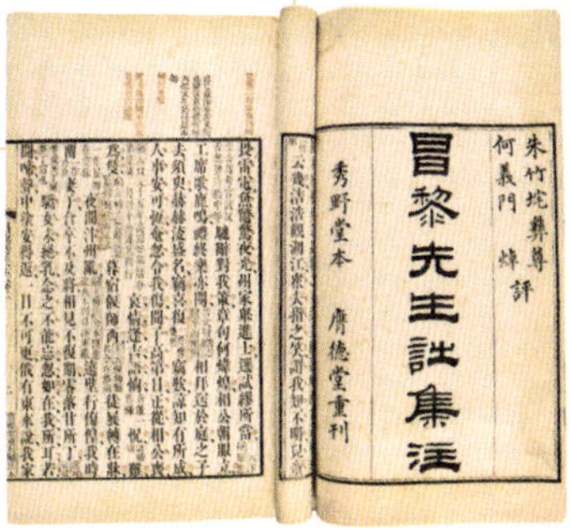

《昌黎先生诗集注》书影

章，倡导儒学复兴，希望以此来革除当时文道衰微的社会弊端。

韩愈将古文与当时的儒学复古运动相结合，提出“文以明道”的文学主张，即文章应该为阐扬“道统”服务。他构建了一整套理论，为批判骈体文浮艳华靡的形式主义文风提供了强有力的依据。他大力倡导学习先秦两汉的古文，并在学习的基础上进行创新，用古文的形式来写作内容充实的作品。他所倡导的古文，实际上是在前人的基础上发展出来的一种新散文体。在他的倡导下，柳宗元、李翱、皇甫湜等人合力将“古文运动”推向高潮，开启了全新的散文创作形式。

韩愈正是用这套理论来指导自己的创作实践的。“大凡物不得其平则鸣”，郁郁不得志的政治生涯，激发了韩愈心中的愤慨，也促成了他文学上的成就。他用新散文体写作了赋、论、说、传、序、墓志等各种体裁的作品，这些文章都具有较高的艺术水平。“师古创新”是韩愈古文理论的重要内容，同时也是他诗歌理论的重要原则。韩愈认为独创是写作生命力的核心所在，而文学语言的革新则是韩愈散文最重要的成就。他的散文淘洗陈言，完全不同于古代的辨理叙事之文，极具文学特色，焕发出强大的生命力。他的文章气势磅礴，感情充沛，文字精练，语言生动。其中有许多文章、警句广泛流传，直到今天仍为人们所熟知，如“业精于勤荒于嬉，行成于思毁于随”，“闻道有先后，术业有专攻”，等等。

韩愈在诗歌创作方面也取得了较高的成就，他写诗喜欢“以文为诗”，这也是他倡导古文、反对骈文的主张在诗歌创作中的实践，对后世特别是宋代诗人影响较大。

宦海一生，越挫越勇；政绩卓著，文名炽盛。韩愈以自己的卓越才能和不懈努力，为“古文运动”开拓了新局面，为中国散文开创了新时代。

（李　娴）

广东潮州韩文公祠正殿

白居易与《长恨歌》

白居易，字乐天，自号香山居士，是唐代著名的现实主义诗人，也是新乐府诗歌运动的代表性人物，著有《白氏长庆集》。他一生写下了无数脍炙人口的诗篇，长篇叙事诗《长恨歌》是其代表作。

芝兰玉树生斯门

白居易出身于官宦世家，他从小天资聪慧，擅长写作。十五六岁时，白居易带着自己写的文章来到长安，拜见当时的大学问家顾况。顾况一向恃才傲物，很少称赞他人，他看到白居易的名字，随口调侃道："长安米贵，居大不易！"但当他读了白居易的文章后，不禁感叹道："我以为能写出这样文采斐然的文章之人，现在已经没有了，没想到今天见到了你！"

唐德宗贞元十六年（800年），二十九岁的白居易考中进士。贞元二十年，三十三岁的白居易在吏部的选拔考试中取得好成绩，被授以秘书省校书郎的官职，从此步入仕途。白居易任官期间，对许多政事有着独到见解，他直言敢谏，上书论事，同时也创作了大量反映社会现实的写实诗与讽喻诗。白居易这一阶段创作的诗歌关切时政，显示出极具社会责任感的家国情怀。

宦海沉浮寄诗酒

白居易的仕途还算顺利，但他敢于进谏、直言不讳的做法也给他带来了麻烦。有一次，唐宪宗与群臣讨论国事，大臣们多有不同的见解，唐宪宗还没有下定论，白居易就急急忙忙地说："陛下，您错了。"唐宪宗听后很不高兴，变了脸色，可白居易毫不在意。几天后，唐宪宗对大臣李绛说："白居易是我提拔上来的，他现在居然敢对我这么无礼，我实在无法忍受，一定要罢免了他。"李绛连忙劝解说："陛下您只有广开言路，群臣才能讨论政策得失，若因此罢免了白居易，就等于钳住了群臣的嘴巴，这可不是发扬圣德的做法。"多亏李绛的善意劝解，唐宪宗这才作罢。

然而，没过多久，白居易又招致了一些非议。元和十年（815年），宰相武元衡在上朝途中被刺客杀害，震动京城。白居易第一个上疏言事，请求皇帝下令逮捕刺客。但当时白居易已经不再担任谏官，而是做了太子的属官，不能先于谏官言事，他的这一举动被人认为是越俎代庖、越权擅事。后来，又有传言说白居易的母亲因赏花坠井，不幸去世，但白居易却毫不避讳地赏花吟诗，还写了《赏花》《新井》（现已佚失）等诗，用词浮

白居易的爱情悲剧

白居易年轻时曾与邻家女孩湘灵相恋，感情甚笃。他写作的《长相思》一诗，诗中说二人"十五即相识，今年二十三……愿作远方兽，步步比肩行。愿作深山木，枝枝连理生"。然而这段恋情遭到白居易家人的强烈反对，加之他要去参加吏部的铨选，因此不得不与心爱的女孩分离，恋情以悲剧收场。

华，这说明白居易德行不佳，不是可用之才。唐宪宗听信了这些谗言，下诏将白居易贬为江表刺史。白居易还未到任，中书舍人王涯又对唐宪宗说，白居易没有能力治理好一个州，于是白居易又被贬为江州（治今江西九江）司马。

被贬为江州司马后，白居易的心境发生了巨大转变。此后，他恣意文酒，寄情诗赋，讽刺诗写得少了，闲适诗和感伤诗写得多了。尽管白居易后来又做过忠州刺史、杭州刺史、苏州刺史、刑部侍郎等官，但他的心境已不再是踌躇满志，而是恬然自处，更多地寄情诗酒山水，以与文人雅客交游为乐。

白居易的文章写得十分精切，但他最擅长的还是写诗。他与当时另一位著名诗人元稹以诗文酬和，时人称二人为“元白”。元稹去世后，白居易晚年长居东都洛阳，时常与刘禹锡唱和往来，时人也称他们为“刘白”。白居易对诗文创作有精辟独到的见解，主张诗文创作要反映现实生活，针砭时弊，他写的《秦中吟》《卖炭翁》等诗，深刻揭露了统治阶级的残暴贪婪，表达了对广大劳动人民的深切同情。

千古绝作《长恨歌》

白居易一生写作了大量诗歌，其中《长恨歌》《琵琶行》最为著名。长诗《长恨歌》是白居易流传最广的作品。元和元年，时任县尉（县令下的一个小官）的白居易，与好友陈鸿、王质夫一起

［明］李流芳《元稹〈遣行〉诗意图》

到仙游寺游玩。受当地民间流传的唐玄宗与杨贵妃的故事启发，白居易欣然提笔，写下了这一不朽诗篇。

《长恨歌》采用了虚实相映的手法，诗歌中多有与史实不相符之处。在诗中，白居易对多处历史事实进行了理想化的艺术加工。比如，开头“汉皇重色思倾国，御宇多年求不得。杨家有女初长成，养在深闺人未识”，就运用了汉武帝与李夫人“倾国倾城”的典故，模糊了唐玄宗与杨贵妃的原始关系。这不仅仅是“为尊者讳”的传统，更是卓绝的艺术创作手法，这样处理可以让诗文更加集中精练，省去旁枝末节。

此外，诗中“渔阳鼙（pí）鼓动地来，惊破霓裳羽衣曲。九重城阙烟尘生，千乘万骑西南行。翠华摇摇行复止，西出都门百余里。六军不发无奈何，宛转蛾眉马前死”几句，也是对安史之乱与马嵬驿兵变的艺术化描写。“六军不发”不是偶然事件，实际上是禁军将领陈玄礼早有预谋的军事行动，其目的是铲除杨氏的势力。他们斩杀杨

元稹画像

元稹是与白居易齐名的中唐诗人，他经常与白居易诗歌唱和，当时人称“元白”，他们都是新乐府运动的倡导者。

白居易与白堤

白居易曾任杭州刺史一职，在任期间，他曾主持修筑西湖堤防，疏浚六井，解决了杭州百姓的饮水问题，并治理西湖，缓解了旱灾造成的危害。人们为了纪念他在杭州的功绩，喜欢将西湖白堤称为“白公堤”，并误传为白居易修筑。其实这道“白堤”在白居易来杭州之前就已存在，当时叫“白沙堤”。

白居易与《琵琶行》

白居易的《琵琶行》一诗，作于元和十一年（816年）。这首长篇叙事抒情诗，堪称白居易诗歌的又一代表作。白居易被贬为江州司马的第二年，在湓浦口送客时遇到琵琶女，有感于琵琶女的身世遭遇，写下了这首诗作。彼时白居易遭到贬谪，心境凄凉，写出了"同是天涯沦落人，相逢何必曾相识"的千古名句。

杨贵妃画像

传说杨贵妃有"闭月羞花"之貌，体态丰腴，善歌舞。

国忠之后，还要求除掉"贼本"杨贵妃。唐玄宗也不是"救不得"，而是在两相权衡之后，选择了保全自身。白居易却在诗中突出了唐玄宗的无奈，"君王掩面救不得，回看血泪相和流"。诗中还运用了一系列凄清悲凉的景物描写与环境描写来突出表现唐玄宗与杨贵妃生离死别的氛围，将哀怨惋惜的情绪展现得淋漓尽致。

《长恨歌》的后半部分，"悠悠生死别经年，魂魄不曾来入梦。临邛（qióng）道士鸿都客，能以精诚致魂魄。为感君王辗转思，遂教方士殷勤觅"几句，更是虚幻的艺术想象。诗中说杨贵妃去世后，唐玄宗派方士四处寻找，并在仙山觅得其踪迹，这显然是不符合史实的，或是化用了汉武帝为李夫人招魂的典故。经过白居易的艺术加工，这些看似合理的虚构情节反而将"长恨"的意味渲染到极致，诗歌变得更加隽永，余韵悠长。

写下《长恨歌》后，白居易还请好友陈鸿以散文体裁写就《长恨歌传》。他们二人各自选择擅长的文体进行创作，在素材的选择与处理方面也各有侧重，达到了珠联璧合的效果。《长恨歌》与《长恨歌传》成为唐代"诗传结合"的重要代表作品。

《长恨歌》实现了世俗性与艺术性的统一，既将历史故事与民间传说巧妙融合，又展现了高度的艺术创作水准，因而广为传诵，在当时就已经家喻户晓。后世许多戏剧作品也受到了诗歌《长恨歌》的影响，知名的作品有元代白朴的杂剧《唐明皇秋夜梧桐雨》，以及清代洪昇的《长生殿》等。

唐武宗会昌六年（846年），白居易卒于东都故居，葬于龙门山。斯人已逝，佳作不朽，时至今日，《长恨歌》仍是广为传诵的名篇。（贾　洁）

［明］仇英《白居易〈琵琶行〉诗意图》

女诗人薛涛

薛涛，字洪度，是唐代诗坛极负盛名的女诗人。她文采卓绝，一生写作了几百首诗歌，留存至今的仍有九十余首。她还独具创意地制作了典雅别致的“薛涛笺”，引领一时风尚。

身似浮萍入乐籍

薛涛大约在唐代宗大历五年（770年）出生于京城长安，她的父亲薛郧（yún）是一名京城小官，擅长写诗和书法。薛涛自幼受父亲的熏陶，表现出不俗的天资。有一天，薛郧指着庭院中的梧桐树即兴赋诗，吟道：“庭除一古桐，耸干入云中。”薛涛不假思索，接道：“枝迎南北鸟，叶送往来风。”当时薛涛不过八九岁，能随口吟出这样清新自然的诗句，不禁令人刮目相看。

[明] 仇英《列女传图·薛涛戏笺》

> **韦令孔雀**
>
> 唐德宗贞元元年，韦皋刚到成都任职时，南越进献了一只孔雀。韦皋听从薛涛的建议，在庭院中挖水池、建笼子来安置孔雀。唐文宗大和五年（831年）秋，孔雀死亡，第二年夏天，薛涛也去世了。因此，在唐代部分文人眼中，高贵坚韧的孔雀与薛涛命运相连，诗人王建曾作《伤韦令孔雀词》一诗予以歌咏，“韦令孔雀”几乎成为薛涛的代名词。

后来，薛郧到蜀中做官，一家人也随之搬到成都居住。不幸的是，薛郧因病骤然离世，留下薛涛与母亲艰难地维持生活。五年后，母亲也撒手人寰，孤苦伶仃的薛涛迎来了人生中第一个命运转折点。

唐德宗贞元元年（785年），大臣韦皋（gāo）出任剑南西川节度使，坐镇成都。薛涛容貌清丽，擅长吟诗作赋，又通晓音律，在当地名声很响，于是被韦皋招入节度使府，入了乐籍，从此成为乐伎。

才绝蜀中女校书

韦皋治蜀卓有成绩，被誉为“诸葛武侯之后身”，他在文学、音乐、书法等领域也颇有造诣。薛涛才思敏捷，又能“扫眉涂粉”，深受韦皋宠爱。在招募薛涛入节度使府一年后，韦皋突发奇想，向朝廷上奏，提名薛涛为“校书郎”。虽因种种原因，韦皋的这个请求被拒绝了，但薛涛“女校书”的名号却不胫而走，广为流传。

然而好景不长，贞元五年，薛涛因事触怒韦皋，被罚到松州（治今四川松潘）军营做乐伎。边地荒凉的景象给了薛涛巨大的冲击，她写下了《罚赴边上武相公二首》诗，描述军营的生活，也借此向韦皋认错：“按辔岭头寒复寒，微风细雨彻心肝。但得放儿归舍去，山水屏风永不看。”（其二）

韦皋从诗中读出了薛涛的认错之意，很快转变心意，把薛涛从松州召回。但此时的薛涛已深深地认识到世态炎凉和现实残酷，于是毅然脱离了乐籍，隐居于成都郊区的浣花溪畔。

薛涛声名在外，隐居后仍时常出入节度使府，并与此后历任剑南西川节度使高崇文、武元衡、王播、段文昌、李德裕等进行诗歌酬唱。李德裕任节度使期间，治蜀有方，薛涛曾作《筹边楼》一诗称颂并予以善意告诫：“平临云鸟八窗秋，壮压西川四十州。诸将莫贪羌族马，最高层处见边头。”诗中忧国忧民的情怀、巾帼不让须眉的气度，皆令人赞叹。李德裕在成都任职只有两年，他与薛涛诗酒唱和，还将“嘉木”海棠赠予薛涛，两人结下了深厚的情谊。

除与节度使交游外，薛涛还与元稹、白居易、刘禹锡、王建、杜牧等著名诗人多有诗歌酬唱。元稹曾为她写了一首《寄赠薛涛》，堪称知音之作。

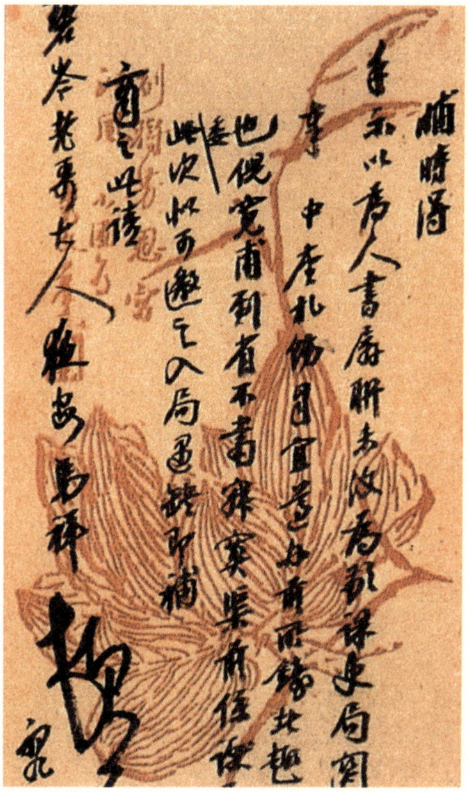

清代仿制的薛涛笺

流传千古“薛涛笺”

薛涛长期隐居在浣花溪畔，她喜穿红色衣裳，还在门前种满菖蒲，在园中养花，有“前溪独立后溪行，鹭识朱衣自不惊”（《寄张元夫》）的美句。她喜欢写四言绝句，觉得平时用于写诗的纸张太大，于是请当地工匠专门为自己制作了深红色的纸笺。这种纸笺小巧玲珑，精致美观的花纹在纸上若隐若现。

薛涛用此笺与文人雅士吟诗酬唱，一时之间，这种深红色的纸笺在名流雅士中流传开来，人们称之为“薛涛笺”，又名“浣花笺”“松花笺”。“薛涛笺”也因此成为众多文人雅客赞赏、喜爱之物，并一直流传到后世，历代均有仿制品，影响深远，甚是风雅。

薛涛晚年移居到碧鸡坊，在那里建了一座吟诗楼。唐文宗大和六年（832年），薛涛逝世。二度出任剑南西川节度使的段文昌为薛涛撰写了墓志，墓碑上书“西川女校书薛洪度之墓”。（贾　洁）

牛李党争

唐朝中后期，朋党之争严重，以牛僧孺、李宗闵为代表的“牛党”和以李德裕为代表的“李党”，持续争斗近四十年，历经唐宪宗、唐穆宗、唐敬宗、唐文宗、唐武宗、唐宣宗六朝，史称“牛李党争”。牛李两党互相倾轧，势若水火，对唐朝中后期的政治产生了恶劣影响。

科场风云，引发斗争

唐代官员按出身主要分为两类，一类是门荫出身者，他们出身于门阀士族，是父祖辈做官的公卿子弟，可以凭借先辈的功绩循例得官；一类是通过科举考试进入朝廷的，他们多出身于庶族。不同出身的两派官僚之间明争暗斗由来已久。

唐宪宗元和三年（808年），朝廷举行制科考试选拔人才，牛僧孺、李宗闵、皇甫湜等考生奋笔疾书，针砭时弊，言辞激切。他们的文章赢得了主考官吏部侍郎杨于陵和吏部员外郎韦贯之的认可，三人被列为上等。

牛僧孺、李宗闵、皇甫湜三人在答卷中指责当权者炽于武功，这就得罪了主张武力削藩的宰相李吉甫。李吉甫向唐宪宗痛哭流涕地陈诉，说考试存在严重的舞弊行为。结果，主考官杨于陵、韦贯之被贬官，牛僧孺等三人也没有得到提拔。翰林学士白居易一纸上书，为牛僧孺等人鸣不平，掀起了轩然大波。迫于舆论压力，唐宪宗只得罢免了李吉甫的宰相之职，命他出任淮南节度使。两派由此结怨。

李德裕画像

科举考试的“常科”与“制科”

唐代科举考试分“常科”与“制科”，“常科”每年都举行，“制科”则是由皇帝亲自下诏临时设置的考试。常科名目很多，但最重要的是“进士”科。唐玄宗时，诗赋成为“进士”科主要的考试内容。通过常科考试只是取得出身，要想获得官职，还要经过吏部的衡量选拔，通过者才能被授予官职。

唐代红地瓣窠对鸟纹锦

李吉甫去世后，他的儿子李德裕成了公卿子弟的首领。唐穆宗长庆元年（821年），常科考试如期举行，右补阙杨汝士和礼部侍郎钱徽担任主考官。考试之前，剑南西川节度使段文昌和翰林学士李绅都给钱徽写信，想要疏通关节，帮助与自己有关系的人登第。但事与愿违，放榜后，他们二人叮嘱关照的人都名落孙山，而榜上有名的是谏议大夫郑覃的弟弟郑朗、河东节度使裴度的儿子裴撰、中书舍人李宗闵的女婿苏巢、杨汝士的弟弟杨殷士等人。段文昌愤懑之余，向唐穆宗进言：“陛下，这次科举考试很不公平，录取的都是不学无术的人，他们是靠着关系才考中的，请您明察！”愤怒的唐穆宗于是向翰林院的学士们询问情况。

当时，李德裕、元稹和李绅同在翰林院，人称“三俊”。李德裕的父亲李吉甫与李宗闵等人早有过节，元稹因政见不同也对李宗闵有意见，李绅则因自己推荐的人没被录取而怀恨在心。面对唐穆宗的质疑，三人毫不犹疑地齐声说道："段文昌所言，句句属实！"震怒的唐穆宗下令重新考试，结果原先中第的人都被免去，钱徽、杨汝士、李宗闵等人则被贬官，离开了京城。

旧恨未解，又添新仇。以李德裕为代表的"李党"和以牛僧孺、李宗闵为代表的"牛党"，开始互相倾轧。双方各从派系私利出发，不放过任何向对方发难的机会，"牛李党争"愈演愈烈。

真君子钱徽

有人劝钱徽向唐穆宗揭发段文昌、李绅曾向他推荐自己人，钱徽拒绝说："我并没有做任何对不起良心的事，没有什么好辩解的，又何必私下揭人短处，这不是君子的作为！"说完就将段文昌、李绅写给他要求照顾通融的书信全部烧掉了。

朋党倾轧，你死我活

牛李党争最激烈的时期出现在唐文宗一朝。李德裕因受排挤，在浙西观察使的位置上待了八年，一直没有升迁。大和三年（829年），裴度本想推荐李德裕为相，但李宗闵却走了宦官的门路，抢先做了宰相。李宗闵后来又向唐文宗推荐了牛僧孺，牛、李二人不仅将李德裕改派到更远的西川任节度使，还将裴度也排挤出朝堂。

《召试县令》

此图出自清代彩绘本《帝鉴图说》，描绘了唐玄宗举行殿试，考核新任县令的场景。

在李德裕的整顿治理下，西川的边防得到很大加强。大和五年九月，发生了一件意想不到的事：吐蕃维州（治今四川理县东北，原本是大唐疆土，后被吐蕃夺去）守将悉怛（dá）谋率三百多人请求献城归降。当时，维州已落入吐蕃整整六十七年，如今不费一兵一卒就能收回，李德裕喜出望外。他一边派兵接管维州，一边上奏朝廷，建议趁吐蕃不防，直捣其腹地。

唐文宗看了李德裕的奏折，立即召集大臣们商议决策。朝中大多数人都同意李德裕的主张，只有宰相牛僧孺极力反对。牛僧孺说："现在我大唐正在同吐蕃议和修好，如果接受悉怛谋的投降，就是背信弃义。况且吐蕃国土绵延万里，失掉维州，对于他们来说没有太大的损失。李德裕此举反而会让吐蕃找到借口发兵，若战火一旦燃起，不出三日吐蕃便可兵临长安。都城告急，即使收复了一百个维州又有什么用？"唐文宗最终采纳了牛僧孺的意见，命李德裕把维州城和悉怛谋等三百多降众交还吐蕃。这一决策葬送了三百多降众的性命，也逆转了牛李党争的天平。

吐蕃为警诫背叛者，将悉怛谋等人在边境线上全部杀害。听闻消息的唐文宗非常后悔，他对牛僧孺心生厌恶。第二年，牛僧孺罢相，调任淮南节度使。同年，李德裕被召回京城任兵部尚书，后又升为宰相，备受重视。

唐文宗很厌烦朋党之争干扰朝政，曾和李德裕谈起此事。李德裕说："朝中大臣，有三分之一是朋党。"不久，唐文宗就把属于牛党的杨虞卿、张元夫贬到外地去做官了。有一次又谈到朋党之事时，李宗闵辩驳道："我一直知道此事，所以像杨虞卿等人，我没有授予他们美官（即要职）。"李德裕听了，很不客气地说道："给事中、中书舍人还不是美官，那什么官是美官！"

得势的李德裕在将牛党尽数逐出朝堂的同时也在锐意改革，但他因小事得罪了唐文宗的宠臣李训、郑注。借助宦官势力上位的李、郑二人为打击李德裕，推荐李宗闵为相。李德裕很快被贬，李党随之倒台。刚刚挤走李德裕的李宗闵还未坐稳位置，也因李、郑二人的猜忌被一并贬出朝堂。一时之间，牛、李两党被贬的被贬，被调任的被调任。

当所有人以为牛李党争要退出历史舞台时，"甘露之变"发生了。大和九年，李训、郑注被杀，唐文宗再次起用牛李两党的官员，牛李党争从原来的政见之争延伸到为打击对方而不惜捕风捉影甚至诬陷，新一轮的倾轧将党争推向了高潮。面对两党之间无休止的相互倾轧，唐文宗叹息道："消灭河北地区的跋扈藩镇容易，消灭两党的倾轧实在太难！"

唐长安城大明宫遗址

无忧城

武德七年（624年），唐朝在今四川理县设置了维州，它是唐朝西南地区的门户，进可攻吐蕃，退可守成都。唐朝中后期，吐蕃不断侵占唐朝西边土地，处心积虑想要拿下这座城邑。据说有名吐蕃女子嫁给了维州城看管城门的守卫，还生了两个儿子。二十年后，丈夫去世，两个儿子顶替了父亲看守城门的职位。吐蕃来攻，他们里应外合，打开城门，使维州城落入了吐蕃之手。吐蕃高兴万分，把维州称为"无忧城"。

事有始末，党争落幕

唐武宗即位后，李德裕再次得到重用，一时间牛党纷纷被贬，牛僧孺和李宗闵也都被贬到外地去了。会昌六年（846年），唐宣宗即位。唐宣宗痛恨曾侮辱过他的唐武宗，连带痛恨武宗朝的一切政策，以及制定、推行这些政策的大臣。他即位不久，就将李德裕一贬再贬，最后把他贬到崖州。这位老臣最终死在任上。李党之人也接连遭贬。与此同时，牛僧孺、李宗闵重新得到升迁，但李宗闵还没到任就死在了路上。牛僧孺虽被召回，不久也死去了。

事因人起，也与人亡。持续了四十年的朋党之争随着几位主角的去世而画上了句号。但是，伴随着党争干政、宦官掌权与藩镇割据，唐朝国力日益衰微，进入了风雨飘摇的末期。（李　娴）

乐山大佛

位于四川乐山，唐开元元年（713年）由海通和尚倡议开凿，至贞元十九年（803年）完工，历时90年。这是一尊弥勒佛坐像，通高71米，是世界上最大的石刻佛像。

唐代的科举制度

科举制度是隋唐以来朝廷选拔官吏的制度，因分科取士，故得名“科举”。它建立于隋代，在唐代得到了极大的发展。唐代科举考试的科目繁多，最重要的是进士科与明经科。科举制度沿袭了上千年，对唐代以后的历史产生了深远影响。

科举制的创立

魏晋南北朝以来，朝廷实行九品中正制选拔官员，显要官职逐渐被门阀士族垄断，品评人才的标准不再是德才，而是门第的高低，由此出现了“上品无寒门，下品无士族”的局面。为革除这一弊端，隋文帝下令分科取士，即以考试的方式来选拔官员。隋炀帝时又设置了进士科，这被认为是科举制度的起始。不过，科举制此时仍处于初创阶段，并没有严格的选拔程序。

唐朝建立后，继承并发展了科举制，科举制度日趋完善。唐代的科举分为制科与常科。制科是皇帝根据需要，临时下诏举行的考试，科目繁多，比较著名的有贤良方正科、直言极谏科、才识兼茂名于体用科，等等。应试的可以是已经出仕的朝廷官员，也可以是常科及第的士子，或者平民百姓。制科考试由皇帝亲自主持，一旦高中，尚未入仕的会被授予官职，已有官职的则会升迁。但是，由于制科是不定期举行的，录取的人数也有限制，因此考中的难度很大，像唐代的大文豪韩愈就曾屡试制科不中。

常科每年举行一次，分科目进行考试。唐代常科的考试科目很多，有秀才、明

《天章召见》

此图出自清代彩绘本《帝鉴图说》，描绘了殿试的场景。

公荐制

唐代科举制度的“公荐”虽然存在很多不公平的因素，但也有家世不显却富有真才实学的举子由此脱颖而出。诗人白居易向当时的文坛领袖顾况投诗《赋得古原草送别》，受到顾况的极力称赞。一时间，白居易在长安城名声大噪，后来在考试中便一举高中。

经、进士、明法、明书、明算等。后来秀才科取消，明法、明书、明算等科目主要选拔的是专业人才，被录取后会在相关机构任职，一般不能出任高级官员。因此，明经科与进士科就成为常科中最主要的科目。参加常科的考生主要来源为生徒（在京城国子监、弘文馆等读书的学子）与乡贡（地方上有才能的学子，可自荐于州县，并通过州县考试）。武则天在位时，曾亲自在洛成殿考察及第的学子，这是科举考试殿试的开始。但在唐代，殿试还只是偶然行为，没有形成定例。武则天还开设了武举，考试马射、步射、平射、马枪、负重等，由兵部主考。

唐代进士登科之后，并不会立即被授予官职，还要再经过吏部的铨选。铨选的内容有四个方面，即身、言、书、判，也就是体貌端正、说话有条理、书法工整美观、文辞优美。四个方面都合格，才由朝廷授官。相反，一些通过了科举考试却没有通过吏部铨选的人，只能到地方上去任官员幕僚，再争取得到朝廷正式委任的官职。

进士科与明经科

唐代科举考试中最受世人重视的是进士、明经二科。进士科与明经科的考试内容主要有贴经、墨义、策问、杂文等。明经科侧重学子对儒家经典的记忆、理解，而进士科则侧重学子的文辞，其考试难度明显高于明经科。

唐代科举考试录取的人数并不多，每年只有百人左右。进士科考试更是难上加难，最多的时候也就录取三十几人。因此，当时有“五十少进士，三十老明经”一说，意思就是五十多岁中了进士还是比较年轻的，而三十多岁考中明经科年龄就有点大了。这个说法有些打趣的成分，但也反映了唐代进士科的难考程度。著名诗人白居易在考中

大雁塔唐人题记

唐代进士及第后例行要把名字刻在大雁塔，有的进士若当年有事未曾前往大雁塔题名，事后还要来补刻，右图碑文中的“前进士”就是这样来的。至今，这些题记仍向后人诉说着进士们往日的荣耀。

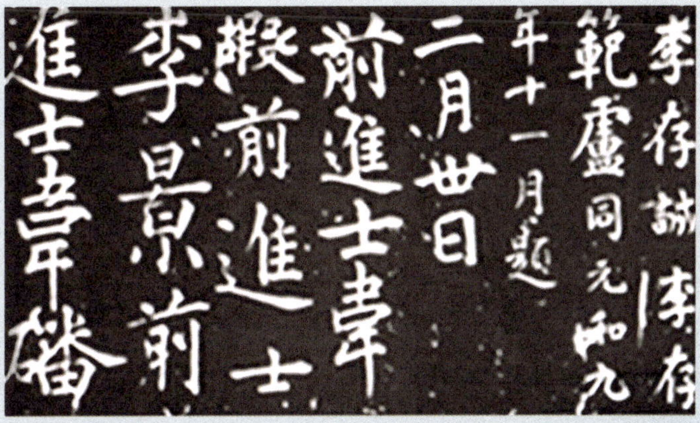

大雁塔唐人题记（局部）

进士后，得意地写下“慈恩塔下题名处，十七人中最少年”。在同一年考中的十七位进士中，白居易是年龄最小的，那一年他还不到三十岁，志得意满之情溢于言表。

像白居易这样年少成名的毕竟是少数，大多数学子都要经历多次落第的挫折，身心饱受摧残。比如，写过“慈母手中线，游子身上衣”的诗人孟郊，年轻时富有才华，但直到四十一岁那年才获得乡贡资格，第二年应试进士科，结果名落孙山。之后他年年参加考试，直到四十六岁才终于进士及第，令人唏嘘不已。

对于广大士人来说，通过科举考试如同鲤鱼跳过龙门一样值得庆贺。科举成绩公榜之后，进士及第称“登龙门”，同榜之人要凑钱举行各种庆贺活动。进士们集体到长安城的杏园参加宴会，他们选两名长相俊朗之人为“探花使”，让他们游遍长安城内各大名园，采摘牡丹、芍药等名贵的鲜花，因此这个宴会也叫“探花宴”，后世的“探花”一词即由此而来。宴会结束后，新科进士们一起来到慈恩寺的大雁塔下题名，这代表了至高无上的荣耀，因此，后来科举高中又称为“雁塔题名”。进士们还会在曲江池畔举行庆祝宴会，届时皇帝也会登上紫云楼垂帘观看，并在宴会中赐花，新科进士的荣耀可谓达到了顶点。

科举制度的历史意义

隋唐至五代是科举制度初创和发展的重要阶段，在考试科目、考试内容、考试程序、评判标准等方面都做出了许多开创性的努力。科举制度对后世影响深远，自唐代以后，中国的选官制度、社会阶层、婚姻观念等都因此发生了重大变化。科

[明] 仇英《观榜图》(局部)

图中描绘了考生等待放榜的场景。

举制度还传播至周边的国家和地区，对近代西方的文官制度也产生了较大影响，被誉为“中国第五大发明”。

科举制度施行后，平民百姓中有才华的人有机会通过科考步入仕途，天下的有才之士纷纷云集长安。到了唐代后期，进士科已经成为朝廷选拔高级官吏的主要途径。社会阶层及人员结构也发生了重大变化，科举出身的平民学子由此获得了进入上层社会的机会。到唐后期，更是出现了两代、三代以科举晋升宰相的新世家大族，如敦煌令狐氏就曾出过令狐德棻、令狐楚、令狐绹（táo）等高官。他们的出现，对士族制度的瓦解与社会阶层的转变起到了重要作用。

唐代以前婚姻讲究门当户对，随着科举制度的施行，世人选婿逐渐重视“科名”。达官贵人千方百计挑选有科名的举子（尤其是进士）为女婿，还出现了榜前择婿与榜下捉婿的风气。贞元十四年（798年），独孤郁进士及第，当时的文学家权德舆非常欣赏他，就把女儿嫁给了他。后来唐宪宗对此公开表达过羡慕之情，说：“我的女婿不如德舆的女婿啊！”

当然，唐代的科举制度还不够完善成熟，仍然保留着自秦汉魏晋以来的察举制的影子，如“公荐”制度，朝中权贵可以向主考官推荐士子，甚至可以预定上榜的士子。为了博得赏识，许多参加科举考试的士子都要事先向当朝权贵投诗献赋，这叫“行卷”，以期获得推荐。同时，高官子弟仍可通过门荫入仕，而许多身怀治国安邦之才的寒门子弟却往往投献无门。唐代诗人钱起的诗句“献赋十年犹未遇，羞将白发对华簪”，描写的就是寒门子弟的无奈与窘境。（陈乐保）

[清] 钱慧安《孟郊〈游子吟〉诗意图》

李商隐与杜牧

唐朝晚期，政局动荡不安，内有宦官专权、朋党之争，外有藩镇割据，战乱时起。这一时期的诗歌风格发生了很大变化，其中最具代表性的两位大诗人是李商隐和杜牧，他们被合称为“小李杜”。

出身清寒，仕途坎坷的李商隐

李商隐大约出生于唐宪宗元和八年（813年），怀州河内（今河南沁阳）人。他虽然出身于官宦之家，但祖父和父亲都没当过什么大官，而且父亲在他十岁那年就去世了。由于家境贫寒，“四海无可归之地，九族无可倚之亲”（《祭裴氏姊文》），李商隐承担起养家的重任，一边靠给官府抄写文书维持生计，一边跟随堂叔学习古文、书法。十六岁时，李商隐就以文章而知名。

唐文宗大和三年（829年），天平军节度使令狐楚聘请李商隐进入幕府，让他做了一名巡官。令狐楚非常赏识李商隐的才华，他亲自教导李商隐和自己的儿子令狐绹，教他们写作骈体文，这是做官的重要条件。李商隐从二十岁开始，多次参加科举考试，可他屡试屡败，直到开成二年（837年），才经令狐绹疏通关系，考中了进士。

李商隐画像

就在这一年年末，传来了令狐楚病危的消息。令狐楚病危之际，召来李商隐，让他替自己起草遗表——这不是一份普通的遗书，而是上奏给皇帝的政治遗言，由此可见令狐楚对李商隐的信任。

开成三年，李商隐参加博学鸿词科考试，在复审中被除名，没能获得官职。后来，他进入泾原节度使王茂元的幕府任职掌书记。王茂元爱惜他的才华，把女儿嫁给了他。婚后，李商隐和妻子王氏的感情很好。此时朝中牛、李两党斗争十分激烈，王茂元虽然没有明显的党派倾向，但一直被看作李党人物，而令狐父子却是牛党的重要人物，李商隐因此被认为背叛了牛党。他由此陷于牛李党争的旋涡，开始了坎坷的仕途。

> **夜雨寄北**
>
> ［唐］李商隐
>
> 君问归期未有期，巴山夜雨涨秋池。
> 何当共剪西窗烛，却话巴山夜雨时。
>
> 李商隐与妻子王氏感情笃厚，《夜雨寄北》就是他写给妻子的。

文采斐然、情思深幽的诗歌创作

开成四年，李商隐通过吏部书判拔萃科考试，被授予官职。但他此后一直在低级官僚的位置上徘徊，难以发挥才干。唐武宗会昌二年（842年），李商隐再次通过书判拔萃科选拔，被任命为秘书省正字。刚刚任职半年，他的母亲就去世了，他按照惯例回家丁忧（守丧）三年，这对李商隐的政治生涯来说是个致命的打击。

李商隐居家的三年，正是李德裕受唐武宗信任，政治上最辉煌的时期。守丧三年期满，李商隐返回秘书省任职，可不久之后，唐武宗去世，唐宣宗即位。唐宣宗推翻了唐武宗时的大部分政策，将李德裕一贬再贬，牛党众人重新占据了朝廷的重要位置。本来就被牛党中人视为“叛徒”，李商隐自然不可能分享牛党的胜利果实，政治上又同情李德裕，心情郁闷的他只好于大中元年（847年）跟随李党的桂管防御观察使郑亚远赴桂林，开始了长达十年的幕僚生涯。

李商隐虽然胸怀大志，但他身处唐朝晚期，已经没有实现抱负的可能。他一生以幕僚为主业，骈体文写作极负盛名，尤其擅长写作奏章及哀诔（lěi）之文，文章形式瑰丽，情文并茂。

作为晚唐杰出的诗人，李商隐在诗歌方面的成就更为人熟知。他把人生的憧憬与追求、愤懑与彷徨、抗争与失意都化为了诗歌。他的诗构思新奇，风格绮丽，按内容大致可分为政治抒情诗和个人生活抒情诗。他的政治抒情诗、咏史诗大多与政治事件相关，往往借古讽今，内容尖锐，措辞委婉，抒情真挚，议论隽永，历来备受赞赏。

李商隐的个人生活抒情诗里有很多自伤身世的咏怀诗，这也是他坎坷一生的真实写照。最能代表李商隐诗歌成就的则是他那些流传千古的爱情诗，优美凄婉，刻画细腻，缠绵悱恻，动人心弦。如《无题》：

相见时难别亦难，东风无力百花残。
春蚕到死丝方尽，蜡炬成灰泪始干。
晓镜但愁云鬓改，夜吟应觉月光寒。
蓬山此去无多路，青鸟殷勤为探看。

梁启超手书李商隐《无题》诗

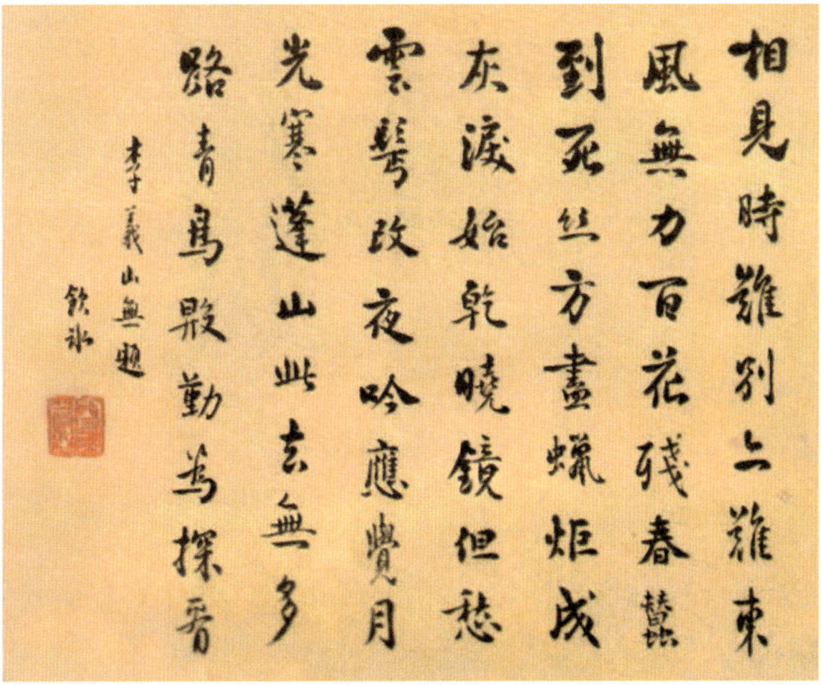

李商隐的诗歌个人特征明显，诗中意象新颖别致，诗句纤秾明丽，情思婉曲，以情衬景，以虚写实，朦胧隐约。李商隐写诗还酷爱用典故，这导致他的诗歌事幻而情真，颇为难解，也形成了他独特的诗歌风貌。

李商隐也曾有“欲回天地”“君前剖心肝”之志，但他一生陷于党争的旋涡，仕途坎坷，没有升至高位，多为幕府下僚，郁郁不得志。唐宣宗大中十二

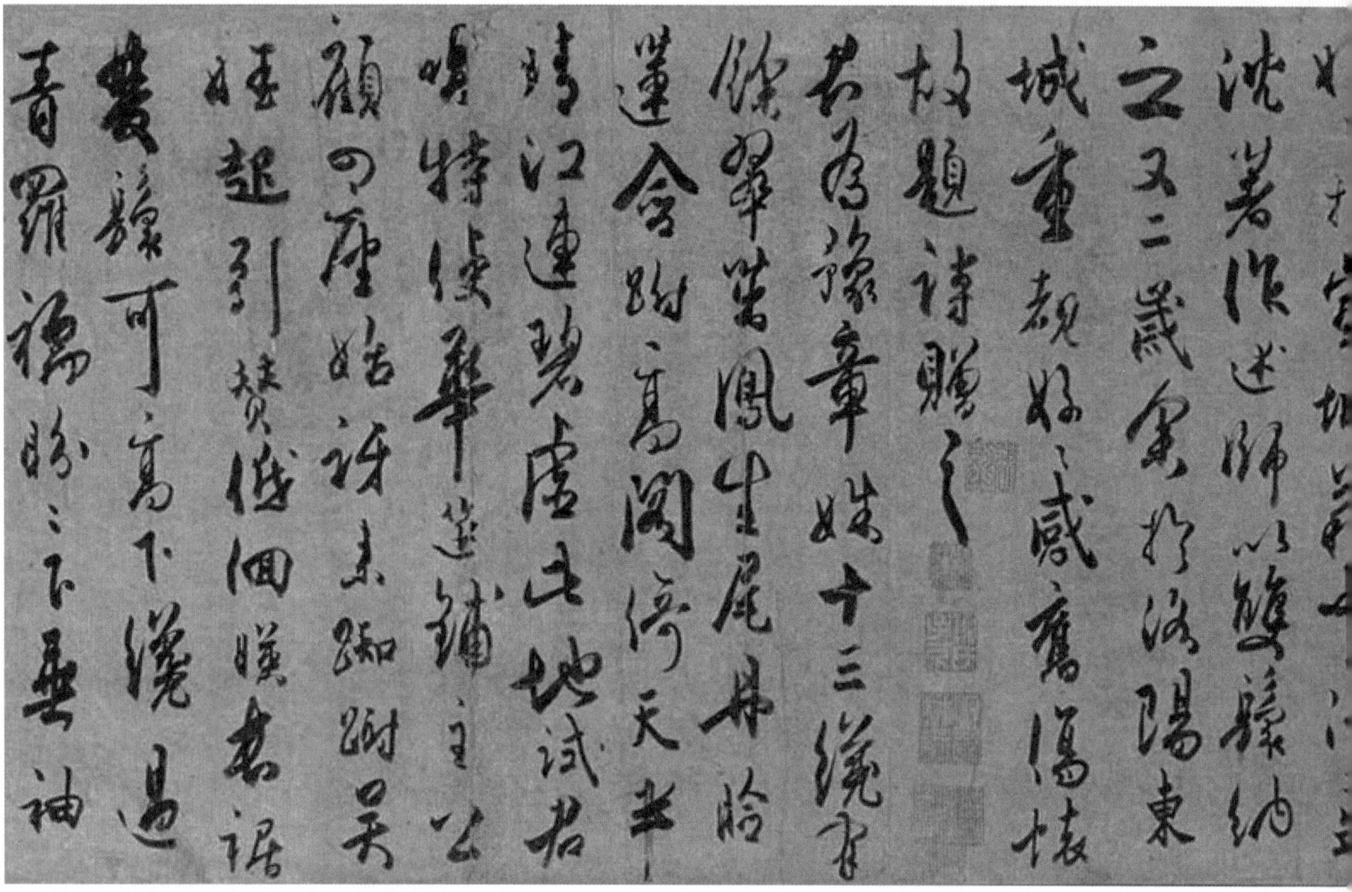

年（858年），李商隐病逝于故乡，年仅四十六岁。好友崔珏赠予他的诗，也是他一生的写照："虚负凌云万丈才，一生襟抱未曾开。"（《哭李商隐》）

出身名门，抱负远大的杜牧

杜牧也是晚唐著名的文学家。他出身于唐代的名门望族——京兆杜氏，祖父是著名宰相杜佑，父亲、堂兄等人均身居要职。出身于这样一个名门世家，杜牧常以家世而自豪，他在《冬至日寄小侄阿宜诗》中写道："我家公相家，剑佩尝丁当。旧第开朱门，长安城中央。第中无一物，万卷书满堂。"

杜牧十岁时，祖父杜佑去世，不久父亲也离世，从此家道中落，生活陷入孤贫的境地。在《上宰相求湖州第二启》中，杜牧自述说：长兄骑着驴到亲戚朋友家去乞讨，我与弟弟吃野蒿藿果腹，寒夜无蜡烛照明，只有默记所读之书，就这样过了整整三年。

但杜牧在困境之中仍然不坠青云之志，他继承了家学传统，常以治国平天下为己任。唐敬宗年少即位，喜好玩乐，沉溺声色，大兴宫室，二十三岁的杜牧作《阿房宫赋》，以秦朝灭亡的历史事件来讽喻，希望统治者以此为戒。

杜牧年轻时就一直关注藩镇祸乱，渴望能够领兵为国铲平祸乱，振兴大唐。大和七年（833年），杜牧看到藩镇骄横跋扈，而朝廷一味姑息，于是愤而作《罪言》，指出讨伐藩镇时朝廷在用兵

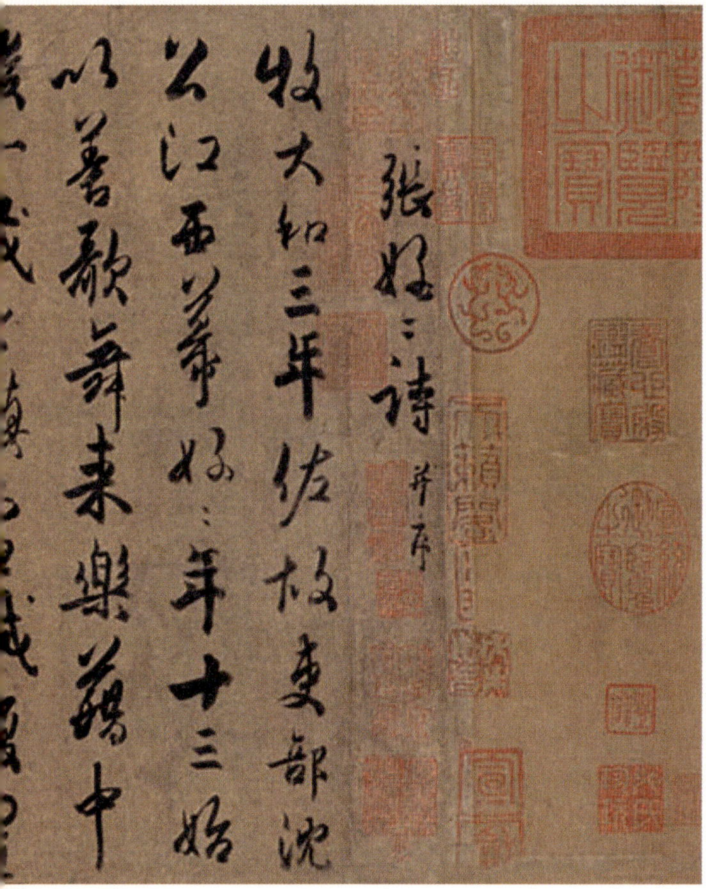

杜牧行书《张好好诗》卷（局部）

这是至今仅存的杜牧墨迹，也是罕见的唐代名人书法作品之一。墨卷最后有一点残缺，但不影响书法的整体风貌。

方面的过失，陈述了削平藩镇的方略。他还特意搜求自古以来的十数家兵书，写作了十三篇《孙子》注释。

杜牧的才能得到了宰相李德裕的赏识。开成、会昌年间，黠戛斯（古族名，10—12世纪大量移居至天山西部地区，与当地居民融合为今天的柯尔克孜族和中亚的吉尔吉斯人）攻破回鹘，称雄漠北，回鹘部落被迫西迁。杜牧建议李德裕趁此机会发兵讨伐回鹘，他说："汉朝在秋冬季节与匈奴作战，往往败多胜少。如今正是盛夏季节，如能一反常态，此时发兵，必然能够出其不意，一举成功。"这个计策得到了李德裕的认可。

后来，昭义（也称"泽潞"，唐代的方镇名，治今山西长治）节度使刘从谏病逝，他的侄子刘稹发动叛乱，杜牧又写信给李德裕，提出自己的计策。不久之后，昭义平定，史称"会昌伐叛"。从平叛的经过来看，李德裕大体上采用的就是杜牧所献之策。

宦海浮沉，豪迈俊朗写奇章

然而，这样一个文采斐然、又有才干的杜牧，仕途却并不顺利。大和二年，二十六岁的杜牧高中进士，后来又中贤良方正能直言极谏科，正如他在诗歌中所写的，"两枝仙桂一时芳"（《赠终南兰若僧》）。两考连捷，杜牧可谓少年得志，但他并未获得较高的官职，很快就南下入幕府担任幕府吏了。他先后在沈传师、牛僧孺、崔郸等人的幕府中担任小吏，前后长达十年。

多年的幕府生涯令杜牧壮志难酬，他在处理公务之余，常常流连于歌楼舞榭之中，"落魄江湖载酒行，楚腰纤细掌中轻。十年一觉扬州梦，赢得青楼薄幸名。"（《遣怀》）才华无处施展的杜牧心头充满悲伤与惆怅。

杜牧一生有三次回朝任官的经历，但前后不足八年。他四十岁起便长期外放，担任地方官员，历任黄州（治今湖北武汉）刺史、池州（治今安徽池州西南）刺史、睦州（治今浙江建德东北）刺史、湖州刺

杜牧画像

弘一法师手书李商隐诗句

史。他出身名门，又有满腹才华，却被排挤出京，不能施展自己的抱负。但杜牧是个有政治才干的人，无论是在京任职还是外放期间，都颇有一番作为。他在地方任职时，革除苛捐杂税，减轻百姓负担，兴修水利，政绩突出。

杜牧的仕途坎坷，这与他“刚直有奇节”的性格有关。同时，他夹在激烈的牛李党争之中，与牛李两党之人皆有交往，虽然与牛党中人亲近，但他的政治理想与李德裕更相近。杜牧没有明显的党派倾向，可一生都无法跳出党争对他的牵连。唐宣宗大中六年，杜牧病逝，年仅五十岁。

杜牧博古通今，才华横溢，诗、赋、古文都很擅长，还精于书画创作，但最能体现他的文学成就的还是他的诗歌。杜牧的诗情致豪迈，俊爽峭健，情韵悠扬，所涉题材广阔，历史兴亡、国政边患、百姓疾苦、女子的命运与情感、山川景物等都是他吟诵的内容。

杜牧的诗以七绝、七律成就最高，其中最有特色的是咏史怀古和写景抒情的诗作。杜牧写作了大量七言绝句咏史诗，或借古讽今，或怀古伤今，立意深远，凝练含蓄，风格隽永。他的写景抒情之作，则情景交融，清新俊逸。如《泊秦淮》一诗，诗人写景抒情，将怀古的幽思与江南的美景结合起来，意境缥缈高远，清代诗人沈德潜誉之为“绝唱”。

杜牧也很擅长古文，他的文章简练、生动，骈散结合，开文赋之先声，有《阿房宫赋》传世。

李商隐与杜牧的交谊

杜牧和李商隐生活在同一时代，杜牧的堂兄杜悰（cóng）与李商隐是远房亲戚。大中三年，杜牧和李商隐同在京城为官。这一年，牛党领袖牛僧孺去世，杜牧为牛僧孺写了墓志铭，李商隐则为牛僧孺写了祭文，“并称双璧”，一时成为文坛佳话。

李商隐对杜牧很是倾慕，他作了两首诗赠给杜牧，表达自己的钦佩之意。在《杜司勋》中，他写道：

高楼风雨感斯文，短翼差池不及群。

刻意伤春复伤别，人间惟有杜司勋。

同样生活在国势日渐衰微的晚唐时期，李商隐觉得自己和杜牧都是命运多艰之人，只有他懂得杜牧的伤春伤别之情，与杜牧是知音。在《赠司勋杜十三员外》里，李商隐又写道：

杜牧司勋字牧之，清秋一首杜秋诗。

前身应是梁江总，名总还曾字总持。

心铁已从干镆利，鬓丝休叹雪霜垂。

汉江远吊西江水，羊祜韦丹尽有碑。

后世尚未发现杜牧的应答之作。也许是杜牧没有看到李商隐的赠诗；或者他曾有应答之作，但是亡佚了；或者他根本没有应答。（王春花）

莫高窟第17窟唐代绢画《报恩经变相图》

黄巢大起义

黄巢大起义是唐朝末年爆发的一次大规模的农民起义。黄巢是起义军的领袖，他率军纵横南北，沉重打击了唐王朝的统治，建立了大齐政权，但起义最终在唐朝和沙陀贵族的联合绞杀下失败。黄巢大起义历时十年，波澜壮阔，是中国古代历史上农民起义的三次高潮之一。

起义反唐，黄巢成领袖

唐朝末年，土地兼并严重，大量土地集中在贵族和官僚手中，农民失去土地，背井离乡，成为“逃户”的越来越多。再加上连年发生灾荒，民不聊生，小规模的农民起义不断爆发。唐宣宗大中十三年（859年），爆发了裘甫领导的浙东农民起义。这次起义虽然很快就失败了，但揭开了唐末农民起义的序幕。

唐僖宗乾符二年（875年），濮州（治今山东鄄城北）人王仙芝聚集农民数千人，在长垣（今属河南）揭竿而起，自号“天补均平大将军”。他痛斥

唐朝官吏贪污腐败、国家征缴的赋税过于沉重、法律赏罚不公等。起义军很快攻陷了曹州（治今山东曹县西北）和濮州，发展势头迅猛。

当时，黄巢也在曹州招募了近千人，响应王仙芝起义。黄巢是曹州冤句人，自幼性格张扬豪放，喜爱结交游侠，擅长击剑、骑射和辩论。他还略通文学，屡次参加科举考试但都落榜了，以贩卖私盐为生。两支起义队伍汇合后，采取避实就虚、流动作战的策略，攻城略地，队伍不断壮大，达到数万人。

乾符三年，王仙芝、黄巢率兵从河南转战至长江中下游一带，屡战屡胜。起义军攻打蕲州（治今湖北蕲春西南）时，蕲州刺史欲招降王仙芝，为他向朝廷求得左神策军押衙兼监察御史的官职。王仙芝很高兴，打算接受朝廷的招安。黄巢大怒，呵斥道："此前我和你共同立下重誓，要一起征服天下，如今你却要独自去做官，让这五千士兵何去何从！"说到气愤处，黄巢起身击伤了王仙芝。王仙芝自知理亏，也害怕触犯众怒，于是放弃了投降的打算。

起义军攻下蕲州后，分成两部作战。王仙芝带领三千士兵南下，率军攻占了鄂州、随州、江陵等地，声势不断壮大。黄巢则带领两千士兵北上，进入齐、鲁地区，先后攻占了郓（yùn）州、沂州等地。

乾符五年，在黄梅（今属湖北）之役中，王仙芝兵败牺牲，他的部下将领尚让率领余部北上，与黄巢合兵一处。起义军将士共同推举黄巢为王，黄巢号称"冲天大将军"，建元"王霸"，从此成为农民起义军的领袖。

南征北战，称帝长安城

成为农民起义军领袖后，黄巢继续挥师向南。他先率军在今江西一带作战，后转向今安徽、浙江，从浙东地区开辟山路七百里，直驱福建，再南下攻取广州。广州是船舶往来的重要港口城市，经济发达，财力雄厚，起义军攻下广州后，获得了大量物资，实力更盛。

但此时起义军中发生瘟疫，死亡人数达到十分之四。黄巢于是引兵北还，从桂州（治今广西桂林）沿湘水而上。起义军在攻打荆门时，被驻守在此的山南东道节度使刘巨容设计拦截。刘巨容故意让五百名沙陀骑兵临阵脱逃，将战马留在原地，让起义军捕获。第二天，起义军战士骑着缴获来的战马作战，刘巨容让人用沙陀语呼唤这些战马，马儿听到沙陀语的呼唤声，纷纷奔还，起义军拦都拦不住。起义军中了刘巨容的奸计，损失惨重，黄巢率军转而东进，来到长江中下游地区。

黄巢带领起义军渡过长江，声势越来越大，人数也越来越多。广明元年（880年），黄巢率军渡过淮河，攻占了东都洛阳，唐军退守潼关。黄巢大军来到潼关城下，漫山遍野都是起义军的白旗。潼关旁边有一条山谷，名叫“禁坑”，平时为了防止商人逃税，朝廷不许任何人从那里进出，里面长满了灌木丛。由于起义军来得突然，唐军竟然忘记在那里设防。双方一番混战后，唐军溃败，争先恐后地逃往禁坑，将那里踏为平地，正好给起义军开辟了道路。很快，黄巢大军就突破了潼关天险，直捣唐朝的都城长安。十二月五日，大宦官田令孜带着五百名神策军，护送唐僖宗仓皇出逃。

当天下午，起义军顺利进入长安城。黄巢乘坐着用黄金装饰的轿子，随从都身披锦绣，手执兵器，浩浩荡荡地跟着黄巢一起进城。他的部下尚让对前来围观的老百姓说：“黄王起兵是为了老百姓，他不会像李姓皇帝那样不爱惜你们，你们安心居住，不必害怕。”长安城的秩序迅速安定下来。

自古英雄出少年

黄巢五岁时，和祖父、父亲一起为菊花作诗。父亲和祖父还未想出诗句，黄巢便脱口说道：“堪与百花为总首，自然天赐赭黄衣。”父亲责怪他言辞僭越，祖父说：“孙儿有作诗之才，但用词不知轻重，让他再作一首。”黄巢回道：“飒飒西风满院栽，蕊寒香冷蝶难来。他年我若为青帝，移共桃花一处开。”由此可见，黄巢小小年纪便已有雄伟抱负。

唐代皮囊形白瓷壶

章怀太子墓壁画《狩猎出行图》

十二月十三日，黄巢于大明宫含元殿正式称帝，国号“大齐”，建元“金统”，建立起农民军自己的政权。

兵败东走，殒命于泰山

黄巢称帝后，满足于既有的胜利成果，犯了大错误。一方面，他没有及时派兵屯驻长安城周边的战略要地，夺取的重要城市也不留兵驻守，打下一地后就放弃一地，这等于把自己的后路让给了唐军；另一方面，他麻痹轻敌，不继续攻打唐军的残兵败将，给了朝廷组织军队反攻的机会。

广明二年，唐僖宗任命大臣郑畋（tián）为京城四面诸军行营都统，组织军队反攻起义军。双方在关中展开了拉锯战。

此后又发生了一系列不利于起义军的事件。中和二年（882年），唐军再次围困长安城。城中严重缺粮，一斗米的价格飙升到三万钱，人们只能用树皮充饥，形势十分危急。八至九月，负责东部防务的起义军将领同州防御使朱温，被唐军王重荣部围困在了同州（治今陕西大荔）。朱温认为起义军大势已去，就斩杀了黄巢派来的监军，向朝廷投降。唐僖宗给朱温赐名“朱全忠”，并任命他为宣武节度使。此后，朱温及其率领的军队成为唐朝镇压起义军的一股重要力量。

朝廷还请来沙陀贵族李克用协助镇压起义军。中和三年三月，凶悍善战的沙陀军队进攻长安城，在渭水桥三战三捷，起义军伤亡惨重。黄巢率领十五万人马连夜撤出长安城，一路边走边抛弃辎重物资。穷追不舍的唐军和沙陀军队争先恐后地捡拾物资，使起义军得到了喘息的机会。

东走过程中，黄巢率军在陈州（治今河南淮阳）等地多次与唐军作战，实力大为削弱。尤其是在围攻陈州时，起义军遭遇了顽强的抵抗。黄巢犯了屯兵于坚城之下的错误，这场战役耗时接近一年，耗尽了起义军的力量。黄巢撤军北上，在王满渡（今河南中牟北）遭遇大败。

中和四年，在李克用和朱温的追击下，黄巢继续率军东逃。五月，大雨滂沱，电闪雷鸣，河水暴涨，起义军的堡垒全部被冲坏，军队大乱，黄巢退回到家乡曹州冤句。李克用又率军追到曹州，起义军继续向东躲入泰山。六月，黄巢与唐军在泰山狼虎谷激烈交战。黄巢兵败，自刎而死，轰轰烈烈的黄巢大起义至此宣告失败。

黄巢大起义是唐末历时最长、范围最广、影响最深远的一次农民起义。起义军南征北战，沉重打击了唐朝的统治。起义军建立“大齐”政权，第一次提出了“均平”的口号，反映了农民阶级的朴素理想。（刘玉峰 宋旭晗）

唐代人物银盒

沙陀

古部落名，是西突厥的别部，因其境内有“大碛”（今古尔班通古特沙漠）而得名。唐代中期，沙陀曾为吐蕃附属，唐宪宗时，酋长朱邪执宜归附唐朝，朝廷将沙陀部落安置在今陕西定边一带。唐宪宗、唐武宗、唐懿宗用兵都曾得到沙陀军的帮助。执宜的儿子赤心被赐名李国昌，他的孙子李克用则因帮助镇压了黄巢起义而被封为晋王。后来李克用的儿子李存勖灭后梁，建立后唐。后晋石敬瑭、后汉刘知远也都是沙陀人。

唐代的县令

从秦汉到明清，“县制”保持了长期的稳定性和延续性，是国家治理的重要基石，体现出中国古代相当高的制度文明成就。继秦汉之后，县制在唐代发展到更加完备的水平，被视为中国古代县制建设的代表。

唐代武士俑

县令的地位与角色

唐朝建立后，继承并发展了秦汉以来中央集权的政治体制。在中央，完善了三省六部制；在地方，主要实行州制和县制。

唐代的州，根据管辖户数的多少分为上、中、下州，又根据地位的轻重分京、辅、雄、望、紧州若干等级。每个州下辖若干县，各县按照地位轻重和管辖户口多少，分为赤（京）、畿、望、紧、上、中、下县七个等级。京师长安和东都洛阳直辖的县为赤县，又称为“京县”，临近京城的县称为畿县。

每个县都设有行政长官“县令”一职，掌管全县事务，这是直接面向老百姓的“亲民之官”。辅佐县令处理政务的辅官有“县丞”“主簿”和“县尉”。县丞是县令的助手，总体上协助县令工作；主簿具体负责县务的推行和监督，主管文书簿籍；县尉主要负责司法捕盗、审理案件、征收赋税等具体工作。各县又下辖几个乡里。

从中央三省六部到州，再到县，形成了上承下达、层层对接的统属关系，构建起从中央到地方的层级井然的国家行政体系和执行体制，恰如“身之使臂，臂之使

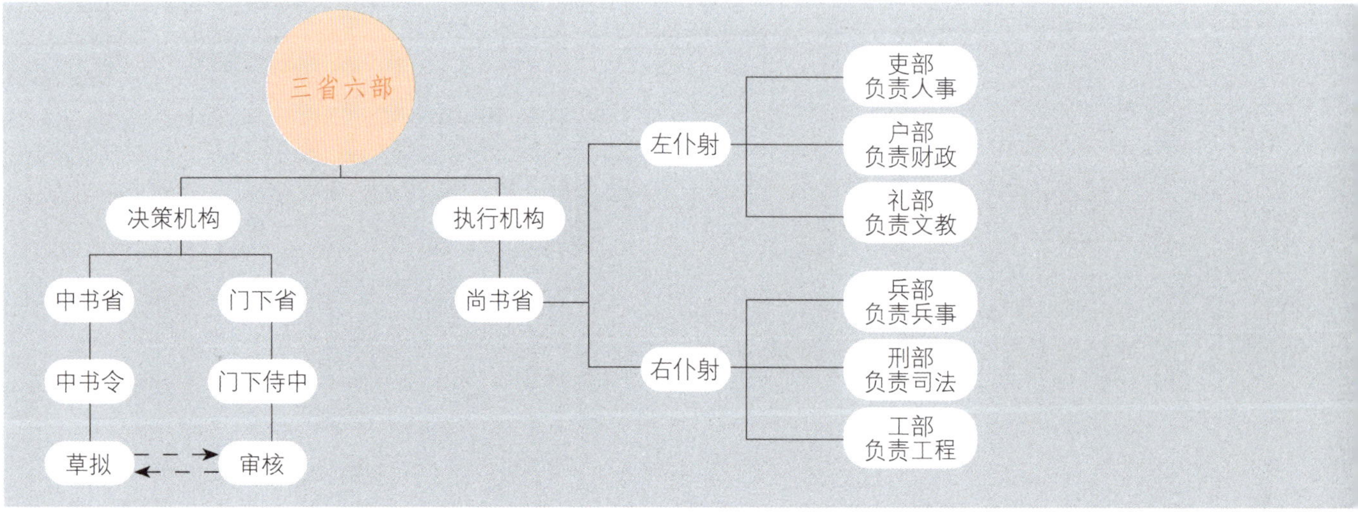

指”。在这个体系中，三省六部是“身”，州是“臂”，县及乡里则是“指”。显然，“县”是唐朝国家政体最基层的政府机构，是初级地方行政组织，在整个国家的行政体制里处于基础和基石的地位，是朝廷治理社会的最前沿政权堡垒。

县令的职责

根据《唐六典》和唐朝法律的有关记载，县令的主要职责有以下几个方面：

一是管理社会生活，大到对百姓进行思想教化，小到访贫问寒、了解百姓的家庭生活状况等。其中，对民众施行道德教化是唐代县令最基本的职责之一。道德教化能直接影响民众，维护社会秩序，因此县令对百姓进行道德教化的职责往往被突出强调。

二是确立和登记户籍。县令要根据各家各户资产的多少，将百姓划分为九个等级，并登记入各家户籍之中。这个等级是与赋税征缴挂钩的，等级越高，所应缴纳的赋税就越高。因此，每三年要重新确立并登记户籍一次，以便根据实际情况及时进行调整。

三是调查人口。为保障赋役制度的有效实行，县令要调查掌握辖区内各家各户人口的组成、年龄状况及其变化，其中要重点关注成年“丁男”的情况变动，因为这些男性人口是国家赋税及劳役的主要承担者。

四是田地分配工作。唐朝前期土地制度主要采取的是均田制，规定农户内丁男（21~59岁）、中男（16~20岁）授给“永业田”20亩，“口分田”80亩；老男（60岁以上）及残疾人授给“口分田”40亩；守寡的妇女授给“口分田”30亩；等等。

唐安县之印

这枚方印用铜铸成，高鼻钮，朱文，印文部分出现重叠的笔画，从右上起读为“唐安县之印”。

唐安县之印

每年的十至十二月，各县县令在里正（一里之长）编制好的簿历账册的基础上，按照均田制的规定，及时进行土地的收授和调节，并登记入各户户籍之中，切实推行好国家的土地制度。

由此可见，县令的工作是十分繁重和具体的，覆盖了行政、民政、司法与治安、经济与财政、籍账编制与社会管理、教育与教化等方方面面。国家政令、政务与各项制度最终能够落实，推行到全社会，依托的正是县令的具体工作。对于县令职能的这种重要作用，古人有精到的总结——“郡县治，则天下安”。

县令的选拔和考核

县令是国家基层行政机构的主要负责人，因此，中央政府格外重视县级长官的选拔与考核。对此，唐朝制定了许多制度和具体操作程序。

县令的选拔大致上可分为这几类：一是由中央的尚书省吏部选授（后来改为礼部）。选拔县令的长官要认真负责，否则会被处罚。二是通过举荐和科举考试选任县令。贞观三年（629年），唐太宗下令，由五品以上的官员推荐县令人选，后来高级官员举荐成为县令选任的一种方式。同时还规定，如果被举荐的县令在任期间贪赃枉法，名不副实，要追究举荐官员的法律责任。

朝廷在选拔县令时，也十分重视县令人选的实际工作经验和执政能力。开元十一年（723年），唐玄宗明确规定，缺乏实际工作历练的青年官员，不得出任县令。他还积极推行任职籍贯回避和亲属回避等制度，防止县令因为人际关系而滋

8世纪的粟特丝绸织物

明府君

“明府君”是汉代对郡守的尊称，省略为“明府”。到唐代以后，专指“县令”。唐代诗人的很多诗歌里都有写给“明府”的诗歌，如李白有《别中都明府兄》。据统计，《全唐诗》中标题出现“明府”的诗歌有三百多首。

上下五千年

唐代武士俑

生腐败行为。

唐朝对官员有着严格的考核制度，考核主要有“常考”和“巡考”两类。定期考核称为“常考”，县令的常考实行一年一考。每年年终，先由县令进行“自我鉴定”，再由上一级的州司长官当众宣读其“自我鉴定”，并当众评定其政绩的好坏。议论考核的结果，由州司负责官吏写出自“上上”至“下下”的九个等级，上报给尚书省吏部，最终确定县令当年的考核等级。县令经过连续四年的考核，根据总成绩的优劣等级由吏部决定其升降与褒贬。因此，一任县令的任期一般为四年。朝廷对县令的考核特别注重户口增加和生产发展两个方面。开元四年，唐玄宗就曾宣布：那些在任期间，能够使户口增加、粮食丰收，而且勤政廉洁的县令，优先被评为上考。

除了常考之外，对县令的考核还有“巡考”。巡考又分定期巡考和不定期巡考两种。定期巡考由上一级的州司或都督府负责，对县令的工作每年进行巡视督查。巡考时发现政绩特别优异或特别拙劣的县令，要上奏皇帝加以褒奖或惩罚。不定期巡考则由朝廷派出高级别的官员以特使身份进行巡察考核。这种不定期的巡考往往比定期巡考具有更大的威慑力，有利于震慑腐败行为。

自秦以来，作为国家行政机构中最基本的地方行政单位，县制满足了国家强化地方控制、维护基层稳定、贯彻中央决策的需求，受到历代王朝的重视。时至今日，县级行政制度依然在中国发挥着不可替代的重要作用，并对世界多国的政治文明产生了深远影响。（刘玉峰 张 琰）

《维摩诘经变图》（局部）

这是莫高窟第103窟唐代吴家样风格壁画。

[唐]周昉《簪花仕女图》(局部)

此图描绘了几位贵族妇女在宫廷苑囿中赏花弄蝶、戏犬观鹤的生活场景。画家以流畅的线条、浓丽的色彩，表现出典型的唐代仕女形象。

敦煌石窟和敦煌文书

敦煌地处丝绸之路要冲，是多种文明交汇之地。敦煌石窟的营建历经千年，是艺术的宝库。敦煌文书被发现后，遭遇劫难，流散于世界各地。敦煌石窟与敦煌文书包罗万象，博大精深，是“墙壁上的博物馆”“中古时代的百科全书”，是人类文化与文明的珍贵遗产。

敦煌石窟的开凿

敦煌莫高窟俗称千佛洞，位于今甘肃敦煌，开凿在鸣沙山东麓的断崖之上。敦煌（郡）古已有之，最早设置于汉武帝元鼎六年（前111年）。它位于河西走廊的西端，西部便是戈壁荒漠。祁连山的雪水孕育了这片绿洲，使它成为古丝绸之路上的交通要道。

敦煌石窟包括莫高窟、西千佛洞、东千佛洞、安西榆林窟等，其中以莫高窟最为著名。通常所说的敦煌石窟，指的就是莫高窟。

根据莫高窟第332窟建窟时所立石碑上的碑文《李君莫高窟佛龛碑》记载，莫高窟第一窟的开凿者是一位名叫乐僔（zǔn）的僧人，他在前秦建元二年（366年）行至这里，突然看见金光万道，崖上好似有千佛。于是他在这里架空凿岩，建造了一龛石窟。十六国时期的禅僧法良从东方而来，行至此处，也认为这是一个神奇的地方，于是他在乐僔所开窟龛的旁边，又造了一龛。

此后，历经北凉、北朝、隋、唐、五代、宋、西夏、元等多个历史时期，敦煌石窟镌造不绝。经过延续千年的营建，形成了规模宏大的石窟群。莫高窟现存有

莫高窟第103窟壁画

这幅壁画描绘了玄奘西行求法返回长安时路上的情景。

彩塑与壁画的洞窟492个，塑像2000多身，壁画5万平方米。这些壁画、雕塑都非常精美。

隋唐时期是莫高窟营建的重要时期，现存的有彩塑和壁画的近500个洞窟中，建于隋唐时期的就有300多个，占了洞窟总数的60%以上。

敦煌石窟的艺术

敦煌石窟是艺术的宝库，是集建筑、雕塑、绘画等形式于一体的综合艺术。

莫高窟的建筑把古印度和中国传统建筑式样相结合，北朝时期以禅窟、中心柱窟等窟形为主，隋唐以后加入了中国传统的斗帐形式和殿堂形式，典型窟形为覆斗顶方形窟、佛坛窟，并出现了大像佛窟。

莫高窟的彩色雕塑，在北朝和隋朝时带有浓厚的古印度和西域样式特征，但也融合了中国本土塑像的元素，骨骼清秀，人物往往戴高冠，穿大袖衣裳；到唐朝时，彩塑艺术的民族化特征逐渐突出，形态、神韵都具有中国审美意趣。

莫高窟里的壁画也很有特点。北朝时期的壁画，在形式与技法上大多模仿外来佛教艺术人物画；隋唐时期的壁画，结合了外来艺术中人物造型精准、比例协调、凹凸法晕染的长处与中国画讲究线描和神韵的传统，笔法灵活多变，描绘了气象万千的佛国世界。

如莫高窟第61窟中描绘佛教胜境的壁画《五台山图》，是五代时期最具创意的佛教史迹画。这幅壁画高3米多，长约13米，是五台山的全景图。画中山峦连绵，

莫高窟第61窟壁画《五台山图》(局部)

这幅壁画描绘了山西五台山一带寺庙林立的景象。

河流蜿蜒，道路交错，城池、村镇、寺院星罗棋布，仙人、高僧、信徒、商贾等人物活灵活现。这幅壁画描绘出唐代五台山的真实地理与现实生活状况，据考证，画中的一百多所寺院，均与唐代文献记载一致，从中可以一睹唐代寺院建筑的风貌。

供养人画像与题记是敦煌壁画中的重要内容，也是弥足珍贵的古代肖像画资料。供养人，也称功德主、施主，就是出资建造寺庙、开窟龛、造佛像、修塔、抄写佛经、敬事佛宝等的佛教信徒。

唐宣宗大中二年（848年），张议潮率领沙州（治今甘肃敦煌西）民众起义，推翻了吐蕃人在敦煌的统治，又相继收复河西十郡，并把这十一郡的图籍献给朝廷。唐朝在沙州设置归义军，任命张议潮为节度使。张议潮的侄子张淮深营建了第156窟，甬道两侧画有张议潮一家的供养像，窟内南壁到东壁画有《张议潮出行图》，规模壮观。画中出行的队伍仪仗严整，旌旗飘扬，前边有鼓角手与文武官吏开道，中间是乐舞表演队，有专人持奉旌节。张议潮身穿红袍，骑白马而行，后面“子弟军”、辎重队伍相随。北壁则画有《宋国夫人出行图》，宋国夫人是张议潮之妻，这幅壁画场面热闹，前面有舞蹈、顶杆等杂技表演。

敦煌文书的发现与流散

敦煌石窟在明代一度荒废，很少有人知道。到清代，开始有文人记录关于敦煌石窟的资料。大约在清光绪二十六年（1900年）前后，道士王圆箓（lù）到了敦

莫高窟第156窟壁画《张议潮出行图》（局部）这幅壁画自西而东，前导是吹长胡角、打大鼓的“骑吹”，接着是仪仗队和旌旗卫士、载歌载舞的“营伎”与乐队，以及护卫“旌节”的骑兵。张议潮骑着高头大马，在一群属官的簇拥下正走上桥头，后面是随从、辎重以及追猎的武士。

煌莫高窟，他在清理莫高窟第16窟甬道北壁时发现了一个复洞（现在编号为第17窟），洞面积大约有7平方米，里面堆满了经卷和文书，这就是震惊世人的藏经洞，也称鸣沙石室、敦煌石室。

藏经洞内藏有大量历代文书、纸画、绢画等文物，价值极其珍贵。这些文书多数为写本，少量为刻本，其中汉文书写的占绝大多数，还有一些用古代藏文、梵文、粟特文、回鹘文等书写的。这些文书被称为敦煌文书，又叫敦煌遗书、敦煌卷子、敦煌文献等。

然而，令人痛心的是，19世纪末20世纪初，当时的中国政府昏聩无能，西方侵略者图谋瓜分中国，一大批西方"探险者"到中国各地以"探察地形道路"为名，非法发掘、抢掠中国文物。就这样，敦煌文书流散到世界各地，被收藏在英国、法国、俄罗斯、日本等10多个国家的80多个博物馆、图书馆及文化机构中，还有一些被私人收藏家收藏。

敦煌文书的流散，是当时中国文物命运的缩影，对我国文化事业造成了难以估量的损失。1930年，爱国学者陈寅恪在《陈垣〈敦煌劫余录〉序》中沉痛地写道："敦煌者，吾国学术之伤心史也。其发见之佳品，不流入于异国，即秘藏于私家。"

（王春花）

藏经洞封存之谜

藏经洞为什么被封闭起来呢？对于这个问题，众说纷纭。一种观点是避难说。有人认为是宋初避西夏之乱，有人认为是佛教王国于阗被信奉伊斯兰教的黑汗王朝消灭，僧众为避免战争灾难而封存，等等。一种观点是废弃说。藏品中有相当数量的汉文碎纸块、包皮、绢画残片、画幡木网架等，有人认为这些东西是敦煌各寺院的废弃物，藏经洞是堆放这些废弃物的地方。还有一种观点是书库改造说。大约在1000年前后，敦煌有了方便的折页式的刊本经卷，于是原先的卷轴式佛经就被"藏"了起来，给折页式佛经腾出空间。

莫高窟第17窟唐代绢画《引路菩萨图》

曲辕犁和筒车

自古以来，中国就以农业立国，历代统治者对农业都很重视。随着生产力的不断提高，人们对农具也不断改进。唐初统治者励精图治，社会经济得以恢复发展，生产技术也进入了崭新阶段。这一时期，曲辕犁和筒车的问世与应用，代表了耕作农具的成熟，它们在古代农具发展史上有着重要地位。

生产工具革新的条件

经历过隋炀帝的暴政和隋末大动乱，唐朝建立初期，人口户数只有200万户左右。为恢复经济，初唐统治者一边维持政治局面的稳定，一边继续推行均田制和租庸调制，努力提高农民生产的积极性。经过100多年的发展，到唐玄宗天宝年间，唐朝人口已经增长到900万户，达到中国古代人口的又一个高峰，出现了“耕者益力，四海之内，高山绝壑，耒耜（lěi sì）亦满”（唐元结《次山集》）的盛世景象。这一时期，唐朝的耕地面积持续扩大，农业生产的整体水平不断提高，这些都为精耕农业生产工具的发展创造了有利条件。

在汉代炒钢、百炼钢及固体脱碳等炼钢方法的基础上，南北朝时期，人们发明了灌钢法。这个方法充分利用了生铁碳含量高、熟铁碳含量低的特点，将熔化的生铁浇灌到熟铁中一起进行冶炼，然后再锻打成钢。到了唐代，冶铁业发展较快，开采的铁矿数量也不断增多，锻造技术成熟，原材料丰富，生产成本大大降低，钢的产量大大增加，钢制品开始广泛地应用于农业、手工业。

莫高窟第445窟壁画（局部）

这幅壁画反映了耕地、收割、捆田、打场等场景，画面右下角一名农夫扬鞭挽牛耕地，用的就是唐代的曲辕犁。

宿铁刀

北齐时，綦（qí）毋怀文是一位出色的制刀专家，他在前人造刀经验的基础上不断改进，最终运用灌钢法创造出一套新的制刀工艺，成功打造出“宿铁刀”。因灌钢法是将生铁与熟铁“宿”在一起，用这个方法打造出的刀就得名“宿铁刀”。宿铁刀坚硬锋利，能斩甲过30札。

耕种工具——曲辕犁

中国人制作农具的手艺与众不同，从早期的耒耜，到结构复杂的水力、畜力犁，都是劳动人民辛勤劳动、经验积累的结晶。曲辕犁就是唐代农具革新中的代表。

曲辕犁早在唐初就已经出现并开始使用，张鷟（zhuó）在《朝野佥载》中记载了贞观年间用曲桑枝作犁辕的故事。看似简单的曲辕犁，其实精致复杂，据晚唐陆龟蒙《耒耜经》中对曲辕犁形制的详细记载，这种犁由犁铧、犁壁、犁底、压鑱、策额、犁箭、犁辕、犁梢、犁评、犁建和犁盘共11个部件构成。

与之前的耕犁相比，曲辕犁呈现出不一样的特点。首先，曲辕犁的犁铧多为V形，尖头更加锋利，便于入土；其次，新增加的犁评可调节入土深浅，通过推进或提起犁评来控制犁箭向下或向上，从而使犁铧入土深或浅，有利于调节深耕或浅耕；再次，犁壁呈椭圆形，能将翻起的土掀到一边，既减少前进的阻力，又翻耕了土壤；最后，将犁辕由长直辕改为短曲辕，并在辕头安装了可以自由转动的犁盘，犁架变小变轻，操作更灵活，既方便控制，又省时省力，由一头牛牵引即可耕地，大大提高了效率。曲辕犁因而成为当时世界上最先进的耕犁。

此外，制作曲辕犁的材料主要是木材和铁，价格低廉，易于获取，大大增加了曲辕犁的普适性。曲辕犁出现后很快得到推广，甚至流传到了西北的敦煌地区。

《耕织图》中描绘的灌溉场景

图中农夫灌溉所使用的工具称为桔槔（jié gāo），俗称“吊杆”，是一种原始的提水机械，它利用杠杆原理来汲取井水。春秋时期人们就已经运用这一装置来取水和进行农业灌溉，关于桔槔的最早记载可见于《庄子》。

灌溉工具——筒车

古书中的筒车

聪明的中国人对水的应用得心应手，桔槔、辘轳、翻车等都是古代中国人对水力运用深度认识的智慧结晶。在前代已有的水利工具基础上，唐人改进技术，创造了新的灌溉工具——筒车。

元代农学家王祯在《农书》中详细记载了筒车的构造：筒车由转轮、受水板、舀水筒和水槽四部分组成。转轮架设在木质支架之上，由两个圆环和若干用以承受水力冲击的木板捆绑而成。转轮上呈放射状排列了很多圆木，起着支撑作用。用于舀水的竹筒或木筒被均匀地固定在转轮上。当转轮的底部浸于水中，受水板受水流冲击时，转轮就开始转动，水面下的舀水筒灌满水后随转轮转动，被带到高处。装满水的舀水筒到达转轮上方时，筒口向下倾斜，将水倒进高处的水槽里，再经由水槽流到田间。

明代科学家徐光启曾说："筒车之妙，妙在用水。"在水力资源丰富、水流落差大的山区，筒车的优势被发挥得淋漓尽致。唐人陈廷章在《水轮赋》里详细描述了筒车的工作原理，筒车正是依靠水力运转的带有成串木筒或竹筒的巨型轮子，将低处的水舀到高处。筒车将人力从传统农业劳动中解放了出来，使

[唐]周昉《挥扇仕女图》

此画描绘了唐代宫廷中妃嫔、宫女的日常生活，画中人物形体丰满，服饰华贵，色泽浓艳，展现了初、盛唐时期典型的贵妇人形象。

更多的田地得到灌溉开发，对农业的发展产生了深远的积极影响，深受农民推崇和文人称颂。宋代诗人毛珝（xǔ）在《吴门田家十咏》（其三）中道出了筒车的主要优点："到处车声转水劳，东乡人事独逍遥。一堤滟滟元非雨，总是吴江淡水潮。"

安史之乱后的发展及影响

唐代以前，黄河流域一直是我国的政治、经济中心。安史之乱后，由于北方战乱不止，中原人民和世家大族纷纷南迁，大量的劳动力和先进的生产技术随之传入南方，促进了当地农业的快速发展，我国的经济中心逐渐南移。

唐代后期，江南地区大量兴修水利工程，水利资源得到广泛应用。随着陂（bēi）塘堤堰的修建及先进灌溉工具的推广，农业生产的灌溉能力得到了极大提高，很多荒地变成肥沃的农田。人口迁移带来丰富的劳动力和先进的生产技术的同时，生产工具也在不断因地制宜地创新开发。生产工具的改进，有力地促进了江南地区的农业发展。因此，到唐代后期，江南地区的社会经济一直保持了快速发展的趋势，总体水平逐渐超过了北方。现如今，很多地区仍在使用曲辕犁和筒车，它们不仅是生产工具，更是中国人民勤劳与智慧的体现。（李　娴）

皇帝轮流做的五代十国

唐天祐四年（907年），朱温建立后梁。此后五十多年时间里，北方黄河流域先后出现了后梁、后唐、后晋、后汉、后周五个政权，合称“五代”。南方地区先后建立了九个小国，分别是：江淮地区的吴和南唐，浙江一带的吴越，四川的前蜀、后蜀，湖南一带的楚，福建一带的闽，广东一带的南汉，湖北江陵地区的南平，加上北方割据太原的北汉政权，合称“十国”。这一历史时期，各个政权交替频繁，出现了“皇帝轮流做，明年到我家”的谚语。

朱温画像

朱温代唐

9世纪末，经过黄巢大起义的沉重打击，唐朝已是日薄西山，国力不断衰落，各地藩镇势力却在征战中不断强大起来，其中实力最强的当属宣武军节度使朱温和河东节度使李克用。

朱温幼年时父亲就去世了，家境贫寒。他参加黄巢起义军后，很快成长为一员骁将。朱温生性残暴，狡猾奸诈，颇能审时度势。唐僖宗中和二年（882年），朱温看黄巢大势已去，于是率领部队归附唐朝，转而协助唐军镇压黄巢起义军，并被唐僖宗赐名“全忠”。次年，朱温官拜宣武军（唐方镇名，治汴州，即今河南开封）节度使。

唐僖宗死后，宦官拥立唐僖宗的弟弟李晔做皇帝，就是唐昭宗。穷途末路的皇帝根本没有什么实权，朝中大臣与宦官矛盾十分尖锐，他们各自勾结方镇以为外援。天复元年（901年），宦官韩全海挟持唐昭宗至凤翔，投靠凤翔节度使李茂贞。宰相崔胤催促朱温带兵迎驾，朱温立即率军进入京师长安，后发兵围攻凤翔。李茂贞屡屡战败，天复三年，李茂贞与朱温和解，朱温护送唐昭宗出城，回到长安。朱温回到长安后，杀了数百名宦官，自己则被封为梁王，彻底控制了皇室。天祐元年，朱温用武力逼迫唐昭宗迁都洛阳，并于同年八月将其杀害，另立年幼的李柷（zhù）为傀儡皇帝，即唐哀帝。天祐四年，朱温代唐称帝，定国号为梁，建元开平。他将汴州升为开封府，定都于此（称东都），建立起五代第一个中原政权——后梁。

李克用临终授箭

与朱温相比，河东节度使李克用始终以唐臣自居。上源驿事件中，朱温刺杀李克用未果，两

五代青瓷飞鱼形水盂

上源驿事件

唐僖宗中和四年，李克用与朱温合力出兵，镇压了黄巢农民起义军，其中李克用功勋显著。战争胜利后，朱温于汴州上源驿设宴款待李克用。席间，年轻气盛的李克用处处逞强，言语间多有不敬。朱温心生愤懑，宴会结束后派部将火烧驿站，企图杀死李克用。在亲随的拼死保护下，李克用才狼狈逃出。两人自此结下深仇。

人结下深仇。随着实力的不断增强，他们逐渐成为彼此争夺天下的最大对手。朱温代唐建立后梁，骁勇善战的李克用仍沿用唐昭宗的天祐年号，以勤王讨逆为旗号，与后梁军队不断展开争斗。在交战过程中，李克用与契丹首领耶律阿保机结为兄弟，共同对付朱温。但耶律阿保机眼见朱温的势力不断扩大，也与朱温交好，两面订立契约，以谋求利益的最大化。

后梁建立后的第二年（908年）正月，李克用因病去世。临终之时，他将儿子李存勗（xù）唤至床前，交给他三支箭，叮嘱他完成自己的三个心愿：第一支箭指向北方，要李存勗消灭刘仁恭、刘守光父子。刘仁恭本是李克用举荐的，但他为人反复无常，占据幽州后投靠了后梁；第二支箭指向契丹，要李存勗消灭背信弃义的耶律阿保机；第三支箭指向了后梁，要李存勗消灭后梁。双方多年的仇怨，一定要有个了结。

李存勗继承父亲遗志，励精图治，强势加入了中原争霸的行列。三支箭被他供奉于家庙，每次出征前，李存勗都会郑重地把它们取出放入锦囊之中，等得胜归来后，再放回家庙。经过整整十五年的不断努力，李存勗一步步实现了父亲的心愿。他先后跟后梁军打了几次大仗，把后梁军打得大败。朱温亲率五十万大军跟李存勗决一死战，结果被打得溃不成军。朱温又恼又羞，一病不起。后梁乾化二年（912年），朱温被次子朱友珪杀死。

朱温死后，朱友珪自立为帝。第二年，朱友

五代十国存续图

［五代］关仝《秋山晚翠图》

贞发动兵变，夺取了后梁皇位，他就是后梁末帝。就在这一年，李存勖发兵攻打幽州，活捉了刘仁恭、刘守光父子，把他们押回晋阳（今山西太原）斩杀，完成了李克用的第一个遗愿。这以后，李存勖的主要对手就是后梁末帝和契丹的耶律阿保机了。

天祐十三年（后梁贞明二年，916年），耶律阿保机称帝，他就是辽太祖。第二年，他亲率五十万契丹军队进攻幽州。李存勖大败契丹军队，把他们赶回北方。李存勖也算是完成了李克用的第二个遗愿。

李存勖又跟后梁末帝打了十来年仗，实力越来越强。天祐二十年（后梁龙德三年，923年），他在魏州（治今河北大名东北）称帝，国号唐，史称后唐，建元同光。后唐正式立国。

忧劳可以兴国，逸豫可以亡身。
——《新五代史》

沙陀三王朝的兴亡

后唐、后晋、后汉的建立者都是沙陀人，因此这三个政权也被称为“沙陀三王朝”。

李存勖建立后唐的同一年，他的军队攻破后梁首都汴州，后梁灭亡。

后梁的灭亡，引起了割据南方诸政权的惊慌，他们纷纷向后唐遣使纳贡。此时的李存勖被胜利冲昏了头脑，过起了奢靡的生活。他大肆兴建宫殿，充实后宫，宠信皇后刘氏，诛杀有功将领，导致朝政混乱。后唐同光四年（926年）二月，邺都（故址在今河北大名东北）等地相继发

燕云十六州

石敬瑭在契丹扶持下建立后晋时，将幽州（治今北京城区西南部）、蓟州（治今天津蓟县）、涿州（治今河北涿州）等共计十六州割让给契丹。历史上，这里不仅是中原农耕文明和草原游牧文明的自然分界线，也是中原王朝和北方游牧民族政权的军事分界线。自此之后，中原王朝失去了防护北面游牧民族的天然屏障。北宋后，人们习惯将这十六州称为“燕云十六州”，其中，燕指契丹在幽州所建的燕京，云则指云州（治今山西大同）。

五代莲尖四壶嘴白瓷

生兵变，河北大乱。李存勗派大将李嗣源前往镇压，但李嗣源转而成了叛军的首领。两个月后，李存勗因兵变被杀，结束了他短暂的统治，李嗣源被群臣拥戴为帝。

李嗣源是李克用的养子，也是一员骁勇善战的虎将，曾先后辅佐李克用、李存勗父子，战功显赫。他登上皇位后，勤于政事，积极改革，算是五代时期比较有作为的一位皇帝。但他疑心很重，导致群臣失和，父子猜疑。之后即位的后唐闵宗李从厚、后唐末帝李从珂兄弟相残，后唐政权迅速走向衰亡。

石敬瑭也是沙陀人，他的父亲是李克用和李存勗手下的一员大将。石敬瑭年轻时喜爱兵法，擅长骑射，勇猛善战。他很得李嗣源的器重，被李嗣源招为女婿。后唐末帝李从珂即位后，对他多有猜忌、排挤。面对李从珂的打压，石敬瑭一面积极部署对抗后唐朝廷，一面向北求援于契丹。

此时的契丹，经过耶律阿保机、耶律德光父子一系列改革，已然强大起来。后唐清泰三年（936年），石敬瑭以奉比自己小的耶律德光为“父皇帝”、割让燕云十六州、每年上贡绢帛三十万匹为许诺，得到耶律德光的军事帮助。耶律德光一直想进犯中原，于是利用这次机会发兵南下，帮助石敬瑭灭了后唐。这年十一月，耶律德光册立石敬瑭为晋国皇帝，后晋建国。

石敬瑭对契丹人自称“儿皇帝”，这一做法连他的继任者、后晋出帝石重贵都无法接受。石重贵掌权后，不再对契丹称臣，因此触怒了耶律德光。从后晋开运元年（944年）到开运三年，契丹军队三次南下，最终灭了后晋。

刘知远也曾是李嗣源、石敬瑭麾下的战将，为人勇猛善战，颇有战功。他曾对石敬瑭舍命相救，很得石敬瑭的信任。后晋开运三年，契丹人攻打后晋时，刘知远没有发兵救援，后晋灭亡。第二年，刘知远在太原称帝，南下攻入洛阳，建都汴，国号“汉”，史称后汉。但刘知远在位仅一年就去世了，继位者刘承祐不久就在兵变中被杀，率军抵御辽军的邺都留守郭威被将士们拥立为皇帝，建立了五代时期最后一个中原王朝——后周。

郭威即皇帝位后，刘知远的弟弟、河东节度使刘崇（后改名刘旻）随后在太原称帝，仍沿用后汉年号，史称北汉。北汉也是十国中唯一位于北方的政权。北汉广运六年（北宋太平兴国四年，979年），北汉被宋太宗灭亡。

石敬瑭画像

南方各政权的立与亡

> 尔俸尔禄，民膏民脂；下民易虐，上天难欺！
>
> ——［五代］孟昶

朱温称帝建立后梁时，南方地区的节度使也纷纷独立，先后建立起九个割据政权。

唐昭宗天复二年（902年），杨行密被唐昭宗封为吴王，节制淮南诸地。朱温与群雄逐鹿中原之时，杨行密果断出兵，强力遏止住朱温南下的步伐。唐天祐二年（905年），杨行密去世，长子杨渥继位，权臣徐温把持了朝政，吴政权陷入纷争。吴天祚三年（937年），徐温的养子徐知诰即位为吴王。后来，徐知诰改名李昪（biàn），改国号为唐，史称南唐。

李昪、李璟、李煜三位南唐国主在位期间与民休养，发展经济，繁荣文化，使得江淮地区在乱世中出现了繁荣的景象。北宋开宝八年十一月二十七日（976年1月1日），北宋派兵攻入南唐都城江宁（治今江苏南京），南唐灭亡。

唐昭宗天复三年（903年），西川节度使王建被封为蜀王，割据一方。后梁建立之初，曾派遣使者前去宣谕，被王建拒绝。同年，王建自立为帝，建立蜀政权，史称前蜀。王建在位十二年，励精图治，注重农桑，兴修水利，蜀中大治。然而，他的儿子王衍昏庸奢侈，沉迷玩乐，守不住基业，在位仅七年，前蜀咸康元年（后唐同光三年，925年）被后唐灭国。

五代彩绘侍奉浮雕

浮雕出土于五代义武军节度使王处直墓，展现了五代时期人物的服饰、发型、生活用具，线条流畅，动感十足，是五代时期的石雕精品。

此时后唐内部发生政变，平定蜀地的主将郭崇韬身亡，西川节度副使孟知祥获取了蜀地兵权，并于后唐应顺元年（934年）建国称帝，史称后蜀。然而，后蜀也没能逃过二世而亡的命运，继任者孟昶（chǎng）执政初期还能勤于政事，后来随着国势增强而日益骄奢。后蜀广政二十八年（北宋乾德三年，965年），宋太祖派兵攻蜀，后蜀灭亡。

钱镠（liú）少年时迫于生计曾贩卖私盐，后来投身军队，在剿灭地方叛臣的过程中，逐渐成长起来，占有了两浙之地。朱温建立后梁后，开平元年钱镠接受其册封，被封为吴越王。崛起后的钱镠意识到战争给人民带来的伤害，因此，吴越一直奉中原朝廷为正统，对中原王朝均纳贡称臣。他在位期间，兴修水利，发展农桑，吴越国一时富甲天下。吴越国历三代五王，北宋太平兴国三年（978年），末代国君钱弘俶（chù，也叫钱俶）遵循钱镠遗训，纳土归宋。

吴越以南，王审知在后梁开平三年被封为闽王，建立闽政权。在他的统治下，闽政权经济发展，人民生活也比较安定。但创业不易，守业更难，后唐同光三年，王审知去世，长子王延翰继位，建立大闽国。第二年王审知次子王延钧发动政变，弑兄夺位，正式称帝。闽国统治者同室操戈，骨肉相残，闽国短短几十年间换了六位君主。闽国不断的内乱给了南唐可乘之机，闽天德三年（南唐保大三年，945年），闽国被南唐所灭。

王审知画像

五代越窑莲花式托盏

《钱氏家训》

家训是指父祖辈对子孙立身处世、持家治业的教诲，是家庭文化的重要组成部分，对个人的教养、原则都有着重要的约束作用。《钱氏家训》绵延千年，内容涵盖个人、家庭、社会和国家四个方面，对子孙立身处世、持家治业的思想行为做了全面的规范和教诲。《钱氏家训》不只是钱氏后人的行为准则，更是留给每个中国人的宝贵精神遗产。

后梁贞明三年（917年），南海王刘龑（yǎn）在广州称帝，次年改国号为汉，史称南汉。南汉偏居岭南，士人治政，提倡文教，促进了南方地区的进一步发展。南汉五十多年共历四帝，宋开宝四年（971年）为北宋所灭。

在南方各政权中，楚国地处诸政权的缓冲地带，马殷采取“上奉天子，下抚士民”的政策，发展了自己的势力范围。后梁开平元年，马殷被封为楚王，后唐天成二年（927年），又被封为楚国王。马殷死后，几个儿子为争夺王位爆发战乱，史称“众驹争槽”。南唐保大九年（951年），楚国被南唐所灭。

后唐同光二年，高季兴被后唐封为南平王。南平是五代十国时期领地最小的割据政权，为求生存，先后向南北诸政权上表称臣。北宋建隆四年（963年），宋太祖出兵，南平纳土归宋。

（李　娴）

南唐后主李煜

10世纪前后，中国历史进入了动荡时期。在这个政权林立、动乱频仍的时期，像李煜这样一位缺乏治理国家的政治才能，但才华横溢、具有较高文学艺术修养的皇帝，也逃不过多舛的命运。

生不逢时的皇室太子

李煜，字重光，是南唐元宗李璟的第六个儿子。相传他“丰额骈齿，一目重瞳子”，意思是说他额头宽且饱满，牙齿重叠，一只眼睛还有两个瞳孔，相貌不凡。

南唐建立于江南富庶之地，占据长江中下游地区，经济实力较强。南唐元宗李璟即位后，“西灭楚，东南灭闽，占地三十余州，广袤数千里”，国力达到鼎盛。李煜身为皇子，生活富庶且安逸。但是，随着时间的推移，南唐逐渐走向了下坡路。

首先是南唐太子李弘冀与叔父李景遂争夺储位，导致政局动荡。李璟早年在南征北战的过程中，册立其弟李景遂为皇太弟，辅佐他处理政事。十几年后，他又立长子李弘冀为皇太子。李弘冀军功颇多，但猜忌心重。后周显德五年（958年），李弘冀用计将李景遂毒死。次年九月，李弘冀病死，李煜被封为吴王，继而被立为太子。频繁更立储君，造成了政局混乱。

南唐后主李煜画像

李煜的长相险些引来祸端。传说中，帝喾（kù）、周武王、孔子都有骈齿，仓颉、虞舜、项羽等人都有重瞳，古人认为，这些奇异的面貌特征是帝王之相。因此，李煜遭到长兄文献太子李弘冀的嫉恨。为了避祸，他专心研究典籍，以打消太子的猜忌。

其次，南唐的外部形势也不容乐观。后周显德五年，李璟在与周世宗柴荣的作战中连连败退，被迫向后周称臣，去帝号，改奉后周年号，自称“国主”。后周显德七年，后周禁军统帅赵匡胤发动政变，黄袍加身，建立宋朝，是为宋太祖。宋太祖为了一统天下，采取“先南后北、先易后难”的策略，将矛头首先指向东南，南唐形势急转直下。

在内忧外患之中，李璟却走错了一步棋。宋建隆二年，他力排众议，一意孤行，将都城从江宁（治今江苏南京）迁到南都（南昌府，治今江西南昌）。但是，很多大臣并不乐意迁都，日夜思归，以致君臣离心，人心浮动。不久，李璟在忧悔中去世，年仅四十六岁。同年，太子李煜即位，又将都城迁回江宁。由于他是南唐的最后一位君主，后世多称他为“李后主”。

命运多舛的南唐后主

成为国君的李煜，开始了他颠沛流离、命运多舛的后半生。李煜缺乏治国的才能，却具有较高的文学艺术修养，他“善属文，工书画”，精于书、画，尤其擅长填词。

此时，北宋雄踞中原，矛头直指南唐。在这种情况下，李煜却表现得软弱和保守。宋开宝四年（971年），李煜派弟弟韩王李从善去朝见宋太祖，宋太祖把李从善留在东京（今河南开封），此举实则是把李从善当成了人质。李煜亲笔上疏请求放弟弟回国，宋太祖不允。经过此事，李煜忧虑于国运的日益窘促，变得郁郁寡欢。但他并没有努力改变困境，而是陷入了自怨自艾、逃避现实的情境中，终日沉湎于歌舞、宴饮之中。他这个时期所作的词，大多描写宫廷的奢侈生活和男欢女爱的情感，如“晚妆初了明肌雪，春殿嫔娥鱼贯列”（《玉楼春》）。宫殿之上众人酣饮，歌舞升平，肌肤如雪的宫娥鱼贯而入，纵情歌舞，宴席上大家饮酒谈笑，直至深夜才踏月而归。好一派纷繁绮丽的宫廷生活。

开宝七年，宋太祖遣人召李煜赴京城。李煜知道这是陷阱，便称病不去。宋太祖于是下令南征，南唐危在旦夕。此时的李煜，依旧不理朝政，而是沉湎于佛、道之事。他每天与和尚、道士谈经论道，诏令多出自设在宫廷内的“澄心堂”，原先的政治机构都荒废了。

在宋军南下的过程中，南唐军队部署混乱，一路溃败。开宝八年，宋军包围了江宁，城中人人惶恐。如此千钧一发之际，李煜却毫不知情。

［五代］顾闳中《韩熙载夜宴图》（局部）

韩熙载是出身北方豪门的才子，博学有才。李煜想要重用他，但又听说他荒淫纵乐，于是命顾闳中晚上去他家暗中观察。正遇上韩熙载家举办宴会，顾闳中目识心记，回去后创作了这幅写实的人物画作品。

［五代］周文矩《重屏会棋图》

图中描绘了南唐中主李璟与弟弟们下棋的场景。

一天，他偶然出来巡城，发现城外旌旗满野，才发觉自己一直被蒙在鼓里，江宁早已成了一座孤城。李煜派能言善辩的大臣徐铉去东京向宋太祖求情。徐铉对宋太祖说："李煜无罪，陛下师出无名。李煜侍奉陛下，就像儿子侍奉父亲那样恭敬，从没犯过什么错，陛下为什么要讨伐我国呢？"宋太祖反问道："你说父子分为两家，行吗？"徐铉还想再劝说，宋太祖怒气冲冲地吼道："卧榻之侧，岂容他人鼾睡！"徐铉只得无功而返。

十二月底，北宋军队攻克江宁。次年初，李煜被俘，被押送到宋朝京师东京，开始了被软禁的俘虏生涯。

大小周后的故事

李煜有两段动人的爱情故事。他的第一任国后是大周氏，小名娥皇。她精通书史，善歌舞，还弹得一手好琵琶。李煜和大周后伉俪情深，可惜好景不长，大周后二十九岁时卧病不起，在生命垂危之际，她亲自取来"烧槽琵琶"，手臂戴上玉环，为李煜弹奏了一曲，与之诀别。李煜非常哀痛，自称"鳏夫煜"，为大周后写了数千言的诀别书，言辞极尽酸楚。

小周后是大周后的妹妹。小周后年少时，常常出入宫廷，大周后很喜爱她。李煜或许是爱屋及乌，也非常宠爱小周后。大周后死后，小周后成了南唐的国后。当时，李煜在花丛中建造了一座精致的小亭，亭中只能容纳两人，他经常和小周后在此饮酒畅谈。南唐亡后，小周后也随李煜一起被俘至东京。李煜死后，小周后"悲哀不自胜"，也随之而去了。

才华卓绝的千古词帝

李煜被俘后，被宋太祖封为"违命侯"。这个封号无疑是很有讽刺意味的。

亡国后，李煜有了切身之痛，彻底清醒过来。他想起再也回不去的故国家园，日日"以泪珠洗

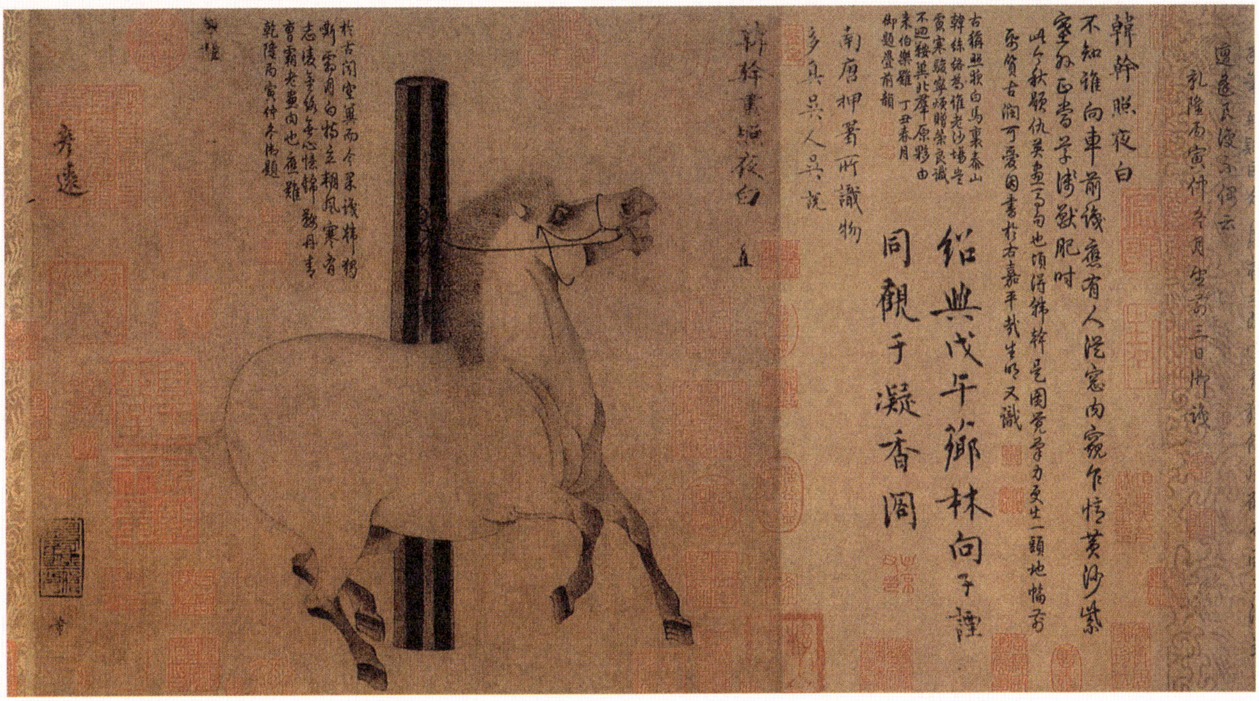

［唐］韩幹《照夜白图》

这幅画描绘的是唐玄宗的坐骑“照夜白”，画上有南唐后主李煜题字“韩幹画照夜白”。

面”。他把悔恨、愁苦，以及对故国的思念，都写进了词里，如《虞美人》：“春花秋月何时了？往事知多少。小楼昨夜又东风，故国不堪回首月明中。雕栏玉砌应犹在，只是朱颜改。问君能有几多愁？恰似一江春水向东流。”

这首词描述了亡国之君的忧愁苦闷、凄凉哀怨，是李煜最具代表性的词作。通过今昔对比，李煜发出了“不堪回首”的悲叹，动人心弦，催人落泪。

这一时期李煜所作的词，多反映国破家亡后的悲痛忧郁，风格变得深沉、哀婉、凄凉。李煜的词作水平达到了新的境界，也奠定了他在文学史上的地位。

又如《相见欢》：“无言独上西楼，月如钩。寂寞梧桐深院锁清秋。剪不断，理还乱，是离愁。别是一般滋味在心头。”

这首词描述了他深夜独登高楼时的落寞、孤独和思乡之情。词作呈现出来的画面情景交融，给人清冷凄切之感，表现了他身为亡国之君的无奈和哀怨。

回想起当初城破被俘之日，李煜忍不住伤心地写道：“最是仓皇辞庙日，教坊犹奏别离歌，垂泪对宫娥。”（《破阵子》）今昔对比，云泥之别，词作中充满了悲怆、屈辱的情绪。

这种人生境遇的巨大转变，却也成就了李煜。他的词，继承了晚唐以来花间词派的风格，并带有鲜明的个人特色，语言明快，不假雕饰，形象生动，一扫花间派的浮靡之风，在词史上起到了承上启下的作用。一首首充满血泪的绝唱，使他成为中国文学史上首屈一指的千古词帝。

太平兴国三年（978年）七夕，忧郁、凄伤的李煜死于异国他乡，年仅四十二岁。北宋赠其为太师，追封吴王，葬在洛阳北邙山。（宋旭晗）

［五代］黄筌《写生珍禽图》

这幅画是黄筌给儿子黄居宝作为范本练习绘画用的，图中绘制了麻雀、鹡鸰、鸠、龟等二十余种动物。各种动物造型严谨准确，刻画精细入微、栩栩如生，对宋代工笔花鸟画产生了很大影响。

“海龙王”钱镠

钱镠是五代十国时期吴越国的建立者。唐朝灭亡以后，时局动荡，钱镠凭借极高的军事能力，在东南沿海一带立国安邦。吴越国历经三代五王，统治时间长达七十二年，在五代十国时期表现出色。

钱镠画像

青年钱镠，战功赫赫

钱镠，字具美，杭州临安（今浙江杭州临安区）人。相传他出生时有红色的光出现，他的父亲认为这是不祥之兆，想把他丢到井里。祖母舍不得，这才保全了他的性命。他也因此有了一个“婆留”的小名，意思是“阿婆留命”。因“留”与“镠”同音，长大后他便改名为钱镠。

钱镠小时候就展现出不凡的组织能力和指挥能力。他常常和小伙伴们在乡里的一棵大树下玩耍，自己坐在大青石上发号施令，指挥小伙伴们集合、整队。长大后，钱镠爱好习武，他学文不精，武艺却十分出色，以贩卖私盐为业。

钱镠二十四岁时应征投军，成为石镜镇豪强董昌的偏将。他率军讨伐群盗，立下累累战功。平定浙西狼山守将王郢叛乱后，钱镠得到重用，被朝廷授予石镜镇衙内知兵马使的官职，并在镇海军担任重要职位。

唐僖宗乾符六年（879年），农民起义军首领黄巢拥军二十万，来到浙东。钱镠带兵埋伏在草地中，射杀了黄巢军先头部队的将领。为了对付后方起义军的主力部队，钱镠来到“八百里”这个地方，告诉路边的一位老妇：“如果有人打听情况，就告诉他们，临安的士兵屯驻‘八百里’。”黄巢军来到此地，听闻老妇的话，不知道“八百里”是个地名，以为临安的士兵人数众多，屯驻了八百里，于是带兵速速离开了。

讨伐逆贼，雄踞两浙

董昌居越州（治今浙江绍兴），钱镠居杭州，两人权势日盛。唐昭宗在越州设威胜军，董昌为

钱塘江边的钱王射潮雕像

传说钱镠在钱塘江修筑捍海石塘时，水势汹涌，常常冲垮海堤。部下都认为是潮神在作怪，于是钱镠在八月十八潮神生日这一天，在江边布置了五百架强弩。当他远远看见有潮水袭来，立即命令弩手发箭射潮。浪头转而奔向西陵，钱塘江马上就平息了，捍海石塘这才得以建成。

威胜军节度使；在杭州设武胜军，钱镠为都团练使（官职，不设节度使时，都团练使总领军务）。

董昌为人残暴愚蠢，处理百姓诉讼时，竟然通过投骰子的方法决定胜负。乾宁二年（895年），他在越州造反，自立为帝，国号“大越罗平”，改元顺天。朝廷命钱镠起兵讨伐董昌。钱镠率军三万兵临城下，却不急着进攻，他说：“董昌曾对我有大恩，不可以对他发动突然袭击。”他派人入城，苦口婆心地规劝董昌。董昌先是听从了钱镠的劝告，但不久后再次反叛。这次钱镠派兵征讨，一路势如破竹。董昌死后，他所管辖的越州威胜军被改为镇东军，由钱镠出任镇东军节度使。

至此，钱镠领有杭、越二州，身兼镇海、镇东军节度使，牢牢控制了两浙地区。唐昭宗为嘉奖钱镠，把他的家乡改名为“广义乡勋贵里”，居所改名为“衣锦营”，还赐他丹书铁券。钱镠衣锦还乡，入城巡游时，山林都披上了锦缎，连他幼时玩耍的那棵大树都有了封号，被称为“衣锦将军”。

渐渐地，钱镠不再满足于担任节度使的官职。天复二年（902年），唐昭宗封他为越王。后来，他又上疏朝廷，请求朝廷封他为吴越王，唐昭宗没有答应。当时还是梁王的朱温从中斡旋，朝廷改封钱镠为吴王。

杭州保俶塔

保俶塔位于浙江杭州西湖北岸宝石山上，也称“宝石塔”。相传北宋开宝年间，吴越王钱俶应召进京，母舅吴延爽发愿建造了这座塔，祈求钱俶能平安归来。因此，后人将这座塔命名为“保俶塔”。

多方筹备，建国吴越

后梁建立后，朱温封钱镠为吴越王。有门客劝钱镠不要接受后梁的封号，钱镠笑着说：“我怎么能放弃像孙仲谋一样割据一方的机会呢？”于是他欣然受封，建立吴越国。

钱镠统治期间，大兴土木，兴建杭州城，修筑海塘，疏浚内湖，大力开展经济和文化建设。有百姓不理解，夜里在钱府门外说：“没完没了，没完没了，修完城墙又开池！”钱镠出门对他们说：“没完没了，没完没了，刚买了春衣又买冬衣！”春衣和冬衣都是人们生活必备的，同样，修城和开池也是一个国家必须做的。钱镠用朴素的语言向百姓说明了修城墙、筑海塘的必要性，从

浙中不睡龙

钱镠常年带兵作战，为了使自己睡觉时仍保持警惕，常常枕着圆形的木头睡觉，并称之为“警枕”。他还在房中放置粉盘，方便记录临时想起来的事情。另外，他还不时向墙外发射铜丸，来警醒值班守夜的人。钱镠的这个特殊习惯被人们当成奇闻轶事不断流传，以至于后来人们都以为他整宿不睡觉，他因此得了一个外号，叫“浙中不睡龙”。

钱镠所受铁券

此，人们再也不抱怨劳役繁重了。

为抵御海潮的侵袭，钱镠征集了二十万民众，在钱塘江修建捍海石塘。为使石塘更加牢固，他命人用竹笼填塞石头沉入海中，堆砌成大石塘，塘外再打下木桩。捍海石塘工程消除了潮水对杭州城的威胁，城市规模不断扩大，碱地变为良田。老百姓都称钱镠为“海龙王”，宋代文天祥曾称赞他功在千秋。

在钱镠的治理下，吴越国得到了长足的发展，他的所作所为也得到了中原王朝的敬重。朱温死后，后梁的两位皇帝都尊奉钱镠为“尚父”。钱镠还获得了“诏书不名”的殊荣，意思是：在朝廷下达的诏书中，只需注明钱镠的官职，不写姓名。原本在君臣之礼中，皇帝直呼大臣的姓名以显示尊卑之分，“诏书不名”是君主对大臣极高的礼遇。

保境安民，吴越兴亡

后唐长兴三年（932年），八十一岁的钱镠重病不起，他嘱托后世子孙要“善事中国，勿以易姓废事大之礼”，不久病逝。此后吴越国的历代国君都奉行钱镠的遗命，实行保境安民的政策。因此，吴越国成为十国之中社会相对安定、政权比较稳固的国家。

从疆域上看，吴越国地处东南沿海，鼎盛时拥有十三个州。它先后与强大的吴、南唐比邻，在夹缝中偏安一隅。政治上，吴越国谨慎贡奉中原王朝，先后尊后梁、后唐、后晋、后汉、后周和北宋为正统，很少发动战争。经济上，吴越国兴修水利，农业发达，渔、盐、桑蚕之利甲于江南；手工业中制瓷业尤为兴盛，浙江越窑生产的青瓷名噪一时。文化上，吴越国人才辈出，著名的文学家有罗隐、皮光业等。

然而，吴越国内部也潜藏着危机。五代时期，无论政权如何更迭，吴越国每年都要向中原王朝缴纳大量贡赋，因此常常对百姓课以重税。北宋建立后，吴越国末代国君钱俶亲自来朝，倾尽国力贡献奇珍异宝。宋太祖说：“这些物品本就是我的囊中之物，哪里还用得着纳贡呢！”宋太平兴国三年（978年），钱俶被迫举国归附北宋，吴越国灭亡。（宋旭晗）

浙江杭州西湖边的钱王祠

莫高窟第17窟唐代绢画《行道天王像》

壮志未酬的周世宗

后周是五代时期最后一个王朝。从郭威建国到赵匡胤发动陈桥兵变，后周立国共计十年（951—960），其全盛时期的疆域包括整个黄河中下游地区。后周共历三位皇帝，周世宗柴荣是其中最有作为的一位。

周世宗画像

养子继承帝位

五代十国时期，政权纷立，战乱频仍，各国之间常有战争发生，百姓苦不堪言。后汉末年，后汉隐帝刘承祐忌惮大臣的权势，趁大将郭威在外时，下令将郭威留在东京的家人全部杀害。郭威发动兵变，后汉隐帝被乱兵杀死。第二年，郭威即皇帝位，仍定都东京，国号周，史称后周，郭威就是后周太祖。郭威称帝后，虚心纳谏，励精图治，国家呈现出一派百废待兴的景象。可惜他在位仅四年就病逝了，皇位传给了养子柴荣。

柴荣是邢州龙冈（今河北邢台）人。柴家是当地的望族，柴荣的姑姑柴氏原本是后唐庄宗李存勗的妃子，她在后唐明宗李嗣源继位后出宫，嫁给了郭威。柴荣从小由姑姑抚养长大，由于他性情谨慎，为人笃厚，深受郭威的喜爱。郭威把他收为养子，并让他改姓郭，因此柴荣也叫郭荣。

柴荣长得一表人才，善于骑马射箭，喜欢阅读史书。他随郭威一起入后汉为官，曾担任过左监门卫大将军等职，锻炼才干。郭威建立后周之后，封他为晋王，并任命他为开封府尹。后周显德元年（954年），郭威因病辞世。由于他的几个亲生儿子已在兵乱中相继死去，他在临终前把皇位传给了养子柴荣，是为周世宗。

励精图治，革旧立新

周世宗即位后，继承了太祖郭威的一系列政策，勤于为政，励精图治。他特别注重听取各方面的意见，积极鼓励大臣们进谏，他说："我对你们的才能知道得不多，连你们的面貌也认不全。如果不多听听你们的言论，看看你们的行动，审查一下你们的思想，那我怎么会知道任用你们是否得当呢？如果你们的进谏我没有听，是我的责任；如果我要求你们进谏，你们不这么做，该是谁的责任呢？"宋代大文豪欧阳修曾称赞周世宗，认为他虚心听取大臣的进谏，用人不疑，是一位

后周钱币"周元通宝"

毁佛的"三武一宗"

我国佛教史上曾经有几次大规模的灭佛运动，分别是北魏太武帝灭佛、北周武帝灭佛、唐武宗灭佛、后周世宗灭佛，后人将之合称为"三武一宗"灭佛。

贤明的君主。

在生活方面，周世宗“不好丝竹珍玩之物”，特别注意节俭。他曾在万岁殿宴请诸位将领，事后他反思道：“近两日天气严寒，我却在宫中吃山珍海味。无功于百姓，却享受着富贵，我为此深深地感到愧疚。”

周世宗大刀阔斧地进行改革，发展社会经济，整顿军纪，在国家治理方面颇有建树。他的改革措施中，最著名的当属抑制佛教势力的过度膨胀。五代时期，佛教十分兴盛，寺院吸收了大量的土地和劳动力，阻碍了社会经济的正常发展，减少了国家的财政收入。周世宗下诏限制寺院的数量，除了重点保护的寺院外，其余一律停废。当时有消融铜钱来铸佛像的风气，周世宗下令大量销毁佛像以铸铜钱。身边的侍臣害怕冒犯神明，都对此感到惶恐。周世宗对侍臣说：“你们不用对这件事心存疑虑。佛以善心感化众生，只要一心向善，就是尊奉佛道。铜像怎么能被当成佛呢？而且我听说佛祖普度众生，连自己的肉身都可以舍弃用来布施。如果我的肉身可以救济百姓，我也在所不惜啊。”此外，他还对想要成为僧侣的人进行了严格的条件限制，规定凡是想要出家为僧为尼的人，必须征得家族长辈的同意，并能背诵一定数量的佛经。通过这些抑制措施，后周仅保留了两千余所寺院，寺院控制的大量土地和劳动力被解放出来，国家的财政收入大大增加，为后来周世宗致力于一统天下的征战奠定了经济基础。

周世宗实施了多项刺激经济的措施。据史书记载，周世宗经常秉烛夜读，当他读到唐代元稹的《同州奏均田状》时，感叹地说：“这（均田制）才是治理国家的根本啊！王者之政就是从这里开始的！”于是，他命人制成《均田图》，下发给各地的官员，让他们和百姓学习，随后下令均给天下之田。周世宗还鼓励垦荒，优待逃户，减轻租税，兴修水利，后周的农业经济逐渐发展起来。

［五代］巨然《秋山问道图》

政治上，周世宗也颇有建树。他严格整顿吏治，让朝官们撰写《为君难为臣不易论》和《平边策》，供自己参考。他还发现、提拔了王朴等富有治国才干之士，对他们委以重任。他下令修订了一部简明的新刑法，叫《大周刑统》。军事上，他提出兵“务精不务多”，编练禁军，严明军纪，将禁军打造成一支“士卒精强，近代无比，征伐四方，所向皆捷”的精锐部队。

事业未竟，憾然辞世

周世宗即位之初，北汉联合辽朝南下，攻打后周。周世宗不顾群臣劝阻，亲自率军迎敌，双方在高平（治今山西晋城东北）展开激战。两军乍一交锋，后周军右翼的樊爱能、何徽临阵脱逃，右路军立即溃败，战局对后周极为不利。值此危急存亡之时，周世宗跃马向前，冒着纷纷射来的利箭和不断滚落的大石奋勇杀敌。将士们见此情景，备受鼓舞，群情激奋，以气吞山河之势，迅速扭转战局，一举击败了北汉军队。北汉国主刘旻落荒而逃，山谷里满是北汉士兵的尸体和武器辎重。

高平之战树立了周世宗的威信。战后，他诛杀逃兵降将，震慑骄惰士兵，整肃军纪，军威大振。周世宗决心干出一番大事业，“慨然有削平天下之志”。他采纳了比部（刑部四司之一）郎中王朴“先易后难、先南后北”的战略，着手推进一统天下的伟大事业。

［五代］李成《茂林远岫图》

周世宗首先向西攻打后蜀。显德二年，他派兵西征后蜀，一举夺得后蜀北部的秦州（治今甘肃天水）、凤州（治今陕西凤县东北）、阶州（治今甘肃陇南武都区东）、成州（治今甘肃成县）。他下诏优待被俘虏的后蜀将士，减免四个州的赋税，为日后吞并江南解除了后顾之忧。接着，周世宗挥师向南，先后三次亲征南唐，从显德三年到显德五年，几年时间便夺得了江北地区的十四个州和六十个县。南唐皇帝李璟被迫去帝号，称国主，向后周奉表称臣。

南方既定，周世宗转而向北，想要收复燕云十六州。显德六年（959年），周世宗亲率水陆大军挥师北上，征讨辽朝，在极短的时间内就夺取了瀛州（治今河北河间）、莫州（治今河北任丘北鄚州镇）等地，“威武之声，震慑夷夏”。但是，就在周世宗打算乘胜攻取幽州时，突发疾病，不得不班师回朝。同年六月底，周世宗病逝，年仅三十九岁。

周世宗在位时间虽然只有短短六年，但他却是一位很有作为的君主，在他的治理下，后周日渐强大起来，为后来北宋的统一奠定了基础。他胸怀凌云之志，曾立下誓言——“十年开拓天下，十年养百姓，十年致太平”。周世宗死后，年仅七岁的儿子梁王柴宗训即位，是为周恭帝。在主少国疑的情况下，后周禁军统帅赵匡胤策划了“陈桥兵变”，于显德七年取代后周，建立了北宋王朝。（宋旭晗）

图书在版编目（CIP）数据

新时代版上下五千年．隋唐五代 / 张海鹏总主编．
上海：少年儿童出版社，2024. -- ISBN 978-7-5589
-1976-3

Ⅰ．K209

中国国家版本馆 CIP 数据核字第 20248RJ504 号

新时代版
上下五千年·隋唐五代
张海鹏　总主编
王育济　于化民　执行主编

责任编辑　曹　燕　美术编辑　施喆菁
责任校对　黄亚承　技术编辑　陈钦春

出版发行　上海少年儿童出版社有限公司
地址　上海市闵行区号景路 159 弄 B 座 5-6 层　邮编　201101
印刷　上海中华印刷有限公司
开本 889 × 1092　1/16　印张 12.75　字数 266 千字
2024 年 7 月第 1 版　　2024 年 7 月第 1 次印刷
ISBN 978-7-5589-1976-3 / G · 3799
定价 86.00 元